最新
日常公文处理
一本通（上册）

冀晓明 ◎ 著

中共中央党校出版社

图书在版编目（CIP）数据

最新日常公文处理一本通．上册／冀晓明著．－－北京：中共中央党校出版社，2021.11
　ISBN 978-7-5035-7202-9

Ⅰ．①最… Ⅱ．①冀… Ⅲ．①公文－文件处理 Ⅳ．①C931.46

中国版本图书馆CIP数据核字（2021）第219319号

最新日常公文处理一本通（上册）

策划统筹	冯　研
责任编辑	王慧颖
责任印制	陈梦楠
责任校对	马　晶
出版发行	中共中央党校出版社
地　　址	北京市海淀区长春桥路6号
电　　话	（010）68922815（总编室）　　（010）68922233（发行部）
传　　真	（010）68922814
经　　销	全国新华书店
印　　刷	北京盛通印刷股份有限公司
开　　本	710毫米×1000毫米　1/16
字　　数	334千字
印　　张	18.25
版　　次	2021年11月第1版　2021年11月第1次印刷
总 定 价	118.00元

微　信 ID：中共中央党校出版社　　邮　　箱：zydxcbs2018@163.com

版权所有·侵权必究
如有印装质量问题，请与本社发行部联系调换

序　言

本书以《党政机关公文处理工作条例》等法规制度以及《党政机关公文格式》等国家标准为主要依据，紧密结合公文处理工作实践，以逻辑严密、系统全面、解析深入、示例鲜活、见解独到、务实管用为突出特点，是一本旨在为广大公文处理工作参与者提供全面支撑的公文处理工作百科工具书。全书分为上、下两册，上册主要包括公文处理工作之道和公文处理工作之法两大板块，下册主要包括公文处理工作之术板块。

公文处理工作之道，由公文、公文处理工作、公文处理工作之道的多维价值等三个部分构成。公文部分重点阐释了公文的基本概念、基本作用、主要特点、主要类别等四个方面内容，公文处理工作部分重点阐释了公文处理工作的概念、内涵、工作原则等三个方面内容，公文处理工作之道部分重点阐释了公文处理工作之道的认知价值、比较价值、实践价值、特别说明等四个方面内容。

公文处理工作之法，由公文种类、公文格式、行文规则、公文拟制、公文办理、公文管理等六个部分构成。公文种类部分重点阐释了法定公文种类和非法定公文种类两个方面内容；公文格式部分重点阐释了术语、用纸、版面及印刷装订，公文的通用格式，公文的特定格式等三个方面的内容；行文规则部分重点阐释了行文基本规则，上行文规则，下行文规则，联合行文、平行文、对外正式行文规则等四个方面内容；公文拟制部分重点阐释了公文起草、公文审核、公文签发等三个方面内容；公文办理部分重点阐释了收文办理、发文办理、整理归档、涉密公文传递传输等四个方面内容；公文管理部分重点阐释了公文制度管理、基本保障管理、公文定密管理、印发传达范围管理、复制汇编管理、撤销废止管理、清退销毁管理、合并移交管理、发文立户管理、制度适用管理等十个方面内容。

公文处理工作之术，由公文写作之道、公文写作之法、公文写作之术等三个部分构成。公文写作之道部分重点阐释了公文写作的基本概念、主要特点、比较分析等三个方面内容，公文写作之法部分重点阐释了公文写作的基本要求、基本要素、校对符号等三个方面内容，公文写作之术部分重点阐释了公文写作思维、公文写作路径、公文写作实用等三个方面内容。

基于工作逻辑的贯通和制度依据的把握，本书不仅适用于党政机关的公文处理工作，也适用于立法机关、政协机关、监察机关、审判机关、检察机关和军队机关的公文处理工作，还适用于事业单位、人民团体、经济组织、文化组织和其他社会组织的公文处理工作。同时，为便于统筹工作和确保表意全面，一般情况下本书将公文处理工作的各类主体（包括组织和个人）统称为公文处理工作参与者。

目 录

公文处理工作之道

第一章 公文 2
  第一节 公文基本概念 2
    一、狭义公文 2
    二、广义公文 2
  第二节 公文基本作用 2
    一、直接作用 3
    二、间接作用 5
  第三节 公文主要特点 6
    一、工具性 6
    二、权威性 6
    三、合规性 7
    四、务实性 7
    五、精准性 8
    六、时效性 8
  第四节 公文主要类别 9
    一、以公文拟制主体划分 9
    二、以公文客体隶属划分 13
    三、以公文制存载体划分 14
    四、以公文处理时限划分 14
    五、以公文是否涉密划分 15
    六、以文种是否法定划分 15
    七、以公文处理方式划分 17

第二章　公文处理工作 … 18

第一节　公文处理工作概念 … 18
第二节　公文处理工作内涵 … 18
　　一、从全要素维度看 … 19
　　二、从全方位要素看 … 21
　　三、从全过程要素看 … 22
第三节　公文处理工作原则 … 24
　　一、实事求是 … 25
　　二、准确规范 … 25
　　三、精简高效 … 26
　　四、安全保密 … 26

第三章　公文处理工作之道的多维价值 … 28

第一节　公文处理工作之道的认知价值 … 28
　　一、公文处理工作是重要的 … 29
　　二、公文处理工作是专业的 … 30
　　三、公文处理工作是辛苦的 … 32
第二节　公文处理工作之道的比较价值 … 34
　　一、公文处理工作之道 VS 公文处理工作 … 34
　　二、公文处理工作之道 VS 公文处理工作之法 … 35
　　三、公文处理工作之道 VS 公文处理工作之术 … 35
第三节　公文处理工作之道的实践价值 … 36
　　一、有助于厘清基本内涵，回答"是什么"的问题 … 36
　　二、有助于提炼基本价值，回答"为什么"的问题 … 37
　　三、有助于明确基本方法，回答"怎么办"的问题 … 38
第四节　公文处理工作之道的运用落地 … 39
　　一、公文处理工作依据概述 … 39
　　二、公文处理工作依据适用 … 40
　　三、公文处理工作依据把握 … 42
　　四、公文处理工作引文说明 … 45

公文处理工作之法

第一章　公文种类 … 48

第一节　法定公文种类 … 49
　　一、决议 … 49

二、决定　50
　　三、命令（令）　51
　　四、公报　53
　　五、公告　55
　　六、通告　56
　　七、意见　58
　　八、通知　59
　　九、通报　62
　　十、报告　63
　　十一、请示　66
　　十二、批复　68
　　十三、议案　69
　　十四、函　71
　　十五、纪要　73
 第二节　非法定文种　75
　　一、法规制度类　75
　　二、工作计划类　79
　　三、工作总结类　81
　　四、会议记录类　83
　　五、工作简报类　85
　　六、调研报告类　87
　　七、讲话发言类　89
　　八、公务书信类　92
 第三节　特殊情况处理　94

第二章　公文格式　96
 第一节　术语、用纸、版面及印刷装订　97
　　一、字和行　97
　　二、用纸技术指标、幅面尺寸及版面要求　98
　　三、印刷装订　102
 第二节　公文的通用格式　104
　　一、版头　104
　　二、主体　114
　　三、版记　131
　　四、页码　138
　　五、公文中的表格　140
 第三节　公文的特定格式　142
　　一、信函格式　143

二、命令（令）格式 146
　　三、纪要格式 149

第三章　行文规则 153

第一节　行文基本规则 153
　　一、基本规则 153
　　二、常见问题 154
　　三、实践把握 154

第二节　上行文规则 157
　　一、基本规则 157
　　二、常见问题 157
　　三、实践把握 158

第三节　下行文规则 163
　　一、基本规则 163
　　二、常见问题 163
　　三、实践把握 164

第四节　联合行文、平行文及对外正式行文规则 169
　　一、基本规则 169
　　二、常见问题 169
　　三、实践把握 170

第四章　公文拟制 175

第一节　公文起草 176
　　一、基本规定 176
　　二、常见问题 176
　　三、实践把握 177

第二节　公文审核 194
　　一、基本规定 194
　　二、常见问题 194
　　三、实践把握 195

第三节　公文签发 201
　　一、基本规定 201
　　二、常见问题 202
　　三、实践把握 202

第五章　公文办理 206

第一节　收文办理 207
　　一、基本规定 207

二、常见问题 ... 208
三、实践把握 ... 209
第二节　发文办理 ... 229
一、基本规定 ... 229
二、常见问题 ... 229
三、实践把握 ... 230
第三节　整理归档 ... 239
一、基本规定 ... 239
二、常见问题 ... 240
三、实践把握 ... 240
第四节　涉密公文传递传输 ... 244
一、基本规定 ... 244
二、常见问题 ... 244
三、实践把握 ... 245

第六章　公文管理 ... 247
第一节　公文制度管理 ... 248
一、基本规定 ... 248
二、常见问题 ... 248
三、实践把握 ... 248
第二节　基本保障管理 ... 252
一、基本规定 ... 252
二、常见问题 ... 252
三、实践把握 ... 253
第三节　公文定密管理 ... 255
一、基本规定 ... 255
二、常见问题 ... 255
三、实践把握 ... 255
第四节　印发传达范围管理 ... 258
一、基本规定 ... 258
二、常见问题 ... 259
三、实践把握 ... 259
第五节　复制汇编管理 ... 261
一、基本规定 ... 261
二、常见问题 ... 261
三、实践把握 ... 262

第六节　撤销废止管理 ... 265
一、基本规定 ... 265
二、常见问题 ... 266
三、实践把握 ... 266

第七节　清退销毁管理 ... 268
一、基本规定 ... 268
二、常见问题 ... 268
三、实践把握 ... 268

第八节　合并移交管理 ... 271
一、基本规定 ... 271
二、常见问题 ... 271
三、实践把握 ... 271

第九节　发文立户管理 ... 273
一、基本规定 ... 273
二、常见问题 ... 274
三、实践把握 ... 274

第十节　制度适用管理 ... 276
一、基本规定 ... 276
二、常见问题 ... 276
三、实践把握 ... 276

公文处理工作之道

万物得其本者生，百事得其道者成。由此可见，道之首要。公文处理工作之道，亦是如此。

不了解、不掌握、不遵循公文处理工作之道，无疑是导致公文处理工作不同程度存在思想不重视、作风不扎实、工作不严谨等情况的首要因素。

作为公文处理工作之"魂"，公文处理工作之道是关乎公文处理工作的根本性和决定性的本质所在，是公文处理工作的"源头活水"，既包括公文基本概念、公文基本作用、公文主要特点、公文主要类别等，也包括公文处理工作概念、公文处理工作内涵、公文处理工作原则等，决定着公文处理工作的基本立场、基本原则、基本方向等。

在公文处理工作中，无论是党政机关，是立法机关、政协机关、监察机关、审判机关、检察机关和军队机关，还是事业单位、人民团体、经济组织、文化组织和其他社会组织，均宜了解、掌握、遵循公文处理工作之道，以牢铸公文处理工作之"魂"夯实公文处理工作之基，进而持续提升公文处理工作质效。

第一章 公文

第一节 公文基本概念

一、狭义公文

公文是各类各级机关[①]实施领导、履行职能、处理事务的具有特定效力和规范体式的文书，是传达贯彻党和国家、上级组织、监管机关或本机关等的方针政策、部署安排或工作要求等，公布、印发和批转法规、规章、制度、细则或办法等，指导、布置和商洽工作，请示和答复问题，报告、通报和交流情况等的重要工具。

二、广义公文

广义公文，除包括狭义公文外，还包括在狭义公文基础上衍生出来的公文处理工作等。

第二节 公文基本作用

公文基本作用一般包括直接作用和间接作用，直接作用主要是指实施领导、发布批复、布置指导、请示报告、协调通报等，间接作用主要是指辅助机关工作人员熟悉机关情况、领会组织意图、把握领导思路等。

[①] 为减少概念切换对阅读理解带来的不便，本书对"机关"的含义做了外延，除《党政机关公文处理工作条例》(以下简称《条例》)、《党政机关公文格式》(以下简称《格式》)等公文处理工作相关制度规范中出现的"机关"外，本书其他部分中的"机关"二字是指广义机关，在本书中不仅包括党政机关，也包括立法机关、政协机关、监察机关、审判机关、检察机关和军队机关，还包括事业单位、人民团体、经济组织、文化组织和其他社会组织等。

一、直接作用

通过公文，各类各级机关可以直接实施领导、发布批复、布置指导、请示报告、协调通报等。

（一）实施领导

通过公文，上级机关可以明确其下级机关的职能配置、内设机构、人员编制、干部人事任免等，在上级机关实施领导的同时为下级机关实施领导提供基本依据。

● **公文示例**

《国务院关于提请审议国务院机构改革方案的议案》（国函〔2018〕53号）

《国务院办公厅关于成立国务院未成年人保护工作领导小组的通知》（国办函〔2021〕41号）

《国务院办公厅关于同意调整完善全面推行河湖长制工作部际联席会议制度的函》（国办函〔2021〕21号）

《中共教育部党组关于傅强同志任职的通知》（教党任〔2020〕99号）

《中共自然资源部党组关于成立派驻地方的国家自然资源督察局分党组的通知》（自然资党发〔2020〕7号）

（二）发布批复

通过公文，各类各级机关可以发布法规制度、批复事项等。

● **公文示例**

《中华人民共和国国务院令（第740号）》（用以公布《粮食流通管理条例》）

《国务院关于在中国（海南）自由贸易试验区暂时调整实施有关行政法规规定的通知》（国函〔2020〕88号）

《国家发展改革委办公厅 国家林草局办公室关于印发〈公共资源交易平台系林权交易数据规范〉的通知》（发改办法规〔2020〕550号）

《国务院关于同意在天津、上海、海南、重庆开展服务业扩大开放综合试点的批复》（国函〔2021〕37号）

《国务院关于同意将云南省通海县列为国家历史文化名城的批复》（国函〔2021〕30号）

《四川省人民政府关于设立成都国际铁路港经济开发区的批复》（川府函〔2020〕164号）

（三）布置指导

通过公文，各类各级机关可以布置任务、指导工作等。

● 公文示例

《国务院关于加快建立健全绿色低碳循环发展经济体系的指导意见》（国发〔2021〕4号）

《国务院关于落实〈政府工作报告〉重点工作部门分工的意见》（国发〔2021〕6号）

《国务院关于印发中国（海南）自由贸易试验区总体方案的通知》（国发〔2018〕34号）

《国务院办公厅关于切实加强水库除险加固和运行管护工作的通知》（国办发〔2021〕8号）

《中央农村工作领导小组办公室 农业农村部关于进一步加强农村宅基地管理的通知》（中农发〔2019〕11号）

（四）请示报告

通过公文，各类各级机关可以向其上级组织请求指示、批准，或者汇报工作、反映情况、回复其上级组织的询问等。

● 公文示例

《山东省交通运输厅关于申请交通一卡通互联互通商用密码的请示》（鲁交运〔2017〕24号）

《交通运输部海事局关于申请调整港口建设费代收单位的请示》（海征稽〔2015〕83号）

《绵阳市人民政府关于审批绵阳南郊机场T2航站楼建设项目可行性研究（代立项）报告的请示》（绵府〔2019〕23号）

《四川省人民政府第三次全国国土调查小组办公室关于第三次全国国土调查相关工作情况的报告》（川国土调查办发〔2020〕16号）

《宁波市供销合作社联合社党委关于理论学习中心组2018年度学习情况的报告》（甬供党〔2019〕1号）

（五）协调通报

通过公文，各类各级机关可以协调事务、商洽工作、交流经验和通报情况等。

- **公文示例**

《自然资源部办公厅关于陈述申辩权利告知书的函》（自然资办函〔2020〕1368号）

《交通运输部办公厅国家电网有限公司办公室关于开展低压岸电接插件摸底调研的函》（交办水函〔2020〕1307号）

《海关总署关于印送山东青岛董家口港口岸对外开放验收纪要的函》（署岸函〔2020〕164号）

《中国银保监会消费者权益保护局关于银行违规涉企收费案例的通报》（银保监消保发〔2020〕6号）

《广西壮族自治区人民政府办公厅关于近期较大及典型生产安全事故情况的通报》（桂政办电〔2020〕103号）

二、间接作用

通过公文，机关工作人员可以尽快做到熟悉情况、领会意图、把握思路等。

（一）熟悉情况、更好推动日常工作

通过公文，工作人员不仅能够熟悉本机关的职能配置、内设机构、运行机制、干部人事、管理制度等，还能够熟悉本机关的历史积淀、文化传承、现实状况、发展规划、年度任务、季度安排、日常工作等，进而较为快速的熟悉机关的综合情况、更好进入工作角色。

（二）领会意图、更好落实大项任务

通过公文，工作人员可以反复研习本机关及上级机关有关发展规划、指导意见、计划部署、实施方案等方面内容，较为全面的领会本机关和上级机关的决策意图、本机关工作实际和上级机关要求的结合点、本机关具体目标和重点工作等，进而夯实更好落实大项任务的工作基础。

（三）把握思路、更好提高工作质量

通过公文，工作人员可以查阅分析历史的和当下的公文或者公文处理流传记录中机关负责人的批示要求、处理方式、办理时效等，在此基础上结合机关负责人的工作分工、经历学历、年龄性格等因素，进而较为准确地把握领导思路，包括机关

负责人工作的方式方法、逻辑思路、习惯作风等，更好服务支撑领导开展工作。

第三节　公文主要特点

公文主要特点，既是认识和把握公文的关键所在，也是判断公文质量的重要参照，一般是由公文概念和公文作用共同决定的，主要包括工具性、权威性、合规性、务实性、精准性、时效性等。

一、工具性

工欲善其事，必先利其器。作为各类各级机关实施领导、履行职能、处理事务的文书，公文具有鲜明的工具性。工具性不仅是公文概念的题中应有之义，也是公文的天然属性。

在公文处理工作实践中，每一份公文不仅是落实某一项工作的具体工具，而且是重要工具。比如：公文是传达贯彻党和国家、上级机关、监管机关、或本机关等的方针政策、部署安排、工作要求等的重要工具；是公布、印发和批转法规、规章、制度、细则或办法（法规制度）等的重要工具；是指导、布置和商洽工作的重要工作，是请示和答复问题的重要工具，还是报告、通报和交流情况等的重要工具。

二、权威性

尽管公文是由个人或起草小组拟制的，但其代表的一般是机关，反映的是机关的力量、优势和威望。因此，不论是什么领域、什么性质、什么层级的机关，公文在其发文机关所辖范围内均具有相当的权威性，这种权威性一般表现为严肃性、强制性、推动性、倡议性等。

在公文处理工作实践中，除了函这一文种外，大部分公文都具有显著的权威属性，或机关自身具有较强权威性，或在公文中明确作出规定，或上述二者兼有。以《国务院办公厅关于印发国务院2020年立法工作计划的通知》（国办发〔2020〕18号）为例，一方面，该工作所述《国务院2020年立法工作计划》是经党中央、国务院同意的，具有天然权威性；另一方面，该公文开篇就明确要求各受理机关应认真贯彻执行《国务院 2020 年立法工作计划》，并在下文中就"抓好立法工作计划的贯彻执行"提出"加强组织领导、完善工作机制、压紧压实责任、加强沟通协调，集中精力高质高效按时完成重点立法项目"等方面具体要求。

三、合规性

公文作用决定着公文必须且应当具备全维的合规性，公文是否具备合规性不仅会影响公文自身质量，更重要的是会影响公文的贯彻落实，甚至会引发涉外、涉法或涉民等严重矛盾问题。

在公文处理工作实践中，公文内容应符合党纪国法、党的方针政策、国家发展战略、上级机关要求、本机关内部规定，同时还应兼顾考量与现有相关公文衔接性问题等；公文格式应按照《格式》等标准规范执行；公文办理和公文管理应遵从相关流程规定实施。以《中国共产党党和国家机关基层组织工作条例》为例，其"总则"规定了"根据《中国共产党章程》和有关党内法规"，进而明确了其制定依据；其"附则"规定了"党组织关系在党的机关工作委员会的其他单位的基层党组织参照本条例执行，另有规定的从其规定"，进而兼顾了其与其他规定的衔接性。

四、务实性

为政之道，以实为要。公文是用来解决问题、指导实践、推动工作的，理应具备突出的务实性，把务实性体现在问题要找准、原因要深透、目标可实现、措施可操作性、结果可评测等具体方面。公文一旦脱实向虚，不仅有损组织权威，也将影响工作落实。

在公文处理工作实践中，优秀公文基于深入调研、充分论证，往往指出问题针对性强、确立目标实现性强、对策措施操作性强、工作效果可考性强，处处体现务实精神态度。以《中共中央纪委机关 中央组织部关于认真开好 2018 年度县以上党和国家机关党员领导干部民主生活会的通知》（组通字〔2018〕38 号）为例，该公文对民主生活会主题、深入学习研讨的内容方法、找准找实问题的具体视角、开展批评与自我批评的内容要求、加强督促指导的责任措施等全过程工作均提出明确要求并作出具体安排，具有很强的针对性和可操作性。与此同时，如果出现公文准备工作不扎实，解决问题缺乏针对性、制定措施缺乏可行性、工作目标脱离现实或者太容易事项等情况，公文就可能陷入"公文不接地""公文落地难""以公文落实公文"等尴尬窘境。

五、精准性

　　一字之失，一句为之蹉跎；一句之误，通篇为之梗塞。作为基本要求，公文无疑应具备扎实的精准性。这个精准性包含着准确性、精简性、严谨性、靶向性等特性，不仅体现在人名地名、示例数据、表达修辞等基本内容上，也体现在标点符号、计量单位、文种选用等基本规范上，还体现在公文拟制、公文办理、公文管理等基本流程上。

　　在公文处理工作实践中，特别是在公文拟制上，各类参与者应努力做到文种格式准、受理对象准、基本事实准、用词表述准、办理流程准等基本要求，以提升准确性维护公文严肃性和权威性，进而改善文风、锤炼作风。比如：根据《中共中央关于对党的十八届六中全会研究加强和规范党内政治生活问题、修订〈中国共产党党内监督条例（试行）〉征求意见的通知》要求，"在8个月时间里，文件起草组开展专题调研，广泛征求意见和建议，反复讨论修改。其间，中央政治局常委会召开3次会议、中央政治局召开2次会议分别审议文件稿"。由此足见，党中央对于公文工作的高度重视和精益求精。

六、时效性

　　言当其时，一字千金；言过其时，一文不值。基于公文处理效率会对公文效果价值产生直接或者间接影响的重要考量，公文理应具备合理的时效性。不论是紧急公文、还是一般公文，不论是有明确时限要求的公文、还是无明确时限要求的公文，公文处理工作各环节涉及的参与者均应按时办理、及时办理，确保公文高效运转，防止因办理拖沓导致误时误事。

　　在公文处理工作实践中，特别是在有关时效性较强工作的公文处理上，具体包括涉及会议培训、人事任免、防灾抗灾、疫情防控、安全生产、事故处理、应急管理、作战指挥等方面的公文，公文处理工作相关人员一般应在公文拟制时明确办理时限，在公文办理时严格按照办理时限办理。以财政部《关于做好疫情防控期间教育收费退付工作的通知》（财办库〔2020〕151号）为例，该公文明确规定了关于教育收费退付和相关工作上报备案的办理时限,提升了公文本身的实效性,同时也为公文的贯彻执行时效要求提供了明确抓手,有助于推动基层机关按时及时落实相关工作。

第四节　公文主要类别

不识庐山真面目,只缘身在此山中。当前,不少公文处理工作参与者对公文类别存在一定的认知模糊。从根本上看,部分参与者没有从繁忙公文处理工作中抽离出来,跳出公文看公文,对公文类别缺乏总体的认识和理解。与此同时,公文本身形式多样、用途繁多,客观上也导致了公文类别划分标准和划分界限不够清晰等情况的出现。

从相关制度规定和公文实践综合来看,公文类别的划分依据主要包括公文拟制主体、公文客体隶属、公文制存载体、公文处理时限、公文是否涉密、文种是否法定、公文处理方式等维度。以此为基础,公文处理工作参与者方能更加准确、客观、全面、系统地分析公文类别,从而夯实认识和理解公文的重要前提。

一、以公文拟制主体划分

以公文主体为依据,可以从不同性质、不同领域、不同层级等角度对公文类别进行细分。

(一)以不同性质主体划分

公文类别主要包括党政机关公文、立法机关公文、政协机关公文、监察机关公文、司法机关公文、军队机关公文、人民团体公文、经济组织公文、文化组织公文、其他社会组织公文等。

1. 党政机关公文示例

《中共中央关于全面加强新时代少先队工作的意见》(2021年1月31日)

《中共中央　国务院关于全面推进乡村振兴加快农业农村现代化的意见》(2021年1月4日)

《国务院关于同意将云南省通海县列为国家历史文化名城的批复》(国函〔2021〕

30号)

2. 立法机关公文等示例

《全国人民代表大会常务委员会关于香港特别行政区第六届立法会继续履行职责的决定》(2020年8月11日第十三届全国人民代表大会常务委员会第二十一次会议通过)

《中国人民政治协商会议全国委员会常务委员会关于政协十三届二次会议以来提案工作情况的报告——在政协第十三届全国委员会第三次会议上》(2020年5月21日)

《最高人民法院关于表彰全国法院先进集体和先进个人的决定》(法发〔2020〕9号)

《最高人民检察院关于新型冠状病毒疫情防控期间以来信、网络和电话方式接待群众来访工作的公告》(高检网,2020年1月29日)

3. 人民团体公文示例

《中华全国总工会关于印发〈基层工会会员代表大会条例〉的通知》(总工发〔2019〕6号)

《中国侨联关于表彰第八届"中国侨界贡献奖"获奖者的决定》(中侨发〔2020〕15号)

《中国红十字会总会关于印发〈中国红十字会总会关于加强红十字会基层组织建设的指导意见〉的通知》(中红字〔2020〕19号)

4. 经济组织公文示例

《中华全国工商业联合会 国家林业和草原局 中国光彩事业促进会关于开展第八届"光彩事业国土绿化贡献奖"评选表彰工作的通知》(全联发〔2020〕16号)

《全国工商联办公厅关于开展民营企业融资情况调研的通知》(全联厅字〔2020〕13号)

《全国工商联办公厅关于开展2019—2020年度全国"四好"商会认定工作的通知》(全联厅字〔2020〕9号)

5. 文化组织公文示例

《中国国家博物馆关于征集文物藏品的公告》

《中央美术学院2019年接收安置军转干部直通岗位专业能力测试考核的通知》

《中国传媒大学关于2021年艺术类本科招生考试初试时间的通告》

6. 其他社会组织公文示例

《中国通信学会关于征集2020区块链技术与应用创新成果的通知》

《中国城市科学研究会关于推选2017年院士候选人的通知》

《中国纺织工业联合会关于开展2018年度工艺美术系列中级专业技术职务任职资格评审工作的通知》(中纺联人函〔2018〕44号)

(二)以不同领域主体划分

公文类别主要包括政治领域公文、经济领域公文、文化领域公文、社会领域公文、生态文明领域公文等。

1. 政治领域公文示例

《中共中央 国务院关于表彰全国脱贫攻坚先进个人和先进集体的决定》(2021年2月25日)

《中共中央 国务院关于实现巩固拓展脱贫攻坚成果同乡村振兴有效衔接的意见》(2020年12月16日)

《中央人民政府关于香港特别行政区第七届立法会选举推迟有关事宜的意见》(国函〔2020〕103号)

2. 经济领域公文示例

《国务院关于上海市浦东新区开展"一业一证"改革试点大幅降低行业准入成本总体方案的批复》(国函〔2020〕155号)

《国务院关于印发新时期促进集成电路产业和软件产业高质量发展若干政策的通知》(国发〔2020〕8号)

《国务院办公厅关于服务"六稳""六保"进一步做好"放管服"改革有关工作的意见》(国办发〔2021〕10号)

3. 文化领域公文示例

《文化和旅游部 国家发展改革委 国家体育总局关于印发〈冰雪旅游发展行动计划(2021—2023年)〉的通知》(文旅资源发〔2021〕12号)

《文化和旅游部关于公布第二批国家级文化产业示范园区创建名单的通知》(文旅产业发〔2020〕96号)

《文化和旅游部办公厅关于举办第九届中国京剧艺术节的通知》(办艺发〔2021〕40号)

4. 社会领域公文示例

《人力资源社会保障部关于2021年组织开展职业技能提升行动质量年活动的通知》(人社部函〔2021〕16号)

《人力资源和社会保障部 财政部关于2020年调整退休人员基本养老金的通知》

（人社部发〔2020〕22号）

《人力资源社会保障部办公厅关于做好2020年技工院校学生资助工作的通知》（人社厅发〔2020〕20号）

5. 生态文明领域公文示例

《中央农村工作领导小组办公室 农业农村部关于通报表扬2020年全国村庄清洁行动先进县的通知》（中农发〔2021〕2号）

《自然资源部关于做好2021年地质灾害防治工作的通知》（自然资发〔2021〕44号）

《生态环境部全国工商联关于支持服务民营企业绿色发展的意见》（环综合〔2019〕6号）

（三）以不同层级主体划分

公文类别主要包括战略层公文、战役层公文、战术层公文等。

1. 战略层公文示例

《中共中央关于表彰全国优秀共产党员和全国先进基层党组织的决定》（2020年9月8日）

《中共中央 国务院关于授予全国脱贫攻坚楷模荣誉称号的决定》（2021年2月25日）

《国务院关于新时代支持革命老区振兴发展的意见》（国发〔2021〕3号）

2. 战役层公文示例

《上海市人民政府关于调整完善市与区增值税留抵退税分担机制的通知》（沪府发〔2020〕6号）

《浙江省人民政府关于进一步加强工程建设项目招标投标领域依法治理的意见》（浙政发〔2021〕5号）

《福建省人民政府关于印发进一步做好稳就业保就业工作若干措施的通知》（闽政〔2020〕4号）

3. 战术层公文示例

《浦东新区人民政府关于修改〈浦东新区科技发展基金管理办法〉的通知》（浦府规〔2021〕1号）

《淳安县人民政府关于进一步明确集体土地地上附着物和青苗补偿标准的通知》（淳政发〔2021〕4号）

《福鼎市人民政府办公室关于印发福鼎市疫情防控期间支持企业复工稳岗就业服务九条措施的通知》（鼎政办〔2020〕6号）

二、以公文客体隶属划分

以公文客体隶属为依据，可以将公文类别划分为上行公文、平行公文、下行公文等。

（一）上行公文示例

《内蒙古自治区生态环境厅关于补充推荐参评第二届中国生态文明奖的请示》（内环发〔2019〕75号）

《海南省质量技术监督局关于协调解决省政府质量奖奖励经费的请示》（琼质强省办〔2016〕21号）

《天津市滨海新区人民政府关于审批天津航空物流区总体规划（2015—2030年）的请示》

（二）平行公文示例

《国务院办公厅关于同意调整完善全面推行河湖长制工作部际联席会议制度的函》（国办函〔2021〕21号）

《浙江省人民政府关于温州液化天然气（LNG）接收站项目海域使用事项的函》（浙政函〔2018〕14号）

《国家发展改革委办公厅关于同意调整抚州高新区发展投资集团有限公司债券发行要素的函》（发改办财金〔2021〕12号）

（三）下行公文示例

《工业和信息化部关于公布2020年工业和信息化部重点实验室名单的通知》（工信部科〔2021〕22号）

《民政部办公厅关于印发〈民政部彩票公益金使用管理办法〉等六个办法的通知》（民办发〔2019〕34号）

《农业农村部关于印发〈"中国渔政亮剑2021"系列专项执法行动方案〉的通知》（农渔发〔2021〕7号）

三、以公文制存载体划分

以公文制存载体为依据，可以将公文类别划分为纸介质公文、电子介质公文、光介质公文、磁介质公文等。

在当前公文处理工作实践中，根据公文不同性质，线上和线下公文运转方式并行。其中以纸为载体的纸介质公文、以硬盘和光盘等为载体的电子介质公文和以各类光盘为载体的光介质公文的应用较为广泛。

四、以公文处理时限划分

以公文处理时限为依据，可以将公文类别划分为特急公文、加急公文和一般公文等。此外，电报根据其紧急程度，可以划分为特提电报、特急电报、加急电报、平急电报。

（一）特急公文示例

《陕西省人民政府关于加快实施"三线一单"生态环境分区管控的意见》（陕政发〔2020〕11号）

《陕西省人民政府关于做好春季防火工作的通告》（陕政发〔2020〕6号）

《陕西省人民政府关于坚决打赢疫情防控阻击战促进经济平稳健康发展的意见》（陕政发〔2020〕3号）

以上三份公文，在各自紧急程度部分均标注了"特急"字样，故均属于特急公文。

（二）加急公文示例

《陕西省人民政府关于禁止在通关河水库工程占地及淹没区范围内新增建设项目和迁入人口的通告》（陕政发〔2019〕20号），该公文紧急程度部分标注了"加急"，故属于加急公文。

（三）一般公文示例

《陕西省人民政府关于印发国民经济和社会发展第十四个五年规划和二〇三五年远景目标纲要的通知》（陕政发〔2021〕3号）

《陕西省人民政府关于公布全省征收农用地区片综合地价的通知》（陕政发〔2020〕12号）

《陕西省人民政府关于推进健康陕西行动的实施意见》（陕政发〔2020〕7号）

以上三份公文，在各自紧急程度部分均未标注内容，故均属于一般公文。

五、以公文是否涉密划分

以公文是否涉密为依据，可以从涉密和非涉密两个角度对公文类别进行细分，公文类别一般包括涉密公文和非涉密公文。

（一）涉密公文

一般指涉及国家秘密公文或者是衍生国密公文，根据涉密程度可划分为绝密级公文、机密级公文、秘密级公文。

（二）非涉密公文

根据知悉范围可划分为内部公文、一般公文和公开公文。

在企业等经济组织中，内部公文根据涉及商业秘密程度，还可划分为核心商密公文、普通商密公文和非密内部公文。

公开公文示例如下：

《陕西省人民政府关于进一步提高上市公司质量的实施意见》(陕政发〔2021〕4号)

《陕西省人民政府关于印发推进国有资本投资、运营公司改革试点实施方案的通知》(陕政发〔2019〕21号)

《陕西省人民政府关于进一步做好稳就业工作的意见》(陕政发〔2019〕19号)

以上三份公文，在各自公文密级和保密期限部分未标注内容，也未在相关位置标注"内部"或"内部文件、内部资料、内部公文"等字样，且其附注部分标注了"此件公开发布"字样，故均属于公开公文。

六、以文种是否法定划分

以文种是否法定为依据，可以从法定和非法定两个角度对公文类别进行细分，公文类别一般包括法定文种公文和非法定文种公文。

（一）法定文种公文

一般指《条例》规定的决议、决定、命令（令）、公报、公告、通告、意见、通知、通报、报告、请示、批复、议案、函、纪要等15种公文。

法定文种公文示例如下：

《中国共产党第十九次全国代表大会关于十八届中央委员会报告的决议》（2017年10月24日中国共产党第十九次全国代表大会通过）

《国务院关于实施动产和权利担保统一登记的决定》（国发〔2020〕18号）

《中华人民共和国退役军人事务部令（第3号）》

《中国共产党第十九届中央委员会第一次全体会议公报》（2017年10月25日中国共产党第十九届中央委员会第一次全体会议通过）

《中华人民共和国海关总署公告（2020年第73号）》

《工业和信息化部关于深化信息通信领域"放管服"改革的通告》（工信部政法函〔2020〕99号）

《人民银行 银保监会 证监会 外汇局关于金融支持粤港澳大湾区建设的意见》（银发〔2020〕95号）

《教育部关于印发〈大中小学劳动教育指导纲要（试行）〉的通知》（教材〔2020〕4号）

《交通运输部关于命名石家庄市等12个城市国家公交都市建设示范城市的通报》（交运发〔2020〕81号）

《应急管理部2019年法治政府建设年度报告》（应急〔2020〕24号）

《天津市滨海新区人民政府关于审批天津航空物流区总体规划（2015—2030年）的请示》（津滨政报〔2016〕21号）

《国家发展改革委关于调整厦门市城市轨道交通第二期建设规划（2016—2022年）的批复》（发改基础〔2020〕136号）

《浙江省人民政府关于李学忠等职务任免的议案》（浙政函〔2016〕71号）

《教育部关于同意设立西湖大学的函》（教发函〔2018〕10号）

《2020年全区外贸工作厅际联席会议第一次会议会议纪要》（内商贸函〔2020〕190号）

（二）非法定文种公文

非法定文种公文一般是指不能独立正式行文的公文，或者可以行文但仅能作为法定文种公文内容出现在成文日期与版记之间（有附注的，在仅能出现在附注和版记之间）的公文，一般包括法规制度类、工作计划类、工作总结类、会议记录类、工作简报类、调研报告类、讲话发言类、公务书信类等类型的非法定文种公文。

在特定机关中还有一些特定文书，这些文书有其自身格式规范和内容要求，公文处理工作参与者在实践中应注意把握。以纪检监察机关为例，在其具体工作中还会经常用到处分决定书、处分决定通知书、免予处分决定书、纪律处理决定书、延长留党察看期限决定书、中止党员权利决定书、恢复党员权利决定书、纪律检查建议书、监察建议书、案件办理意见书等特定文书。

此外，在一些机关（比如企业等经济组织）的公文处理实践中还存在一些功能用途类似于请示报告等法定文种公文的内部公文种类，这类公文格式规范相对不严、办理流程相对简单，比如：签报等。

非法定文种公文示例如下：

《中国共产党支部工作条例（试行）》

《中长期青年发展规划（2016—2025年）》

《内蒙古自治区2019年度扶贫对象动态管理工作总结》

《教育部简报》（〔2020〕第14期）

《北京市党建引领"街乡吹哨、部门报到"改革情况的调研报告》

《习近平致中国延安精神研究会第六次会员大会的贺信》（2020年9月4日）

七、以公文处理方式划分

以公文处理方式为依据，公文类别一般可以划分为阅知性公文（也可以批示意见，并根据意见进行承办）和批办性公文。

（一）阅知性公文示例

《国务院办公厅关于调整国家减灾委员会组成人员的通知》（国办函〔2020〕31号）

《国务院办公厅关于成立健康中国行动推进委员会的通知》（国办函〔2019〕59号）

《甘肃省人民政府关于调整副省长工作分工的通知》（甘政发〔2020〕33号）

（二）批办性公文示例

《国务院关于进一步做好稳就业工作的意见》（国发〔2019〕28号）

《天津市人民政府关于切实做好2020年市政府重点工作的通知》（津政发〔2020〕9号）

《重庆市人民政府办公厅关于印发重庆市防汛抗旱应急预案的通知》（渝府办发〔2020〕98号）

第二章 公文处理工作

第一节 公文处理工作概念

概念上做到清晰，落实上才能到位。在公文处理工作实践中，部分参与者不同程度存在一些对于公文处理工作概念认识和理解不到位、不系统、不全面的情况，比如"公文处理工作只是公文办理""公文处理工作只是公文拟制""公文处理工作只是公文管理"等；又如"公文是领导人员的公文""公文是文秘人员的公文""公文是拟制机关的公文"等；再如"只考虑公文拟制、不考虑公文办理""只考虑公文办理、不考虑公文管理""只考虑部署任务、不考虑基层落实"等。凡此种种，或多或少会对做好公文处理工作产生一些不利影响。

公文处理工作是在狭义公文基础上衍生出来的，涉及公文处理工作概念原则、公文种类、公文格式、行文规则、公文拟制、公文办理、公文管理等诸多方面的一项全要素、全方位、全流程闭环管理活动。公文处理工作的基本概念、工作原则以及公文种类、公文格式、行文规则等在做好公文处理工作过程中发挥基础作用，公文拟制、公文办理、公文管理等在做好公文处理工作过程中发挥核心作用，二者紧密衔接、相互制约，共同构成了公文处理工作动态体系。

第二节 公文处理工作内涵

公文处理工作涉及要素数量多、方位视角多、流程环节多，是对阅读理解、综合分析、提出并解决问题、文字表达等主要能力的集中考验，是对工作责任、专业知识、实践经验等职业素养的综合运用，是对"是什么、为什么、怎么办"等基本逻辑的生动演进，是对上下机关、左右部门、内外系统等各类资源的有机整合，还是对事前管理、事中管理、事后管理等过程管理的全面体现，内涵十分丰富。

一、从全要素维度看

（一）就角色要素而言

公文处理工作既包括起草者、会签者、审核者、签发者、分办者、拟办者、批示者、阅知者、承办者等，又包括领导人员和一般人员，还包括直接参与人员和间接参与人员。

（二）就管理要素而言

公文处理工作既涉及处理主体、处理客体、处理媒介、处理手段等，又涉及计划方案、组织实施、协调控制、监督考核、结果反馈等，还涉及处理体制、处理机制、处理制度等。

（三）就能力要素而言

公文处理工作既需要信息获取能力、存储能力、处理能力、反馈能力、输出能力等，又需要理论能力、政策能力、专业能力、实践能力等，还需要发现问题能力、分析问题能力、解决问题能力等。

以《陕西省人民政府关于推进健康陕西行动的实施意见》（陕政发〔2020〕7号）为例，该公文正文部分对推进健康陕西行动的总体目标、重大行动、组织实施等内容作出明确要求，其附件对组织体系、监测评估、考核制度和指标体系、考核程序和方法、组织保障等内容均作出明确要求，以上内容涵盖了公文处理工作管理要素的主要方面。

● **公文示例**

陕西省人民政府关于推进健康陕西行动的实施意见（节选）

各设区市人民政府，省人民政府各工作部门、各直属机构：

为深入实施健康中国战略，推进健康陕西行动，根据《国务院关于实施健康中国行动的意见》（国发〔2019〕13号）和《中共陕西省委陕西省人民政府关于印发〈"健康陕西2030"规划纲要〉的通知》（陕发〔2017〕16号）精神，现提出以下实施意见。

一、总体目标

…………

到2030年，全省健康优先的制度设计和政策体系更加完善，健康生活方式全面普及,健康服务质量、保障能力和全民健康水平显著提高,人人享有高质量的健康服务和高水平的健康保障,人民更加健康长寿,环境更加健康优美,社会更加健康和谐,健康产业繁荣发展,各项健康指标大幅提升,建成与陕西经济社会发展相协调的全民健康服务和治理体系,实现健康陕西行动的各项目标任务。

二、重大行动

(一)健康知识普及行动。

建立全省居民健康素养监测评价体系。开展"健康中国行动"宣传教育等活动,推广百姓健康系列栏目,打造权威健康教育平台。依托健康教育项目,利用健康档案信息,开展个性化健康教育。建立健康科普专家资源库,构建健康科普知识发布传播机制。构建全媒体健康科普知识发布、传播审核机制,编制重点人群、重点健康问题知识信息指南,向社会发布。加强健康教育指导监管,动员社会力量参与健康知识普及。持续开展健康促进县(区)建设。到2022年和2030年,全省居民健康素养水平分别不低于19%和30%。(省卫生健康委、省委宣传部、省委网信办、省教育厅、省文化和旅游厅、省市场监管局等负责;排在第一位的为牵头单位,其他为配合单位;以下各项任务均需各设区市人民政府负责落实,下同)

……

三、组织实施

……

(四)完善监测评估。建立监测评价机制,将健康陕西行动指标监测评估系统列入"十四五"卫生健康项目规划,为健康陕西行动提供科学快捷有效的数据支撑和成效评估。由委员会办公室对监测指标体系进行运用和评估,根据监测情况,改进完善各专项行动,确保取得实效。

附件:健康陕西行动组织实施和考核方案(略)

陕西省人民政府
2020 年 3 月 29 日

(此件公开发布)

二、从全方位要素看

（一）就系统要素而言

公文处理工作既涉及有隶属关系机关和无隶属关系机关，又涉及内部机关和外部机关，还涉及单一领导机关和非单一领导机关。

（二）就逻辑要素而言

公文处理工作既包括表现、原因、对策等，又包括目标牵引、问题导向、效果评价等，还包括现象和本质、规律和实践、归纳和演绎等。

（三）就内容要素而言

公文处理工作既涵盖治党治国治军、内政国防外交、改革发展稳定等，又涵盖政治、经济、文化、社会、生态文明等，也涵盖战略层面、战役层面、战术层面等。

以《陕西省人民政府令》（第222号）为例，该公文主送机关为"各市、县、区人民政府，省人民政府各工作部门、各直属机构"，涵盖了省人民政府的下级机关及本机关内设部门和直属机构；该公文抄送机关为"国务院；司法部；省委各部门，省人大常委会办公厅、省政协办公厅，省军区；省监委，省法院，省检察院，各人民团体，各新闻单位；国务院各部门驻陕单位"，涵盖了省政府的上级机关、平级机关、外部机关等。

● **公文示例**

陕西省人民政府令

（第222号，节选）

《陕西省中小学校幼儿园规划建设办法》已经省政府2019年第22次常务会议通过，现予公布，自2019年12月1日起施行。

省长

2019年10月17日

…………

（以下为版记部分，节选）

主送：各市、县、区人民政府，省人民政府各工作部门、各直属机构。

抄送：国务院。

司法部。

省委各部门，省人大常委会办公厅、省政协办公厅，省军区。

省监委，省法院，省检察院，各人民团体，各新闻单位。

国务院各部门驻陕单位。

三、从全过程要素看

（一）就时间要素而言

公文处理工作既包括过去、现在、未来等宏观时间要素，也包括事前、事中、事后等微观时间要素。

（二）就周期要素而言

公文处理工作既包括产生、发展、高潮、衰落、消亡等，也包括准备、实施、总结等。

以《陕西省 2020 年政府工作报告》为例，该公文包括"2019 年工作回顾"和"2020 年总体要求和重点任务"两大部分，在"2019 年工作回顾"部分主要叙述了 2019 年政府工作完成总体情况、重点领域和重点工作取得的成绩、取得成绩的原因、发展面临的问题等内容，在"2020 年总体要求和重点任务"部分主要叙述了 2020 年政府工作总体要求、经济社会主要预期目标、重点任务等内容，上述内容既涵盖了对过去工作成绩、取得经验、现在存在问题的总结梳理，也包括了对未来政府工作的部署安排。

● 公文示例

陕西省 2020 年政府工作报告（节选）

2020 年 1 月 15 日在陕西省第十三届人民代表大会第三次会议上 陕西省省长 刘国中

各位代表：

我代表省政府向大会报告工作，请予审议，并请省政协委员提出意见。

一、2019 年工作回顾

2019 年是中华人民共和国成立 70 周年，是全省上下砥砺奋进的一年。面对国内外风险挑战，我们坚持以习近平新时代中国特色社会主义思想为指导，在省委领导下，坚持稳中求进工作总基调和"巩固、增强、提升、畅通"八字方针，紧扣追赶超越定位和"五个扎实"要求，推动高质量发展，着力稳增长、促改革、调结构、惠民生、防风险、保稳定，保持了经济社会持续健康发展。生产总值增长6%，财政收入增长2%，城镇登记失业率3.2%，调查失业率5.5%以内，城乡居民人均可支配收入分别增长8%和9%，CPI涨幅2.9%。

（一）全力以赴稳增长，经济实现企稳回升。一手抓供给侧结构性改革、一手抓逆周期调节，建立工作、项目、责任"三个清单"，紧盯不放、逐一推动。出台工业稳增长促投资23条措施，对150户重点企业强化监测分析和稳产促销，精准实施错峰生产，对342户企业实行差异化减排管理，303个新增产能项目投产达效。对煤炭产业实施"增优促中限低"措施，新增优质产能1800万吨。规上工业增加值增长5.2%。

…………

成绩的取得，是以习近平同志为核心的党中央坚强领导的结果，是省委带领全省人民奋力拼搏的结果，是海内外各界人士长期关心、大力支持的结果。我代表省政府，向各位代表、各位委员，向全省广大干部群众，向驻陕部队官兵，向各民主党派、人民团体和社会各界人士，向支持陕西发展的港澳台同胞、海内外朋友，表示衷心的感谢和崇高的敬意！

陕西发展还面临不少问题：部分指标低于预期，稳增长压力加大，产业结构不优，战略性新兴产业、先进制造业体量偏小，引领高质量发展的新动能发育不足，科技创新及成果转化的体制机制不够完善，营商环境仍需优化，解决就业、教育、医疗等民生问题与群众期盼还有差距，安全生产基层基础薄弱等等。对此，我们一定切实加以解决。

二、2020年总体要求和重点任务

2020年是全面建成小康社会、打赢精准脱贫攻坚战、实现"十三五"规划收官之年。尽管我们面临的风险挑战依然严峻复杂，但我国经济稳定向好、长期向好，我省发展机遇大于挑战的总体形势没有改变。只要我们保持战略定力，坚定发展信心，只争朝夕，毫不懈怠，一步一个脚印把每项具体工作谋深、抓实、干好，就一定能够在高质量发展中迈出追赶超越的新步伐。

2020年工作总体要求：以习近平新时代中国特色社会主义思想为指导，全面贯彻党的十九大和十九届二中、三中、四中全会精神，坚决贯彻党的基本理论、基本路线、基本方略，增强"四个意识"、坚定"四个自信"、做到"两个维护"，紧扣全面建成小康社会目标任务，坚持稳中求进工作总基调，坚持新发展理念，坚持以供给侧结构性改革为主线，坚持以改革开放为动力，认真践行"五个扎实"要求，全面落实"五新"战略任务，推动高质量发展，大力发展"三个经济"，坚决打赢三大攻坚战，全面做好"六稳"工作，统筹推进稳增长、促改革、调结构、惠民生、防风险、保稳定，保持经济运行在合理区间，确保全面建成小康社会和"十三五"规划圆满收官，推动新时代追赶超越有新气象、新作为。

经济社会主要预期目标是：生产总值增长6.5%左右，财政收入增长3%左右，城镇新增就业38万人，城镇调查失业率和登记失业率分别控制在5.5%、4.5%以内，城乡居民人均可支配收入分别增长7%和8%左右，CPI涨幅3.5%左右。

（一）持续发力稳增长，确保经济运行在合理区间

千方百计稳工业。扎实抓好能源工业，确保煤炭、原油、天然气稳产增产。加快延长靖边煤油气资源综合利用、咸阳国能煤矸石发电、陕北至湖北输电工程及配套电源等项目建设，争取中科煤制油等重大示范转化项目落地。加快发展非能工业，支持企业扩产促销，推动吉利、比亚迪二期、法士特缓速器等项目投产达效。继续对重点企业和项目实施动态监测、精准服务，新增规上企业700户，规上工业增加值增长7%。

…………

各位代表！决战决胜全面建成小康社会的冲锋号已经吹响，让我们更加紧密地团结在以习近平同志为核心的党中央周围，在省委领导下，万众一心加油干，越是艰险越向前，奋力谱写新时代追赶超越新篇章！

第三节 公文处理工作原则

公文处理工作原则，是做好公文处理工作的重要遵循，主要包括实事求是、准确规范、精简高效、安全保密等。这些原则既是对公文处理工作光荣传统的继承发扬，也是对公文处理实践宝贵经验的总结提炼；既是对公文处理工作老问题旧痼疾的查漏补缺，也是对公文处理工作新要求的积极适应；既有对公文处理工作的总体要求，也有对公文内容、格式规范、处理质效、保密管理等方面的不同侧重。

因此，公文处理工作原则绝不是泛泛而谈的，而是具有极强指导性、针对性、实践性的。在公文处理工作实践中，对于这些原则，公文处理工作参与者应在宏观上把握领会、从微观上贯彻执行，区分公文处理工作的不同领域、不同层级、不同阶段等具体情况有所侧重、综合运用，切实发挥这些原则的指导作用。

此外，从文字上看，公文处理工作原则的主要内容同公文特点的部分内容有些相似，但二者概念不同、侧重也不同。相比于公文特点，公文处理工作原则更加注重系统性、全面性、过程性，更加突出实践指导性。

一、实事求是

实事求是，是公文处理工作应当遵循的首要原则。实事求是原则应贯穿于公文处理工作全过程，尤其是在公文拟制过程中，起草公文能否做到一切从实际出发，审核把关能否坚持实事求是，往往是决定公文质量优劣的前提条件。如果不遵循实事求是原则，公文内容脱离实际、甚至弄虚作假，公文质量就无从谈起了，不仅会导致相关工作陷入被动局面，还会削弱发文机关的公信力。

在公文拟制过程中，内容不实一般表现为问题分析不实、目标确定不实、措施抓手不实等情况，更有甚者弄虚作假。

二、准确规范

准确规范，是公文处理工作应当遵循的基本原则。公文的精准性、合规性、权威性，均需要通过公文处理工作全过程的准确规范进行支撑保证。不论是在公文种类选择、公文格式套用、行文规则确定等方面，还是在公文拟制、公文办理、公文管理等方面，各类参与者开展公文处理工作均应符合准确规范原则。如果不遵循准确规范原则，出现文种选用错误、公文格式失范、行文不合规则、公文内容不准、办理程序违规或管理秩序混乱等方面情况，不仅无法保障公文本身质量，而且会使发文机关的能力水平遭受质疑，进而削弱发文机关的权威性。

在公文处理工作实践中，不准确不规范的情况有时表现在政策理论把握、法规制度适用、程序环节合规等宏观方面，有时也表现在遣词造句、表达修辞、逻辑结构等微观方面。比如：因起草人员不认真、审核把关人员不负责等因素，导致《仪陇县人力资源和社会保障局关于县级机关上班时间等问题的回复》这一仅2页的公文出现 4 个错别字，其中：正文部分出现 3 个错别字，直接影响了正文表意的准确性；发文机关署名部分出现 1 个错别字，直接影响了公文效力并削弱了发文机关的严肃性和权威性。

三、精简高效

精简高效，是公文处理工作应当遵循的关键原则。在公文处理工作实践中，各类参与者应落实精简高效原则，切实防止出现形式主义和官僚主义问题，尽力做到内容简洁、文字精练、当发则发、严控数量、优化流程、提高效率，促进全局工作的高效开展。如果不遵循精简高效原则，出现内容冗长、数量过多、处理流程过长、办理环节过多、参与人员拖沓等方面情况，不仅无法保障公文本身质量，而且会使发文机关的管理成本上升、管理效率下降，还会削弱发文机关的执行力。

在公文处理工作实践中，因能力不足、担当不够、疲于应付等原因，可能会导致超规模超范围发文、生搬硬套照抄照转、穿靴戴帽冗长空洞等违背精简高效原则的情况发生。这些情况一旦出现，不仅不能发挥出公文"以文辅政"的基本作用，反而会使公文成为了基层工作的负担。以中央纪委国家监委公开曝光的一起典型案例为例，新疆昌吉州卫健委在 2019 年 1 至 7 月下发文件 621 份，平均每个工作日超过 4 份，其中 478 件以白头或便函形式通过 QQ 群传输下发，大量文件内容就是照抄上级通知，改头换落款、上下一般粗。这一情况既是违背精简高效原则的典型反映，同时也从反面证明了精简高效原则的重要性。

四、安全保密

安全保密，是公文处理工作应当遵循的底线原则。在公文处理工作实践中，各类参与者应当时刻绷紧"安全保密"神经，落实安全保密管理制度，严格依照安全保密工作流程，履行安全保密工作职责，不仅要重视涉密公文的安全保密、还要重视非密公文（涉及大量内部信息）的安全保密，不仅要关注公文内容的安全保密、还要关注机关公章的安全保密，不仅要做好公文办理环节的安全保密、还要做好公文拟制阶段的安全保密，防止触及安全保密红线、突破安全保密底线。一旦在安全保密上出现问题，不仅无法保障公文自身安全，而且还会使发文机关的管理水平遭受质疑，削弱发文机关的可靠性。

在公文处理工作实践中，因思想不重视、制度不执行、监管不到位等因素，各类参与者违背安全保密原则的情况时有发生。不管是无心之过，还是有意为之，这些情况都有可能给工作造成无法挽回的损失或影响。以一起泄密案例为例，2016年10月，某市直机关办公室主任张某利用保管国家秘密的便利，将一套秘密级电子资料提供给他人使用，收取对方给予的好处费30万元。案件发生后，张某被判处有期徒刑一年，有关部门分别给予该单位主要负责人李某、纪检组长肖某党内严重警告、党内警告处分。这起由《秘书杂志》刊发的典型案例凸显了遵循安全保密原则的极端重要性，既教训深刻，又发人深省。

第三章　公文处理工作之道的多维价值

道生一，一生二，二生三，三生万物。公文处理工作之道，作为公文处理工作之法和公文处理工作之术的本源所在，对于公文处理工作参与者来说，是日用而不自觉且又不可或缺的。

欲筑室者，先治其基。公文处理工作之道就是做好公文处理工作的基础所在。认识、把握和运用公文处理工作之道，不仅应知其然，也应知其所以然，还应知其未然。唯有"知其然"，把握其认知价值，才能在认识上深入深透；唯有"知其所以然"，把握其比较价值，才能在行动上坚定坚决；唯有"知其未然"，把握其实践价值，才能在落实上举一反三。

公文处理工作之道如此重要，在实践中却是时常被忽视、甚至被漠视的。因此，了解认识公文处理工作之道的多维价值是重要、必要且迫切的。本书将从认知价值、比较价值、实践价值等方面呈现公文处理工作之道的多维价值，以期公文处理工作参与者能够更加了解和重视公文处理工作之道。

第一节　公文处理工作之道的认知价值

知为行之始，行为知之成。公文处理工作之道的认知价值不是单一的，而是多维的。公文处理工作不是可有可无的、而是必不可少的，不是简简单单的、而是复杂专业的，不是轻轻松松的、而是非常辛苦的。公文处理工作之道的认知价值不仅是做好公文处理工作的认识前提，也是提升参与者对公文处理工作重视程度的关键所在。因此，各类各级机关及其工作人员应高度重视公文处理工作之道的认知价值，全面了解和准确掌握公文处理工作之道的认知价值。

一、公文处理工作是重要的

莫道昆明池水浅，观鱼胜过富春江。在实践中，不少人没有意识到公文处理工作的重要性，认为公文处理工作与自己关系不大或者没有直接关系，导致对公文处理工作产生一些片面的孤立的静态的认识，仅仅将公文处理工作看作是文秘部门、文秘人员、领导人员、承办部门或者承办人员的职责或业务，或者仅仅将公文处理工作看作是公文拟制或者写材料，严重低估和忽视了公文处理工作的重要价值。

1. 公文处理工作很小，但可以积小为大；公文处理工作很大，但能够大中见小

公文处理工作看似很小，可以小到一纸文书。一个人、一支笔（一台打印机）、几页纸，就能够呈现一份公文，通过拟制、办理以及管理等公文处理工作流程，去推动各项工作有序开展，比如《白水县人民政府关于试鸣人民防空警报的通告》（白政发〔2020〕18号）等。公文处理工作的确很大，可以大至整个世界。一份份计划、一份份意见、一份份方案，通过拟制、办理以及管理等公文处理工作流程，可以构筑美好蓝图，去推动构建人类美好未来，比如《中共中央关于制定国民经济和社会发展第十四个五年规划和二〇三五年远景目标的建议》（2020年10月29日中国共产党第十九届中央委员会第五次全体会议通过）等。

2. 公文处理工作很远，但可以由远及近；公文处理工作很近，但能够由近及远

公文处理工作看似很远，远及党中央层级公文、国家层级公文、军委层级公文，似乎同基层机关、普通人员云泥之隔，但通过公文办理等流程，均不同程度地从宏观层面影响着我们的工作、生活和学习，比如《国务院办公厅关于2021年部分节假日安排的通知》（国办发明电〔2020〕27号）等。公文处理工作的确很近，涉及工作的职责待遇福利、生活的开门七件事、学习的机会平台费用，切实与各类机关、各级人员息息相关，旨在微观层面上对我们进行保障、规范和约束，比如《国务院办公厅关于防止耕地"非粮化"稳定粮食生产的意见》（国办发〔2020〕44号）等。

3. 公文处理工作很柔，但可以以柔克刚；公文处理工作很刚，但能够刚中带柔

公文处理工作看似很柔，柔出获得感、幸福感、安全感，不会忽视机关或个人的应有权利和基本需求，方能够凝聚人心、推动发展，比如《国务院办公厅印发关于切实解决老年人运用智能技术困难实施方案的通知》（国办发〔2020〕45号）等。公文处理工作的确很刚，刚成制度红线、法律底线、纪律高压线，不容机关或个人肆意碰触和挑战，才确保了机关权威、工作落地，比如《中国共产党问责条例》（2019年修订，自2019年9月1日起施行）等。

二、公文处理工作是专业的

闻道有先后，术业有专攻。从事公文处理工作，敷衍了事是肯定不行的，仅凭一腔热情也是远远不够的。做好公文处理工作，除了需要工作热情、无私奉献、创新精神和工匠精神之外，一般还应具备专业的知识、过硬的技能、丰富的经验等基本条件。一言以蔽之，就是专业机构或专业人员，秉持专业精神、依照专业标准、借助专业平台、运用专业方法，开展好专业工作。

（一）做好公文处理工作，离不开专门机构或专（兼）职人员

无论是回顾历史，抑或是立足当下，为做好公文处理工作，提高公文处理工作质效，更好发挥公文处理工作作用，各类各级机关一般都设立了专门机构并配备了专兼职人员负责公文处理工作，不设置专门机构的机关一般也都配备了专（兼）职人员负责公文处理工作。

1. 回顾历史

历朝历代一般都设有掌握文书的机构并配备了相关人员。比如汉代设有尚书（主要负责管理文书）和奏曹（主要负责管理奏章），唐代设立中书省（主要负责拟撰诏书）、门下省（主要负责复核诏书），宋代设有中书省（主要负责拟撰诏书）、枢密院（主要负责管理奏章），明代设立通政司（主要负责内外章奏和臣民密封申诉之件），清代设有军机处、内阁。

2. 立足当下

从党中央和国家层面、到省部级层面、再到市（州）县层面，从中央军委、到战区（军种）、再到基层部队，从公有制企业、到非公有制企业、再到混合所有制企业，从科研机构、到医疗机构、再到教育机构，凡此种种，为更好开展公文处理工作，一般都设有负责处理公文工作的机构部门或者配备专（兼）职人员。比如党中央层面设立中共中央办公厅和中共中央政策研究室，中共中央办公厅内设秘书局和调研室，负责中央文件和机要文电、信件的传递工作；围绕中央总体工作部署，收集信息、反映动态、综合调研，承担部分中共中央文件、文稿的起草、修改和中共中央文件的校核工作；负责为中共中央制定党内法规和领导国家立法的具体服务工作，等等。中共中央政策研究室的职能包括为中共中央研究政治理论、政策及草拟文件等。

（二）做好公文处理工作，离不开专业的知识、技能和保障

不论是公文拟制、公文办理，还是公文管理，都属于专业性很强的工作，一般

都需要以专业的知识、技能和保障作为支撑。

1. 从专业知识看

做好公文处理工作，需要具备公文知识、保密知识、档案知识、经济社会知识等。以公文知识为例，公文处理工作参与者不仅需要掌握公文种类、公文格式、行文规则等基础知识，还需要掌握公文拟制、公文办理、公文管理等应用知识。

2. 从专业技能看

做好公文处理工作，不仅需要阅读理解、综合分析、提出和解决问题、文字表达等基础技能，还需要调查研究能力、政策把控能力、办公自动化能力、排版印刷等应用技能。

3. 从专业保障看

做好公文处理工作，不仅需要公文拟制设施设备，也需要公文办理设施设备，还需要公文管理设施设备；不仅需要非密公文处理工作设施设备，还需要涉密公文处理工作设施设备。不仅需要纸质公文处理工作设施设备，还需要电子公文处理工作设施设备。

（三）做好公文处理工作，离不开丰富的实践经验、饱满的激情热情和稳定的人才队伍

罗马城不是一天建成的。做好公文处理工作，也不可能是一蹴而就的。做好公文处理工作，既需要丰富的工作实践和宝贵经验，也需要饱满的创新激情和工作热情，还需要稳定的人才培养和队伍建设。

1. 从实践经验看

尽管《条例》《格式》、机关内部公文处理工作制度规定等从不同层面对公文拟制、公文办理、公文管理等全过程工作作出了指导、规范和约束，但对于本身十分复杂且又不断创新发展的公文处理工作实践来说，上述法规制度不可能做到包罗万象、面面俱到。因此，公文处理工作参与者应当积极适应公文处理工作的新情况新要求，注重从丰富实践中总结提炼出做好公文处理工作的新经验新做法。

2. 从激情热情看

一方面，做好公文拟制工作、尤其是重要公文的撰写，要求拟稿人应当具有持续的创新激情，才能在遇到困难挑战时不畏惧、不退缩，才能破茧成蝶、凤凰涅槃，才会有新作、大作呈现出来。另一方面，做好公文处理工作，要求参与者应当保持饱满的工作热情，才能在面对相对单调枯燥的公文时不懈怠、不应付，才能确保质

量、提高效率，才会将公文处理工作作用发挥出来。

3. 从人才队伍看

做好公文处理工作，尤其需要一支业务精湛、作风扎实、相对稳定的专（兼）职人才队伍。在党政机关、特别是地市以上机关中，通常会设置办公厅、政研室、调研室等工作机构，为文秘人员提供舞台和平台。除党政军等机关外，人民团体、经济组织、文化组织、其他社会组织对公文处理工作的重视程度普遍还不够高，与之相关的人才队伍建设水平亟待提升。同时，人才队伍建设是个系统工程，不能急于求成。培养一位优秀文秘人员、尤其是"笔杆子"，是很难的，这不仅需要文秘人员的艰辛付出，还需要所在机关的培养呵护，持续开展技能培训、岗位练兵，不断拓宽文秘人员发展途径、职业道路，创造拴心留人、惜才用才的良好氛围。

三、公文处理工作是辛苦的

一入"文门"深似海，"文海"无涯苦作舟。公文处理工作从来都不是轻轻松松的，从事公文处理工作本身就很辛苦，做好公文处理工作更是苦中之苦。在公文处理工作实践中，这份苦不仅体现在完成日常公文处理工作中，也体现在提升公文处理工作素养上；这份苦在公文拟制、公文办理、公文管理等不同阶段呈现出不同特点，既是体力之苦、也是脑力之苦，但苦中有为、苦中有成、苦中有乐。

（一）公文拟制很辛苦

不经一番寒彻骨，怎得梅花扑鼻香。公文拟制不仅要满足文种选用正确、要素格式规范、行文规则符合等基本要求，也要达到合法合规、主题突出、观点鲜明等综合要求，还要努力实现创新工作思路、创新工作模式、创新工作方法等更高要求，起草工作报告、汇报材料或者讲话稿等重要公文更是如此。上述要求，不仅是对阅读理解能力、综合分析能力、提出和解决问题能力、文字表达能力的多重调配，也是对政策水平、逻辑思维、专业知识的多重应用，还是对拟稿人体力、脑力、毅力的多重考验。要达到上述要求，不下一番苦功夫，是无法实现的。从受领任务、尤其是重要公文撰写任务开始，拟稿人一般会进入废寝忘食、挑灯夜战、忘我工作、不胜不还的状态。即便如此，也还会出现"一稿没可能、二稿有眉目、三稿件见雏形……甚至'七稿八稿回到一稿'"的情况，其中的心路历程也只有拟稿人才能真切体味。唯有不怕吃苦、甘于吃苦，经过千锤百炼、反复打磨，拟稿人才有可能把上级机关的决策部署、本机关的目标意图、主要领导的工作思路与机关工作实际等通过严密的逻辑、合理的布局和有力的表达结合起来，才有可能文思泉涌、亮点频出、精彩纷呈，才能够最终呈现出一份高质量公文。

（二）公文办理很辛苦

公文办理工作涉及收文办理、发文办理、整理归档等方面，仅收文办理就包括签收、登记、初审、承办传阅、催办、答复等诸多程序，涉及收文人员、拟办人员、批办人员、传阅人员、承办人员等，呈现出流程长、环节多、人员众等特点。因此，就公文办理工作本身而言，做好这项工作就是很辛苦的。

与此同时，机关层级越往下延伸，配备专职文秘人员的可能性就越小，这种情况尤其在非党政机关中是十分普遍的。在这些机关中，兼职文秘人员需要统筹安排、有序推进，才能有条不紊、忙而不乱，才能在做好其他工作的同时完成好公文办理工作，是十分辛苦的。比如在拟办、批办、催办等收文办理环节上，相关领导和承办部门日常工作都十分忙碌，往往没有特定时间来处理公文，尤其是办理加急、特急公文时，兼职文秘人员不仅要把握住公文要求的办理时限，还要兼顾领导和承办部门的工作安排；又如在复核、登记、印制、核发等发文办理环节，特别是在复核时，兼职文秘人员需要对公文的审批手续、内容、文种、格式等进行全方位复核，工作要求高、工作量很大。

（三）公文管理很辛苦

公文管理工作涉及管理制度建设、机构人员和设施设备配置、涉密公文管理、印发传达范围管理、复制汇编管理、撤销废止管理、清退销毁管理、合并移交管理、立户申请管理等方方面面。做好公文管理工作，要求参与者具有极强责任心、极高专业素养、吃苦精神，事无巨细、面面俱到。以涉密公文管理为例，其涉及制作、交付、传递、使用、保存、销毁等环节，其程序严格、手续严格、管理严格，参与者应当高度重视、极端负责，往往承担着极大的身心压力。比如在确定密级时，参与者不仅要掌握保密法律法规，也要参照本机关保密制度规定，还要紧密结合实际、便于工作开展。又如在复制、汇编时，参与者不仅应符合法规制度要求，还应履行报批手续，更应严格过程管理。再如在销毁公文时，参与者不仅应做到逐件清点、逐页查验，确保不漏不错，还应协调符合规定的专门机构、确保销毁全程安全。

第二节 公文处理工作之道的比较价值

如果把公文处理工作看成一座大厦，那么公文处理工作之道就是这座大厦的"坚实基座"，公文处理工作之法就是这座大厦的"四梁八柱"，公文处理工作之术就是这座大厦的"设计图纸"，公文素材就是这座大厦的"建筑材料"、机关文化就是这座大厦的"设计风格"。唯有将上述要素有机融合，这座大厦才能浑然一体、经久耐用、便捷高效、绿色环保、神形俱佳。

因此，做好公文处理工作，应以公文处理工作之道为基本原则，以公文处理工作之法为流程规范，以公文处理工作之术为方法技巧，以公文素材为内容支撑，统筹处理各要素的区别联系，方可各司其职、各尽其责、有序衔接，进而充分发挥各要素的效用价值，形成公文处理工作合力，提高公文处理工作整体效能。

一、公文处理工作之道 VS 公文处理工作

公文处理工作之道蕴藏在公文处理工作实践中，来源并服务于公文处理工作。公文处理工作实践是不断丰富和发展的，但蕴含其中的公文处理工作之道则是相对固定的。公文处理工作参与者无论是有主动的、还是被动的，都在遵循和依照公文处理工作之道从事公文处理工作。公文处理工作之道不是自发呈现出来的，也不是轻易就能掌握的。公文处理工作参与者需要通过丰富的扎实的公文处理工作实践，才能逐步地认识、理解和把握公文处理工作之道。

九层之台，起于累土。公文处理工作之道不仅是公文处理工作之法和公文处理工作之术的基础，还是公文处理工作的基础，构筑起公文处理工作的坚实底座，支撑和托举着全部公文处理工作。基座稳、则大厦固，基座松、则大厦倾。在公文处理工作实践中，部分参与者对其重要性认识不到位、重视关注度不够高、干劲后劲不够足，究其原因，从根本上看是没有全面认识、理解和把握公文处理工作之道。因此，在公文处理工作实践中，公文处理工作参与者应不断认识、理解和把握公文处理工作之道，围绕公文处理工作的本源问题，厘清基本概念、明确基本认识、坚定基本判断，进一步形成和凝聚做好公文处理工作的高度共识，努力做到思想上重视、行动上跟上、落实上见效。

二、公文处理工作之道 VS 公文处理工作之法

有道以统之，法虽少，足以化矣；无道以行之，法虽众，足以乱矣。公文处理工作之道是公文处理工作之法的理论基础、根本逻辑和基本原则，公文处理工作之法的制定、执行、优化和废止都应服从并服务于公文处理工作之道。离开了公文处理工作之道的持续滋养，公文处理工作之法就会缺乏源头活水。公文处理工作之法涉及公文种类、公文格式、行文规则等基本标准规范和公文拟制、公文办理、公文管理等基本流程要求，这些内容之所以能够有序衔接、紧密配合、协同发力，根本原因就在于公文处理工作之道在其中发挥的凝聚、串联和牵引等重要作用。

绳墨之起，为不直也。公文处理工作之法具有极强的针对性、实操性和强制性，其内容基本上涵盖了公文处理工作实践中容易出现的各种情况，比如文种选用错误、要素格式失范、行文规则不严、公文拟制低质、公文办理拖沓、公文管理无序等。这些情况，无一不需要使用公文处理工作之法进行规范约束。公文处理工作之法体系完备、可行好用、持续优化，公文处理工作之道就能够得到更好维护；反之，公文处理工作之法就可能成为弱化公文处理工作之道的短板漏洞。因此，在公文处理工作实践中，应认真研学公文处理工作之法、自觉维护公文处理工作之法、主动运用公文处理工作之法，将公文处理工作之法贯穿于公文处理工作的全过程、各方面，促进公文处理工作合法合规，进而降低管理成本、防范管理风险、提升管理效率，以公文处理工作之法维护公文处理工作之道。

三、公文处理工作之道 VS 公文处理工作之术

道为术之灵，术为道之体，以道统术，以术得道。公文处理工作之道与公文处理工作之术，二者关系亦是如此。公文处理工作之道是公文处理工作之术的精神所在、力量所在和目的所在，影响和决定着公文处理工作之术。脱离公文处理工作之道，公文处理工作之术将会成为无源之水、无本之木，公文处理工作之术就容易滑向形而上，出现有形无神的情况，背离了其产生和存在的意义。因此，在公文处理工作实践中，公文处理工作参与者应努力做到术为道生、以道驭术，围绕公文处理工作之道持续运用和优化公文处理工作之术。

工欲善其事，必先利其器。公文处理工作之术作为公文处理工作之道的具体承载、实现路径、方法手段，明确阐释出公文的形式逻辑、实践逻辑、时空逻辑、总

体结构、段落结构、句子结构，成为公文处理工作之道得以呈现的基本保障和有力抓手。在公文处理工作实践中，之所以不同程度存在思想主题不彰、逻辑思维混乱、结构成分残缺等情况，原因就在于不发掘、不提炼、不运用公文处理工作之术。失去公文处理工作之术，公文处理工作之道就会成为镜中之花、水中之月，公文处理工作之道就可能出现脱实向虚，难以落实落地。公文处理工作之术系统配套、效果显著、迭代创新，公文处理工作之道就能够得以更好呈现；反之，公文处理工作之术就可能成为束缚公文处理工作之道的人为羁绊。因此，在公文处理工作实践中，应努力做到道为术魂、以术践道，依托公文处理工作之术不断推动和强化公文处理工作之道。

第三节　公文处理工作之道的实践价值

一、有助于厘清基本内涵，回答"是什么"的问题

先立乎其大者，则其小者弗能夺也。公文处理工作之道揭示了公文处理工作的基本内涵，回答了公文处理工作"是什么"的问题，具有夯实公文处理工作认知基础的重要价值。公文处理工作之道就是公文处理工作之大者，体现着公文处理工作的基本内涵、基本作用、基本关系等，并通过公文概念、特点、类别、公文处理工作概念、作用、原则等具体内容，影响和决定着公文种类、公文格式、行文规则、公文拟制、公文办理、公文管理等相关事宜。

当前，在公文处理工作实践中，特别是在基层机关公文处理工作实践中，各类机关不同程度存在的重公文内容、轻标准规范，重行文数量、轻内容质量，重实用主义、轻规则流程，重处理速度、轻落实效果，重传统方式、轻创新手段，重公文办理、轻公文管理等情况。同时，在公文处理工作参与者中，对公文处理工作相关概念内涵缺乏足够认识的不在少数，或一知半解、或模糊不清、或混乱交错。导致上述情况出现的原因是复杂的、也是多方面的，有思想重视不够、缺乏对其重要性认识的因素，有保障支撑不够、缺乏对人财物供给的因素，有基本能力不够、缺乏对规范标准学习的因素，还有监督执行不够、缺乏对公文质效奖惩的因素等；但更深层次原因在于部分参与者缺乏对公文处理工作之道的基本认知，这恰恰体现出公文处理工作之道的实践价值所在。

认识、理解和把握公文处理工作之道，促进更好发挥公文处理工作之道的实践价值，公文处理工作参与者不仅应学习了解公文处理工作之道的基本内容，厘清基本概念，抓住公文处理工作的"关键点"，建立起对公文处理工作的基本认知；也应联系公文处理工作之法、公文处理工作之术进行拓展学习，把握区别联系，串出公文处理工作的"主干线"，通过公文处理工作之法和公文处理工作之术中的具体规范标准去体会公文处理工作之道的决定作用；还应联系公文处理工作进行实践学习，坚持学用结合，构筑公文处理工作的"基本面"，通过公文拟制、公文办理、公文管理的具体问题去把握公文处理工作之道的重要价值，进而形成对公文处理工作之道的全面认识，夯实做好公文处理工作的认知基础。

二、有助于提炼基本价值，回答"为什么"的问题

文以载道，以文辅政。公文处理工作之道揭示了公文的基本作用，回答了公文处理工作"为什么"的问题，具有增强公文处理工作内生动力的重要价值。公文处理工作之道揭示了公文发挥的实施领导、履行职能、处理事务等三个核心作用，同时又将公文作用细分为直接作用和间接作用。对于各类各级机关而言，上述作用都是至关重要且不可或缺的，不仅能体现出公文处理工作的基本价值，也能激发出做好公文处理工作的内生动力。

当前，在公文处理工作实践中，不少参与者对公文处理工作的基本价值理解不到位，不同程度存在重视程度不够、资源投入不够、动力激情不够、作用发挥不够等情况。这些情况在一定程度上影响和制约着做好公文处理工作内生动力的巩固和提升。因此，为做好公文处理工作，公文处理工作参与者应强化对公文处理工作之道的分析和提炼，从中获取公文处理工作的基本价值，着力解决好"为什么"的问题。

认识、理解和把握公文处理工作之道，促进更好发挥公文处理工作之道的实践价值，应坚持价值回归，在基本概念中把握公文处理工作的题中应有之义，在历史传承中保持重视公文处理工作的优良作风，在工作实践中做好公文处理工作的基本保障，持续强化对做好公文处理工作重要性的认识；应坚持问题导向，在强化责任中改善审核把关的实效性，在制度学习中改善基本操作的规范性，在牺牲奉献中改善做好工作的主动性，持续强化对做好公文处理工作必要性的认识；也应坚持目标牵引，在锤炼磨砺中提升公文处理个人素养，在匠心独具中完成公文处理本职工作，在合规高效中助推机关高质量发展，进而更好践行公文处理工作的基本价值，持续

强化做好公文处理工作的内生动力。

三、有助于明确基本方法，回答"怎么办"的问题

善除害者察其本，善理疾者绝其源。公文处理工作之道揭示了公文处理工作内外部各要素相关关系和相互作用，回答了公文处理工作"怎么办"的问题，具有推动公文处理工作创新发展的重要价值。公文处理工作之道就是公文处理工作本和源，公文处理工作就是责任担当、能力素养、基本逻辑、专业知识、实践经验的集中体现和综合运用。通过全方位、全要素、全过程的深入分析，公文处理工作之道给出了做好公文处理工作的结合点、切入点和着力点。

云深不知处，只在此山中。一方面，部分公文处理工作参与者被局限在公文处理工作具体的规范标准、流程环节、管理要求当中，针对公文处理工作实践中出现的问题情况，采用"头痛医头、脚痛医脚""就事论事、零敲碎打"等处理方式，缺乏系统思维和系统方法。另一方面，部分公文处理工作参与者不够重视或时常忽视公文处理工作的主观能动性，在推进公文处理工作过程中，长期处于一种被动状态，缺乏应有的积极性、主动性和创造性，有时仅仅满足于公文有没有、流程走没走的底线要求，甚至出现敷衍了事、疲于应付的情况。上述情况已成为影响公文处理工作质效的重要因素，导致不少参与者心有所想、力之不及。

会当凌绝顶，一览众山小。公文处理工作之道就是破解之道，公文处理工作参与者不仅应当跳出公文处理工作、看待公文处理工作，立足全局工作部署，推动公文处理工作；而且应当发挥自身主观能动性，强化做好公文处理工作以推动发展的能动作用。在公文处理工作实践中，在夯实责任上，各类各级机关应落实责任制，明确责任、落实责任、追究责任，建立务实性公文处理工作方法，以责任落实推动工作落实；在统筹推进上，各类参与者应树立系统思维、站在全局视角，不只是将公文拟制、公文办理、公文管理等三个流程内部各要素、相互之间统筹起来，还要讲公文处理工作同机关全局工作统筹起来，以统筹推进形成强大工作合力；在改革创新上，各类各级公文处理工作参与者应紧盯新情况、总结新经验、运用新技术，推进公文处理工作理念创新、模式创新、方式创新，以改革创新厚植工作优势，进而通过综合运用夯实责任、统筹推进、改革创新等手段，构建起行之有效的方法体系，持续推动公文处理工作高质量发展。

第四节　公文处理工作之道的运用落地

该部分主要是对公文处理工作之道运用落地的基础问题进行说明，主要从公文处理工作依据概述、公文处理工作依据适用、公文处理工作依据把握、公文处理工作引文说明等方面具体展开，并对本书的相关内容安排的基本考量和逻辑关系进行了梳理，以便公文处理工作参与者更好地理解、把握和使用这本公文处理工作工具书。

一、公文处理工作依据概述

无论是立足依规治党、依法治国，还是着眼依法行政、合规管理，做好公文处理工作，各类各级机关及其人员应当在实事求是基础上，以党规党纪、法律法规、管理制度等作为主要依据，在公文处理工作全过程中，时时、事事、处处对照执行，不断推进公文处理工作规范化水平。当前，公文处理工作中涉及的主要依据如下。

（一）党规党纪

1. 基本依据

《条例》，该条例是经中共中央、国务院同意，由中共中央办公厅、国务院办公厅于2012年4月16日印发，自2012年7月1日正式施行的。该条例是开展公文处理工作的基本依据，兼具党内法规和行政法规的属性。

2. 延伸依据

在公文处理工作实践中，如果公文内容不当并产生不良影响，就可能违反政治纪律；如果公文管理不当并导致失泄密，就可能违反工作纪律；发生上述问题后，就可能涉及问责事宜。凡此种种，都会触发公文处理工作的延伸依据，比如《中国共产党纪律处分条例》《中国共产党问责条例》《中国共产党重大事项请示报告条例》等。

（二）国法国标

1. 主要依据

《中华人民共和国国家通用语言文字法》（以下简称《语言文字法》）、《中华人民共和国保密法》（以下简称《保密法》）等。

《格式》，是根据中共中央办公厅、国务院办公厅印发的《条例》的有关规定修订，由中国标准化研究院、中共中央办公厅秘书局、国务院办公厅秘书局、中国标准出版社共同起草，于2012年6月29日发布，自2012年7月1日实施的。该标准是开展公文处理工作的重要依据。

此外，还包括《党政机关电子公文标准》（以下简称《电子格式》，GB/T，2017年7月1日起实施）等国家标准。

2.延伸依据

《印刷、书写和绘图纸幅面尺寸》（GB/T）、《国际单位制及其应用》（GB）、《有关量、单位和符号的一般原则》（GB）、《量和单位》（GB）、《标点符号用法》（GB/T）、《出版物数字用法》（GB/T）、《校对符号及其用法》（GB/T）等国家标准。

（三）机关内部管理制度

各类各级机关为更好贯彻执行公文处理工作方面的党规党纪、国法国标，推进本机关公文处理工作规范化建设，紧密结合各自工作实际，制定了更具针对性、可操作性、实效性的公文处理工作管理规定、管理办法、管理规则或管理细则等，为提升工作处理工作质量和效率提供直接抓手。

二、公文处理工作依据适用

在公文处理工作实践中，不少非党政机关（党政机关以外的其他机关和单位，下同）及其人员时常会在开展公文处理工作依据上出现一些模糊认识，比如：《条例》规定"其他机关和单位的公文处理工作，可以参照本条例执行"，从文字直接表意看，非党政机关不必须执行《条例》；与此同时，《格式》等国家标准多为推荐性国家标准。基于上述认识，部分非党政机关在开展公文处理工作实践中出现了较大的随意性，一定程度上影响了公文处理工作的质量和效率。

为厘清部分非党政机关的认识模糊问题，本书从领导体制、具体约束、制度逻辑、工作标准、合规管理、降本增效等视角出发，系统梳理了前文所述公文处理工作主要依据的适用范围，即上述主要依据不仅适用于党政机关，也适用于非党政机关（包括立法机关、政协机关、监察机关、审判机关、检察机关和军队机关，还包括事业单位、人民团体、经济组织、文化组织和其他社会组织等）。

(一)从体制责任、具体约束上看

从领导体制看,党政军民学,东西南北中,党是领导一切的。除党组织外,其他非党组织中,根据党员人员和工作需要一般也都应成立或设立了党的基层组织,比如在企业中依据党员人数、工作需求以及上级党组织批准等成立党委(党组)、党总支或党支部等。各级党组织及广大党员应当自觉遵守和严格执行党规党纪,并应成为模范遵守法律法规的典范。公文处理工作的主要依据不仅包括党规党纪,也包括法律法规等,因此,在公文处理工作实践中,各级党组织和广大党员均应模范遵守和严格执行公文处理工作的主要依据。

从具体约束上看,法者,天下之准绳也。《条例》适用于各级党政机关,即中国共产党机关和国家行政机关,"其他机关和单位的公文处理工作,可以参照本条例执行"。在《条例》中,尽管没有直接强制要求其他机关和单位执行《条例》,但却在公文办理流程中设置了初审环节,初审的重点内容包括了"是否符合行文规则,文种、格式是否符合要求"等,其对照的标准依据就是《条例》《格式》等相关制度规范,同时规定"经初审不符合规定的公文,应当及时退回来文单位并说明理由"。如果其他非党政机关不执行《条例》等公文处理工作的主要依据,在向党政机关行文时存在较大退文风险。综上所述,各类各级机关公文处理工作实践中、尤其是在向党政机关行文时,应当执行《条例》等公文处理工作的主要依据。

(二)从制度逻辑、工作标准上看

从制度逻辑上看,无论是制定制度,还是执行制度,一般应当坚持自上而下,一脉相承,且纪严于法、纪在法前。一般来说,对于各级党组织和广大党员而言,同领域同层级法规制度,党内法规的权威性高于其他法规制度。在公文处理工作制度体系中,以《条例》为代表的党内法规应居于上位,以《语言文字法》《保密法》《格式》为代表的国法国标应居于中位,各类各级机关制定的公文处理工作管理规定、办法、规则或细则等应居于下位。

从工作标准看,取乎其上、得乎其中,取乎其中、得乎其下,取乎其下、则无所得矣。公文处理工作方面的党规党纪、国法国标,就是公文处理工作实践中应当坚持的高标准和高要求。从公文处理工作实践看,在各类机关中,基于对管理制度重视程度不够、内部管理制度水平限制以及制度宣贯执行不到位等因素的影响,一般层级越往下延伸,公文处理工作的质量水平出现下降的可能性就会大幅增加。因此，做好公文处理工作，无论是管理制度制定、还是管理制度执行，都需要坚持高标准、高要求，以确保公文处理工作的基本质量。

（三）从合规管理、降本增效上看

从合规管理看，公文作为合规管理的重要手段和必要载体，其本身也应符合合规管理要求，以降低管理风险。公文处理工作的合规管理不是抽象的，具体体现在公文内容合规、办理流程合规、管理实施合规等方面，比如《格式》中对不同部分的"空行"作出了具体规定，很重要的一个原因就是要明确标准、合规管理、规避风险，防止被钻空子、加内容。因此，在公文处理工作实践中，坚持规范严谨的管理制度是十分必要的。

从降本增效看，各类各级非党政机关，在日常工作中不可避免地同党政机关发生联系，特别是事关非党政机关发展的重要事项，一般需要以公文形式向党政机关请示事项、同党政机关商洽工作、与党政机关交流情况等。如果各类非党政机关在日常工作中不采用或遵循《条例》《格式》等公文处理工作主要依据中的相关规范要求，那么在向党政机关行文时就可能过不了收文初审，就会影响相关工作的顺利推进。同时，如果在公文处理工作中，对党政机关行文时使用一套制度规范，对非党政机关行文或内部行文使用另一套制度规范，同时运行两套公文处理工作制度规范，无疑也会大幅增加管理成本且得不偿失。

三、公文处理工作依据把握

明者因时而变，知者随事而制。在公文处理工作实践中，公文处理工作制度规范类型繁多、用途各异，有些是准确性表述、有些则是规范性表述，有些是推荐性标准、有些则是强制性标准，有些是具体性的要求、有些则是原则性要求，有些是针对纸质公文的、有些则是针对电子公文的。对于各级各类机关及其人员而言，如何把握和运用这些制度，如何处理准确与规范、强制与选择、原则与灵活等相互关系，不仅是一道必答题、也是一道加分题，不仅是一门科学、更是一门艺术。

（一）准确与规范

在公文处理工作实践中，参与者应把握好准确与规范的关系。准确与规范均是公文处理工作应该达到的基本要求，既不能将二者混为一谈、也不能将二者完全割裂，二者相互联系、彼此区别、互为补充。

准确是公文处理工作的基本前提。一般来说，准确针对可量化或者有直接且具体评判标准的工作事项，侧重于基本事实、公文种类、主送抄送对象、签收登记、拟办批办等方面的正确和精确。特别在公文拟制过程中，发文机关或者拟稿人应当确保数据人名地名、文种选用、主送抄送对象确定等方面内容准确无误，比如：在向上级机关请求指示、批准的工作事项时，发文机关或者拟稿人就应当选择"请示"文种，而不应使用"报告"文种。如果公文处理工作不符合准确的要求，一旦在基本事实上出现错误，其他方面做得再好也是徒劳无益的。

规范是公文处理工作的题中应有之义。公文本身就是一种具有规范体式的文书，公文处理工作也应符合规范要求。一般来说，规范针对难以量化评判的工作事项，侧重于文字表述、格式要素、行文规则、处理流程等方面的规定和程式。特别是在公文办理过程中，发文机关或者拟稿人应当确保收文办理、发文办理、整理归档等环节流程规范有序，比如：在发文办理环节上，发文机关相关人员应当首先进行复核，再次对公文的审批手续、内容、格式等进行检查把关，而不能直接进行登记。发文机关及其相关人员如果应付了事或贪图方便，在表述、格式、流程等方面放松要求、降低标准，公文质量就无法保证，公文处理工作就会遭受质疑。

把握准确与规范，不仅要从大处着眼，更应从小处着手。在公文处理工作实践中，参与者应用好一字一词、走好一步一段，应有一点"咬文嚼字"的精神和"依规办事"的坚持，防止出现"一句话使人笑、一句话让人跳"的尴尬局面，防止产生因程序不合规范而影响公文效力的严重后果，以准确和规范提升公文处理工作合规性和严肃性。

（二）强制与选择

在公文处理工作实践中，参与者应把握好强制与选择的关系。选择与强制，看似冲突、实则融合，二者贯穿于公文处理工作全过程、涉及公文处理工作各方面。作为参与者，既要不折不扣地执行强制性要求，又要因地制宜地作出选择性安排。

强制是公文处理工作的固有属性。从狭义公文概念可知，公文本身就是一种具有特定效力的文书，公文处理工作时时处处体现出强制特点。从公文处理工作主要依据的属性看，《条例》等作为党内法规和行政法规、《语言文字法》等作为国家法律，强制性均是其自身属性，在公文处理工作实践中，各类各级机关及其人员必须遵循、执行和维护。尽管国家标准有强制性和推荐性之分，但因《格式》等非强制性国家标准被《条例》引用，故也就被赋予了强制性。比如：涉密公文密级变更、传递传输、复制汇编、解密公开等具体工作，必须严格遵循和执行《条例》《保密法》等党规党纪及法律法规，一旦违反上述规定，将视基本事实、后果影响、损失挽回等情况，并区分人员类别被给予党纪处分、政务处分乃至追究法律责任等处理。

选择是公文处理工作的现实需要。不同类别、不同层级的各个机关，因工作具体目标、工作具体内容、工作具体要求等各不相同，故对公文处理工作的具体需求也不尽相同，这就要求公文处理工作制度规范应留有选择余地。比如《条例》规定了15种主要文种，正式行文时所用文种一般不应超出这个范围，但可以根据公文用途在其中选择适当文种。又如涉密公文应当标注保密期限，《保密法》规定了不同密级国家秘密的保密期限的上限，即"除另有规定外，绝密级不超过三十年，机密级不超过二十年，秘密级不超过十年"，但具体的保密期限可以依据法规并结合工作需要进行确定。

把握强制与选择，不仅党政机关应做好，其他机关也应做好；不仅应在党规党纪上做好，在内部管理制度上也应做好；不仅在内容要求上应做好，在格式、流程、管理上也应做好。在强化制度刚性的同时，兼顾工作实际进行灵活选择，不断提升公文处理工作的强制性和务实性。

（三）原则与灵活

在公文处理工作实践中，参与者应把握好原则与灵活的关系。原则与灵活是公文处理工作中绕不开的话题，也是日常工作中常见的一对矛盾体。前者抽象，是在灵活基础上通过长期且丰富的公文处理工作实践总结提炼的合理化要求；后者具象，是在原则指导下结合鲜活且多变的公文处理工作具体情况应变形成的可操作性方法。

原则是公文处理工作的总体方向。在公文处理工作制度体系中，有些是具体性要求，有些则是原则性要求。对于具体性要求，在公文处理工作实践中严格执行就可以了。对于原则性要求，一方面，各类各级机关及其工作人员应当坚持坚守，不能因外部干扰或自我要求不严而破坏或摒弃原则。以公文格式要素中的正文为例，《格式》规定"首页必须显示正文"，发文机关或拟稿人在公文拟制中就必须坚持这个原则，不管具体拟制中遇到什么情况，都必须确保公文首页显示正文。另一方面，各类各级机关及其工作人员也不应机械执行原则，不敢担当、不愿作为，或面对具体问题束手无策，或因噎废食、搞"一刀切"。

灵活是公文处理工作的具体路径。公文处理工作实践是丰富繁杂且发展变化的，公文处理工作参与者应当在坚持原则的前提下，紧密结合公文处理工作实际，通过创新方法、创新手段，灵活处理各种具体情况、解决各种具体问题，让原则落地、把工作落实。以发文机关标志为例，《格式》规定了编排发文机关标志的原则，即"醒目、美观、庄重"，但未对字号作出具体规定。因此，在公文实操中发文机关或拟稿人在符合上述原则情况下，可以对所用汉字的字号进行选择。

原则是大方向，灵活是"脚下路"。实现提升公文处理工作质效目标，应平衡原则与灵活的关系。一方面，方向坚定正确，该坚持的守土有责、寸步不让，否则走的越远离目标越远；另一方面，途径要直接有效，该灵活的因事而变、具体问题具体分析，否则就可能走弯路耽误实现目标的进程。

四、公文处理工作引文说明

（一）引文来源

该书中，所用示例（范例）均来自公开渠道。

（二）引文规范

从历史规定看，《中国共产党机关公文处理条例》〔中共中央办公厅1996年5月3日发布，以下简称《条例》（1996版）〕未对引文规范作出明确规定；《国家行政机关公文处理办法》〔国务院2000年8月24日发布，以下简称《办法》（2000版）〕对引文规范作出了明确规定，即"引用公文应当先引标题，后引发文字号"。

从现行规定看，《条例》未对党政机关在引文规范上作出明确要求。

综上所述，当前，在公文处理工作实践中，各类各级机关在引文时可以依据《条例》，并结合自身实际，在引用公文标题的同时视情引用发文字号等公文信息。

本书在引文时，对能够查询到发文字号等公文信息的，在公文标题后标注了发文字号等公文信息；对不能够查询到发文字号等公文信息的，在公文标题后未作相关标注。

此外，本书在引用公文时，少数示例（范例）为全文（即主体部分，不含印章或签名章）引用，大部分示例（范例）为部分引用（即主体部分的节选），且从出版印刷角度考量在公文格式上做了一定调整。

公文处理工作之法

欲知平直，则必准绳；欲知方圆，则必规矩。由此可见，法之必要。公文处理工作之法，亦是如此。

不研学、不熟知、不严守公文处理工作之法，无疑是导致公文处理工作不同程度存在文种选用错误、要素格式失范、行文规则不严、公文拟制低质、公文办理拖沓、公文管理无序等情况的直接因素。

作为公文处理工作之"骨"，公文处理工作之法是关乎公文处理工作的基础性和结构性的"四梁八柱"，既包括公文种类、公文格式、行文规则等内容，也包括公文拟制、公文办理、公文管理等内容，决定着公文处理工作的基本架构、基本规范、基本流程等。

在公文处理工作实践中，无论是党政机关，是立法机关、政协机关、监察机关、审判机关、检察机关和军队机关，还是事业单位、人民团体、经济组织、文化组织和其他社会组织等，均宜研学、熟知、严守公文处理工作之法，以强健公文之"骨"持续提升公文处理工作质效。

本书中公文处理工作之法主要是指《条例》等党内法规，《语言文字法》等法律法规，《格式》等国家标准，以及各类各级机关内部公文处理工作管理制度等。

第一章　公文种类

　　横看成岭侧成峰，远近高低各不同。公文种类是认识、理解、运用公文的重要途径和关键抓手。依据不同标准，公文可以划分为不同类别。比如：以不同性质主体划分，可分为党政机关公文、人民团体公文、经济组织公文、文化组织公文、其他社会组织公文等；以不同领域主体划分，可分为政治领域公文、经济领域公文、文化领域公文、社会领域公文、生态文明领域公文等；以不同层级主体划分，可分为战略层公文、战役层公文、战术层公文等；以公文客体隶属为依据，可分为上行公文、平行公文、下行公文等；以公文制存载体为依据，可分为纸介质公文、电子介质公文、光介质公文、磁介质公文等；以公文处理时限为依据，可分为特急公文、加急公文和一般公文等；以公文是否涉密为依据，可分为涉密公文和非涉密公文；等等。需要特别说明的是，本节所述公文种类（简称为文种），专指法定文种和非法定文种。

　　法定文种主要是指《条例》规定的文种。在原有党的机关文种和国家行政机关文种基础上，结合公文处理工作实践的新情况新特点新经验，通过融合、增减、调整等方式，《条例》规定了决议、决定、命令（令）、公报、公告、通告、意见、通知、通报、报告、请示、批复、议案、函、纪要等15个主要文种，为以党政机关为主的各类各级机关在公文处理工作中按需选用提供了选择空间。

　　非法定文种，即《条例》未作规定但在日常工作中经常使用的文种。非法定文种一般是指不能独立正式行文的文种，或者可以行文但仅能作为内容出现在成文日期与版记之间（有附注的，在仅能出现在附注和版记之间）的文种，可以细分为法规制度类、工作计划类、工作总结类、会议记录类、工作简报类、调研报告类、讲话发言类、公务书信类等，具体包括规定、办法、规则、细则、章程、公约、意见、规划、计划、方案、总结、调研报告、述职报告、会议记录、工作简报、讲话稿、汇报稿、贺信、贺词、贺电、表扬信、感谢信等。作为法定文种的重要补充，非法定文种的存在为各类各级机关开展日常工作提供了极大便利。

第一节　法定公文种类

一、决议

（一）基本概念

决议，一般是指适用于会议讨论通过的重大决策事项的文种，属于法定文种。

（二）应用示例

《中国共产党第十九次全国代表大会关于〈中国共产党章程（修正案）〉的决议》（2017年10月24日中国共产党第十九次全国代表大会通过）

《第十三届全国人民代表大会第四次会议关于政府工作报告的决议》（2021年3月11日第十三届全国人民代表大会第四次会议通过）

《中国人民政治协商会议第十三届全国委员会第四次会议关于常务委员会工作报告的决议》（2021年3月10日政协第十三届全国委员会第四次会议通过）

《中国工会第十七次全国代表大会关于中华全国总工会第十六届执行委员会报告的决议》（2018年10月26日中国工会第十七次全国代表大会通过）

《中国共产主义青年团第十八次全国代表大会关于〈中国共产主义青年团章程（修正案）〉的决议》（2018年6月29日中国共产主义青年团第十八次全国代表大会通过）

《全国妇联十一届七次执委会议关于召开中国妇女第十二次全国代表大会的决议》（2018年1月15—16日全国妇联十一届七次执委会议通过）

《中国工商业联合会第十二次全国代表大会关于认真学习贯彻党的十九大精神的决议》（2017年11月26日中国工商业联合会第十二次全国代表大会通过）

《中国作家协会第九届主席团第六次会议决议》（2020年9月8日中国作家协会第九届主席团第六次会议通过）

（三）实践把握

1. 从拟制主体看

决议的拟制主体是相对明确的，主要为各级党组织、人大、政协以及以群团组织为代表的各人民团体的领导机关等。

此外，不少人民团体、经济组织、文化组织和其他社会组织在其决策过程中有时也会使用决议这一文种。

2. 从适用范围看

决议一般适用于经会议讨论通过的机关章程、工作计划、工作部署、工作报告等重大决策事项，其内容往往具有宏观性且会对全局工作产生重大影响。

3. 从传播方式看

决议一般涉及重大事项、关乎全局工作，需要贯彻执行或者知悉掌握的范围相对广泛。在依规依法前提下，公文处理工作参与者通常采用电视、广播、报纸、网络等渠道发布决议。

※ 特别提醒：

在公文处理工作实践中，公文处理工作参与者应把握"会议""讨论通过""重大决策事项"这三个关键点，防止将非会议决策、非讨论通过事项或非重大决策事项列入决议内容当中，并以决议形式进行公文处理。

二、决定

（一）基本概念

决定，一般是指适用于对重要事项作出决策和部署、奖惩有关单位和人员、变更或者撤销下级机关不适当的决定事项的文种，属于法定文种。

（二）应用示例

《中共中央关于坚持和完善中国特色社会主义制度　推进国家治理体系和治理能力现代化若干重大问题的决定》（2019年10月31日中国共产党第十九届中央委员会第四次全体会议通过）

《中共中央　国务院关于表彰全国脱贫攻坚先进个人和先进集体的决定》（2021年2月25日）

《全国人民代表大会常务委员会关于香港特别行政区第六届立法会继续履行职责的决定》（2020年8月11日第十三届全国人民代表大会常务委员会第二十一次会议通过）

《国务院关于实施动产和权利担保统一登记的决定》（国发〔2020〕18号）

《最高人民法院关于表彰全国法院先进集体和先进个人的决定》（法发〔2020〕9号）

《山东省人民政府关于机构改革涉及省政府规章规定的行政机关职责调整问题的

决定》(鲁政发〔2019〕5号)

《内蒙古自治区人民政府关于废止和宣布失效涉及煤炭资源领域文件的决定》(内政发〔2020〕14号)

《天津市人民政府关于颁布天津市科学技术奖抗击新冠肺炎疫情特别奖的决定》(津政发〔2020〕11号)

《新闻出版署关于废止35件规范性文件的决定》(国新出发〔2019〕38号)

(三)实践把握

1. 从拟制主体看

决定的拟制主体相对广泛,各类各级机关一般都可以使用决定这一文种。

2. 从适用范围看

决定一般适用于关乎机关和个人的重要事项,具体涵盖对重要事项作出决策和部署、奖惩有关单位和人员、变更或者撤销下级机关不适当的决定事项等。

相比于决议,决定适用事项更加具体,往往聚焦某一具体领域、具体方面、具体事项、具体机关或者具体人员等。

3. 从传播方式看

根据机关类别层级、内容事项、工作需要等不同情况,在依规依法前提下,公文处理工作参与者既可以采用电视、广播、报纸、网络等渠道发布决定,也可以采用公文形式印发决定。

※特别提醒：

在公文处理工作实践中,公文处理工作参与者应从适用范围方面重点把握决定与决议区别,防止混用上述两个文种。

此外,军事机关在授予荣誉称号时一般使用命令文种,在宣布奖惩事项时一般使用通令(军队机关的特有文种)文种。

三、命令(令)

(一)基本概念

命令(令),一般是指适用于公布行政法规和规章、宣布施行重大强制性措施、批准授予和晋升衔级、嘉奖有关单位和人员的文种,属于法定文种。

（二）应用示例

《中华人民共和国主席令》（第七十号，该令用于公布《中华人民共和国行政处罚法》）

《中华人民共和国主席令》（第七十二号，该令用于任免水利部部长）

《中华人民共和国主席令》（第五十三号，该令用于表彰在抗击新冠肺炎疫情斗争中作出杰出贡献的功勋模范人物）

《中华人民共和国国务院令》（第718号，该令用于公布《国务院关于修改〈烈士褒扬条例〉的决定》）

《中华人民共和国国务院令》（第719号，该令用于任命中华人民共和国澳门特别行政区第五任行政长官）

《山东省人民政府令》（第335号，该令用于公布《山东省健康医疗大数据管理办法》）

《广西壮族自治区人民政府令》（第137号，该令用于公布《广西壮族自治区宗教事务办法》）

《北京市人民政府令》（第293号，该令用于公布《北京市建筑垃圾处置管理规定》）

《石家庄市人民政府令》（第197号，该令用于公布《石家庄市人民政府关于废止和修改部分市政府规章的决定》）

《通山县人民政府令》（第3号，该令用于决定在全县新型冠状病毒感染的肺炎疫情防控期间实施最严格的管控措施）

《中华人民共和国公安部令》（第160号，该令用于公布《公安部关于废止和修改部分规章的决定》）

《中华人民共和国交通运输部 中华人民共和国工业和信息化部 中华人民共和国公安部 中华人民共和国生态环境部 中华人民共和国应急管理部 国家市场监督管理总局令》（2019年第29号，该令用于公布《危险货物道路运输安全管理办法》）

（三）实践把握

1. 从拟制主体看

命令（令）的拟制主体一般是明确的，主要为国家主席、国务院及其内设机构、地方各级人民政府、军事机关等。

2. 从适用范围看

命令（令）适用的事项范围是相对明确且具体的，一般包括公布行政法规和规章、宣布施行重大强制性措施、批准授予和晋升衔级、嘉奖有关单位和人员等。

3. 从传播方式看

命令（令）的内容往往是需要被广泛传播的。在依规依法前提下，公文处理工作参与者通常采用电视、广播、报纸、网络等渠道发布命令（令）。

同时，由于相关命令（令）是开展工作的重要凭证，公文处理工作参与者在公开发布命令（令）的同时，也会以公文形式印发命令（令）。

※**特别提醒：**

命令（令）还适用于人员任免事项，比如中华人民共和国主席令和中华人民共和国国务院令。中华人民共和国主席令用于国务院总理、副总理、国务委员、各部部长、各委员会主任、审计长、秘书长等人员的任免；中华人民共和国国务院令用于特别行政区行政长官等人员的任免。

在公文处理工作实践中，地方各级人民政府内设机构主要负责人的任免事项一般是采用通知这一文种。

此外，军事机关在授予荣誉称号时使用命令这一文种，在宣布奖惩事项时使用通令这一文种。

四、公报

（一）基本概念

公报，一般是指适用于公布重要决定或者重大事项的文种，属于法定文种。

（二）应用示例

《中国共产党第十九届中央委员会第五次全体会议公报》（2020年10月29日中国共产党第十九届中央委员会第五次全体会议通过）

《中国共产党第十九届中央纪律检查委员会第四次全体会议公报》（2021年1月24日中国共产党第十九届中央纪律检查委员会第五次全体会议通过）

《中国共产党山东省第十一届委员会第十一次全体会议公报》（2020年7月2日中国共产党山东省第十一届委员会第十一次全体会议通过）

《中国共产党烟台市第十三届委员会第十一次全体会议公报》（2020年7月6日中国共产党烟台市第十三届委员会第十一次全体会议通过）

《中共内蒙古自治区第十届委员会第十二次全体会议公报》（2020年6月30日中

国共产党内蒙古自治区第十届委员会第十二次全体会议通过）

《中国共产党天津市第十一届委员会第八次全体会议决议》（2019年12月31日中国共产党天津市第十一届委员会第八次全体会议通过）

《中华人民共和国2020年国民经济和社会发展统计公报》（国家统计局，2021年2月28日）

《山西省2019年国民经济和社会发展统计公报》（山西省统计局/国家统计局山西调查总队，2020年3月6日）

《内蒙古自治区2019年国民经济和社会发展统计公报》（内蒙古自治区统计局，2020年2月28日）

《北京市2019年国民经济和社会发展统计公报》（北京市统计局/国家统计局北京调查总队，2020年3月）

《中华人民共和国与印度尼西亚共和国联合新闻公报》（2015年4月22日，雅加达）

《中俄总理第二十四次定期会晤联合公报》（2019年9月17日，圣彼得堡）

（三）实践把握

1. 从拟制主体看

不同类型公报一般对应着不同拟制主体。从公文处理工作实践看，会议类公报的拟制主体主要包括党的中央和地方各级委员会、党的中央和地方纪律检查委员会，统计类公报的拟制主体主要包括各级人民政府及其内设部门，外交类公报的拟制主体主要包括参与国家或政党。

2. 从适用范围看

公报适用的事项主要是公布涵盖各级党组织、各级政府、外交等领域的重要决定或者重大事项。

就会议类公报而言，公报内容主要涉及会议基本情况、会议主要内容、会议决定要求等。

就统计类公报而言，公报内容主要涉及国家或地区国民经济和社会发展情况等。

就外交类公报而言，公报内容主要涉及会议或会晤基本情况、商定事项、签署文件等。

3. 从传播方式看

公报是用于公布重要决定或者重大事项的。在依规依法前提下，公文处理工作参与者主要通过电视、广播、报纸、网络等渠道公布公报。

五、公告

（一）基本概念

公告，一般是指适用于向国内外宣布重要事项或者法定事项的文种，属于法定文种。

（二）应用示例

《中共中央办公厅　中共中央对外联络部公告》（2017年11月3日新华社电）

《全国人民代表大会常务委员会公告》（〔十三届〕第二十号）

《国务院公告》（2020年4月3日发布，国务院决定2020年4月4日举行全国性哀悼活动）

《中国人民政治协商会议全国委员会办公厅公告》（2018年4月2日新华社电）

《中华人民共和国全国人民代表大会常务委员会办公厅、中华人民共和国国务院办公厅、中华人民共和国中央军事委员会办公厅公告》（2018年4月2日新华社电）

《甘肃省人民政府关于省级河湖管理范围划定成果的公告》（甘政发〔2020〕17号）

《内蒙古自治区人民政府关于调整旗县（市、区）疫情防控风险等级的公告》（内政字〔2020〕14号）

《北京市人民政府关于庆祝中华人民共和国成立70周年联欢活动举办当日及预演期间燃放烟花的公告》（京政发〔2019〕17号）

《北京海关关于"两步申报"容错机制的公告》（中华人民共和国北京海关公告2020年第8号）

《2019年度北京市自然科学基金重点研究专题拟资助项目公告》（京科基金字〔2019〕40号）

《南江县自然资源和规划局国有土地使用权拍卖出让公告》（南自然资规告〔2020〕20号）

《退役军人事务部关于公布第三批著名抗日英烈、英雄群体名录的公告》（中华人民共和国退役军人事务部公告第1号）

《中国人民银行公告》（〔2020〕第10号）

《海关总署公告》（公告〔2020〕100号）

《国家知识产权局关于核准杭州德太茶业有限公司等43家企业使用地理标志专用标志的公告》（国家知识产权局第三六七号）

《最高人民检察院关于新型冠状病毒疫情防控期间以来信、网络和电话方式接待群众来访工作的公告》（高检网，2020年1月29日）

（三）实践把握

1. 从拟制主体看

不同类型公告一般对应着不同拟制主体。从公文处理工作实践看，宣布重要事项的公告拟制主体主要为立法机关、行政机关、监察机关、审判机关、检察机关、军事机关等国家机关，地方各级人民政府等；宣布法定事项的公告拟制主体可以是各级行政机关、司法机关、海关、银行等。

2. 从适用范围看

公告适用的事项主要是宣布重要事项或法定事项，上述事项一般关乎着国内经济社会发展和居民工作生活、国际关系、国际贸易、国家政党对外形象等。

3. 从传播方式看

公告是用于向国内外宣布重要事项或者法定事项的。在依规依法前提下，公文处理工作参与者主要通过电视、广播、报纸、网络等渠道宣布公告。

※**特别提醒：**

公告内容的重要程度一般介于公报内容和通告内容之间，在公文处理工作实践中，公文处理工作参与者应重点把握公告与公报、通告的区别，防止混用上述三个文种。

六、通告

（一）基本概念

通告，一般是指适用于在一定范围内公布应当遵守或者周知的事项的文种，属于法定文种。

（二）应用示例

《四川省人民政府关于公布四川省一级古树和名木名录的通告》（川府发〔2020〕10号）

《内蒙古自治区人民政府关于禁止在引绰济辽二期工程建设范围内新增建设项目

和迁入人口的通告》(内政字〔2019〕72号)

《北京市人民政府关于实施工作日高峰时段区域限行交通管理措施的通告》(京政发〔2020〕13号)

《北京市怀柔区人民政府关于怀柔区畜禽养殖禁养区划定范围的通告》(怀政发〔2016〕68号)

《北京市人力资源和社会保障局关于本市经营性中外合作职业技能培训机构设立、分立、合并、变更、终止事项实行告知承诺审批的通告》(京人社发〔2020〕15号)

《天津市人民政府关于开展打通"生命通道"集中治理行动的通告》(津政规〔2020〕2号)

《上海市人民政府关于进一步严格落实各项疫情防控措施的通告》(沪府发〔2020〕2号)

《农业农村部关于设立长江口禁捕管理区的通告》(农业农村部通告〔2020〕3号)

《住房和城乡建设部关于2020年全国城市排水防涝安全及重要易涝点整治责任人名单的通告》(建城函〔2020〕38号)

(三)实践把握

1. 从拟制主体看

在党和国家层面,公文处理工作参与者一般不采用通告这一文种。通告的拟制主体一般为省级(含)及以下人民政府及其内设机构、企事业单位等。

2. 从适用范围看

通告一般适用于在一定范围内公布应当遵守或周知的事项。

通告所公布事项的受众范围介于公告与通知之间,通告内容一般为针对某一领域具体事项及要求,具有较强的专业性和针对性。

3. 从传播方式看

通告是用于公布应当遵守或者周知的事项的。在依规依法前提下,公文处理工作参与者主要通过电视、广播、报纸、网络等渠道公布通告。

※**特别提醒:**

在公文处理工作实践中,公文处理工作参与者应重点把握通告与公告、通知的区别,防止混用上述三个文种。

此外,公文处理工作参与者一般不能采用通告这一文种公布行政法规、规章或者管理制度。

七、意见

（一）基本概念

意见，一般是指适用于对重要问题提出见解和处理办法的文种，属于法定文种。

（二）应用示例

《中共中央关于全面加强新时代少先队工作的意见》（2021年1月31日）

《中共中央 国务院关于全面推进乡村振兴加快农业农村现代化的意见》（2021年1月4日）

《中央人民政府关于香港特别行政区第七届立法会选举推迟有关事宜的意见》（国函〔2020〕103号）

《国务院关于落实〈政府工作报告〉重点工作分工的意见》（国发〔2021〕6号）

《最高人民法院关于全面加强知识产权司法保护的意见》（法发〔2020〕11号）

《河北省人民政府关于深化"放管服"改革加快转变政府职能的意见》（冀政发〔2018〕16号）

《广西壮族自治区人民政府关于深化体制机制改革加快糖业高质量发展的意见》（桂政发〔2019〕8号）

《北京市人民政府关于扩大对外开放提高利用外资水平的意见》（京政发〔2018〕12号）

《天津市人民政府关于进一步深化政府法律顾问工作的意见》（津政发〔2020〕5号）

《上海市人民政府关于加强本市培训机构管理促进培训市场健康发展的意见》（沪府规〔2019〕43号）

《交通运输部关于公路水运工程建设领域保障农民工工资支付的意见》（交公路规〔2020〕5号）

《教育部关于进一步加强高等学校法治工作的意见》（教政法〔2020〕8号）

《退役军人部 民政部 财政部 住房城乡建设部 医保局关于加强困难退役军人帮扶援助工作的意见》（退役军人部发〔2019〕62号）

（三）实践把握

1. 从拟制主体看

意见的拟制主体较为广泛，各类各层级一般都可以使用意见这一文种。

2. 从适用范围看

意见一般适用于对重要问题提出见解和处理办法。

意见的行文方向比较灵活，可以是下级机关就某一重要问题向上级机关提出建议，也可以是在不相隶属机关之间提出评估性意见，还可以是上级机关就某一重要问题向下级机关提供宏观指导、明确实施方案或者提出规范要求。

在公文处理工作实践中，意见作为下行文的情况较为普遍。

3. 从传播方式看

意见主要是在机关系统内流转的，公文处理工作参与者一般通过公文形式印发意见。

确需公开发布的，在依规依法前提下，公文处理工作参与者可以通过电视、广播、报纸、网络等渠道发布意见。

※ **特别提醒：**

在公文处理工作实践中，上级机关应当把握"重要问题"这个关键，切不可把"意见"当成一个框、什么都往里装，防止越俎代庖、束缚下级机关履行职责。

八、通知

（一）基本概念

通知，一般是指适用于发布、传达要求下级机关执行和有关单位周知或者执行的事项，批转、转发公文的文种，属于法定文种。

（二）应用示例

《中共中央关于加强党的领导、为打赢疫情防控阻击战提供坚强政治保证的通知》（中发电〔2020〕3号）

《中共中央办公厅印发〈关于在全体党员中开展"学党章党规、学系列讲话，做合格党员"学习教育方案〉的通知》（中办发〔2016〕14号）

《中共四川省委关于贯彻落实习近平总书记重要指示精神，切实加强党的领导、为打赢疫情防控阻击战提供坚强政治保证的通知》（川委〔2020〕106号）

《中共中央组织部关于进一步从严管理干部档案的通知》（中组发〔2014〕9号）

《中共中央组织部办公厅关于进一步规范党费工作的通知》（组电明字〔2017〕5号）

《中共中央组织部 公安部 人力资源社会保障部关于在干部人事档案审核工作中做好干部出生日期更正有关工作的通知》（组通字〔2016〕39号）

《中央文明办 文化和旅游部 共青团中央 中国文联关于2019年春节和"3·5"学雷锋日期间开展志愿服务活动的通知》（文明办〔2019〕1号）

《中共应急管理部委员会关于向陈陆同志学习的决定》（应急委发〔2020〕20号）

《中共北京市委组织部转发〈中共中央组织部关于党费收缴工作专项检查中清理收缴的党费使用有关问题的通知〉和〈中共中央组织部办公厅关于进一步规范党费工作的通知〉的通知》（京组通〔2017〕25号）

《国务院关于公布第三批国家级抗战纪念设施、遗址名录的通知》（国发〔2020〕11号）

《国务院办公厅关于印发中国反对拐卖人口行动计划（2021—2030年）的通知》（国办发〔2021〕13号）

《国务院办公厅转发国家卫生健康委、人力资源社会保障部、财政部关于改善一线医务人员工作条件切实关心医务人员身心健康若干措施的通知》（国办发〔2020〕4号）

《国务院应对新型冠状病毒感染肺炎疫情联防联控机制关于进一步做好当前新冠肺炎疫情防控工作的通知》（国办发明电〔2021〕1号）

《最高人民法院关于新冠肺炎疫情防控期间加强和规范在线诉讼工作的通知》（法发〔2020〕49号）

《福建省人民政府关于批转福建省环境监管能力建设三年行动方案（2013—2015年）的通知》（闽政〔2013〕41号）

《江西省人民政府办公厅转发省医保局等部门关于推进医疗保险基金市级统收统支工作意见的通知》（赣府厅字〔2020〕38号）

《内蒙古自治区人民政府关于做好第七次全国人口普查工作的通知》（内政发〔2020〕2号）

《内蒙古自治区人民政府办公厅关于印发〈内蒙古自治区人民政府公文形式、适

用范围和审批程序有关规定〉和〈内蒙古自治区人民政府公文格式细则〉的通知》（内政办字〔2012〕187号）

《重庆市人民政府关于城口县、巫溪县、酉阳县、彭水县退出国家扶贫开发工作重点县的通知》（渝府发〔2020〕4号）

《发展改革委 财政部 民政部 人力资源社会保障部 税务总局 中国残联关于印发〈关于完善残疾人就业保障金制度更好促进残疾人就业的总体方案〉的通知》（发改价格规〔2019〕2015号）

《应急部 中央组织部 发展改革委 财政部 人力资源社会保障部 住房城乡建设部 农业农村部 文化和旅游部 卫生健康委 退役军人部 税务总局 林草局 文物局关于做好国家综合性消防救援队伍人员有关优待工作的通知》（应急〔2019〕84号）

《应急管理部规划财务司关于转发〈中央国家机关政府集中采购目录实施方案（2020年版）〉的通知》（应急规财〔2020〕28号）

（三）实践把握

1. 从拟制主体看

从公文处理工作实践看，通知是应用最为广泛的法定文种，各类各级机关都可以使用这一文种。

2. 从适用范围看

通知一般适用于发布、传达要求下级机关执行和有关单位周知或者执行的事项，批转、转发公文等事宜。通知既可以用来发布机关内部规章制度、计划方案、周知性事项等，也可以用来传达人事任免、指示要求等，还可以批转下级机关公文、转发相关机关公文等。

3. 从传播方式看

通知主要是在机关系统内部或相关机关之间流转的，公文处理工作参与者一般通过公文形式印发通知。

确需公开发布的，在依规依法前提下，公文处理工作参与者可以通过电视、广播、报纸、网络等渠道公布通知。

※**特别提醒：**

在公文处理工作实践中，公文处理工作参与者应重点把握通知与通告的区别，防止混用上述两个文种。就受理机关而言，通知相比通告更加聚焦一些，一般为下级机关或相关机关。

此外，在适用人员任免时，通知和命令（令）是有明确区别和界限的，在任免人员的范围上二者互为补充。

九、通报

（一）基本概念

通报，一般是指适用于表彰先进、批评错误、传达重要精神和告知重要情况的文种，属于法定文种。

（二）应用示例

《国务院办公厅关于对2019年落实有关重大政策措施真抓实干成效明显地方予以督查激励的通报》（国办发〔2020〕9号）

《国务院办公厅关于对国务院第七次大督查发现的典型经验做法给予表扬的通报》（国办发〔2020〕46号）

《国务院办公厅关于西安地铁"问题电缆"事件调查处理情况及其教训的通报》（国办发〔2017〕56号）

《国务院办公厅关于督查问责典型案例的通报》（国办发〔2017〕53号）

《国家防汛抗旱总指挥部关于防汛抗旱行政责任人的通报》（国汛〔2020〕4号）

《国务院安委会办公室关于浙江省海宁市龙洲印染有限责任公司"12·3"污水罐体坍塌事故的通报》（安委办函〔2019〕68号）

《陕西省人民政府办公厅关于2019年度全省保障性安居工程建设县城建设和小城镇建设考核情况的通报》（陕政办函〔2020〕57号）

《广西壮族自治区人民政府办公厅关于近期较大及典型生产安全事故情况的通报》（桂政办电〔2020〕103号）

《重庆市新型冠状病毒肺炎疫情防控工作领导小组指挥部关于表扬新冠肺炎疫情防控工作先进集体的通报》（渝肺炎组指发〔2020〕3号）

《农业农村部关于2018年第四期兽药质量监督抽检情况的通报》（农牧发〔2019〕1号）

《中国银保监会消费者权益保护局关于银行违规涉企收费案例的通报》（银保监消保发〔2020〕6号）

《国家能源局关于2019年度全国可再生能源电力发展监测评价的通报》（国能发新能〔2020〕31号）

（三）实践把握

1. 从拟制主体看

在公文处理工作实践中，通报是应用较为广泛的法定文种之一，各类各级机关都可以使用这一文种。

2. 从适用范围看

通知一般适用于表彰先进、批评错误、传达重要精神和告知重要情况等事项。

3. 从传播方式看

通报主要是在机关内部或相关机关之间流转的，公文处理工作参与者一般是通过公文形式印发通报。

确需公开发布的，在依规依法前提下，公文处理工作参与者可以通过电视、广播、报纸、网络等渠道公布通报。

※**特别提醒：**

在公文处理工作实践中，公文处理工作参与者应重点把握通知与通报的区别，防止混用上述两个文种。

从时间上看，通知一般侧重于即将发生事项，而通报一般是以已发生事项为主体。

从内容上看，通报和通知各自都有相对明确的涵盖范围，且通报内容范围更具体明确。

从作用上看，通知一般要求受理对象执行或周知，而通报侧重于告知受理对象以引起重视等。

十、报告

（一）基本概念

报告，一般是指适用于向上级机关汇报工作、反映情况，回复上级机关的询问的文种，属于法定文种。

（二）应用示例

《决胜全面建成小康社会　夺取新时代中国特色社会主义伟大胜利——在中国共产党第十九次全国代表大会上的报告》（2017年10月18日，习近平）

《十八届中央纪律检查委员会向中国共产党第十九次全国代表大会的工作报告》（2017年10月24日中国共产党第十九次全国代表大会通过）

《中共浙江省委关于浙江"千村示范、万村整治"工程获联合国"地球卫士奖"有关情况的报告》

《中央农办、农业农村部、国家发展改革委关于深入学习浙江"千村示范、万村整治"工程经验扎实推进农村人居环境整治工作的报告》

《宁波市供销合作社联合社党委关于理论学习中心组2018年度学习情况的报告》（甬供党〔2019〕1号）

《宁波市供销合作社联合社党委关于上报2017年度民主生活会方案的报告》（甬供党〔2018〕3号）

《全国人民代表大会常务委员会工作报告——2021年3月8日在第十三届全国人民代表大会第四次会议上》（全国人民代表大会常务委员会委员长　栗战书）

《第十三届全国人民代表大会宪法和法律委员会关于〈全国人民代表大会关于建立健全香港特别行政区维护国家安全的法律制度和执行机制的决定（草案）〉审议结果的报告》（2020年5月26日第十三届全国人民代表大会第三次会议主席团第二次会议通过）

《政府工作报告——2021年3月5日在第十三届全国人民代表大会第四次会议上》（国务院总理　李克强）

《国务院关于2019年度环境状况和环境保护目标完成情况与研究处理水污染防治法执法检查报告及审议意见情况的报告——2020年4月26日在第十三届全国人民代表大会常务委员会第十七次会议上》（生态环境部副部长　黄润秋）

《国务院关于农村集体产权制度改革情况的报告——2020年4月26日在第十三届全国人民代表大会常务委员会第十七次会议上》（农村农业部部长　韩长赋）

《政府工作报告——2020年1月12日在浙江省第十三届人民代表大会第三次会议上》（浙江省省长　袁家军）

《政府工作报告——2020年1月12日在广西壮族自治区第十三届人民代表大会第三次会议上》（自治区主席　陈武）

《广西壮族自治区人民政府关于 2019 年度实行最严格水资源管理制度自查情况的报告》（桂政电〔2020〕2 号）

《北京市政府工作报告——2020 年 1 月 12 日在北京市第十五届人民代表大会第三次会议上》（北京市市长 陈吉宁）

《南京市人民政府关于 2018 年度法治政府建设工作的报告》（宁政发〔2019〕35 号）

《宁波市审计局关于 2019 年度法治政府建设情况的报告》（甬审〔2019〕56 号）

《宁波市人民政府法制办公室关于 2017 年度行政规范性文件审查工作的报告》（甬府法〔2018〕3 号）

（三）实践把握

1. 从拟制主体看

在公文处理工作实践中，报告是应用较为广泛的法定文种之一。除各自机关系统内最高领导机构外，一般各类各级机关都可以使用这一文种。

2. 从适用范围看

报告一般适用于向上级机关汇报工作、反映情况、回复上级机关的询问等事项。作为题中之义，报告应由下级机关向上级机关流转，具有鲜明的单一方向性。

3. 从传播方式看

各级党委和政府的工作报告等涉及全局工作的报告，以及涉及对社会生产生活产生较大影响的安全事故等方面的报告，在依规依法前提下，公文处理工作参与者主要通过电视、广播、报纸、网络等渠道进行公布。

其他涉及具体事项的报告，公文处理工作参与者一般通过公文形式进行印发。

※**特别提醒：**

在公文处理工作实践中，公文处理工作参与者应重点把握报告与请示的区别，防止混用上述两个文种。

从时间上看，请示一般是侧重于即将发生事项，而报告一般则是以已发生事项为主体。

从内容上看，请示只能"一事一请"、不得在报告等请示性公文中夹带请示事项，而报告既可以"一事一报"、也可以"多事一报"。

从作用上看，报告一般是下级机关请上级机关掌握工作落实情况所用，上级机关收到报告后一般不需要答复下级机关；而请示则是下级机关请求上级机关指示、批准所用，上级机关收到请示后一般应当及时批复。

十一、请示

（一）基本概念

请示，一般是指适用于向上级机关请求指示、批准的文种，属于法定文种。

（二）应用示例

《国家发展改革委关于批准设立广西百色重点开发开放试验区的请示》（发改开放〔2019〕2043号）

《福州市金融工作办公室关于设立连江县金凤融资担保有限公司的请示》（榕金审〔2017〕21号）

《襄阳市人民政府关于在城市执法体制改革中增加集中行使相关行政处罚权及相应行政强制权的请示》（襄政文〔2017〕62号）

《广东省水利厅关于报请审定〈广东省水土保持规划（2016—2030年）〉的请示》（粤水水保〔2016〕110号）

《国家税务总局广东省税务局 广东省发展和改革委员会 广东省财政厅关于恳请省政府商税务总局明确第一批省设非税收入项目划转范围和有关事项的请示》（粤税发〔2018〕80号）

《海南省质量技术监督局关于协调解决省政府质量奖奖励经费的请示》（琼质强省办〔2016〕21号）

《绵阳市人民政府关于审批绵阳南郊机场T2航站楼建设项目可行性研究（代立项）报告的请示》（绵府〔2019〕23号）

《云南省国资委关于授权委托云南省交通运输厅对云南省交通投资建设集团有限公司实施监管、对云南省交通发展投资有限公司履行出资人职责的请示》（云国资法规〔2019〕278号）

《普洱市人民政府关于思茅区思茅镇撤镇设街道的请示》（普政发〔2019〕92号）

《呼和浩特市人民政府关于提请批准〈城镇土地使用税税额标准调整方案〉的请示》（呼和政发〔2019〕15号）

《鄂尔多斯市交通运输局关于内蒙古银宏能源开发有限公司在G109线K839+000

至 K840+000 处互通式立交桥跨越公路设计方案初审意见的请示》(鄂交字〔2018〕13 号)

《天津市滨海新区人民政府关于评定王少杰等 5 名同志为烈士的请示》(津滨政报〔2016〕11 号)

《天津市邮政管理局关于报审〈天津市快递专业类物流专项规划（2016—2020 年）〉的请示》(津邮管〔2016〕57 号)

《上海市交通委员会关于请明确江海联运企业自有运力规模适用标准的请示》(沪交航〔2018〕460 号)

（三）实践把握

1. 从拟制主体看

在公文处理工作实践中，请示是应用较为广泛的法定文种之一。除各自机关系统内最高领导机构外，一般各类各级机关都可以使用这一文种。

2. 从适用范围看

请示一般适用于向上级机关请求指示、批准的事项。作为题中之义，请示应由下级机关向上级机关流转，具有鲜明的单一方向性。

3. 从传播方式看

请示主要是在机关系统内部流转的，公文处理工作参与者一般通过公文形式印发请示。

※**特别提醒：**

在公文处理工作实践中，公文处理工作参与者应在把握报告与请示的区别的同时（前文已作阐释），应全面理解请示的内涵外延。

从职责权限看，请示事项应为本机关无权决策且属上级机关决策范围之内的事项，对于本机关职权范围内或上级机关已经授权本机关的事项，不得向上级组织请示。

从受理对象看，请示应按照隶属关系和职责分工进行办理，原则上只有一个受理对象，不能就同一事项进行多头请示。

从紧急程度看，请示事项具有较强的时效性，一般是下级机关开展工作中亟待解决的问题和困难。

此外，不得在报告等非请示性公文中夹带请示事项。

十二、批复

（一）基本概念

批复，一般是指适用于答复下级机关请示事项的文种，属于法定文种。

（二）应用示例

《中共中央　国务院关于对〈首都功能核心区控制性详细规划（街区层面）(2018年—2035年)〉的批复》(新华社北京8月27日电，2020年)

《中共中央　国务院关于对〈河北雄安新区规划纲要〉的批复》(新华社北京4月20日电，2018年)

《国务院关于同意在天津、上海、海南、重庆开展服务业扩大开放综合试点的批复》(国函〔2021〕37号)

《国务院关于国家基本公共服务标准（2021年版）的批复》(国函〔2021〕20号)

《河北省人民政府关于同意河北省消费者协会更名为河北省消费者权益保护委员会的批复》(冀政字〔2019〕27号)

《石家庄市人民政府关于石家庄市中心城区部分地块控制性详细规划动态维护方案的批复》(石政函〔2019〕23号)

《广西壮族自治区人民政府关于同意设立广西物流职业技术学院的批复》(桂政函〔2020〕32号)

《西藏自治区人民政府关于同意昌都新区创建自治区级高新技术产业开发区的批复》(藏政函〔2020〕30号)

《中共天津市交通运输委员会关于曹景同志兼职的批复》(津交党发〔2020〕56号)

《天津市人民政府关于同意和平区调整街道执法事项的批复》(津政函〔2019〕129号)

《天津市人民政府关于西站商务区西于庄片区城市设计的批复》(津政函〔2020〕70号)

（三）实践把握

1. 从拟制主体看

在公文处理工作实践中，批复是应用较为广泛的法定文种之一。除各自机关系统内最末端机构外，一般各类各级机关都可以使用这一文种。

2. 从适用范围看

批复一般适用于答复下级机关请示事项等。作为题中之义，批复应由上级机关向下级机关流转，具有鲜明的单一方向性。

3. 从传播方式看

批复主要是在机关系统内部流转的，公文处理工作参与者一般通过公文形式印发批复。

确需公开发布的，在依规依法前提下，公文处理工作参与者可以通过电视、广播、报纸、网络等渠道公布批复。

※**特别提醒：**

在公文处理工作实践中，公文处理工作参与者应全面理解批复的内涵外延。

从产生上看，批复是以请示为前提，在请示基础上产生的，请示什么就围绕什么进行批复，不能随意扩大批复范围。

从内容上看，批复应当就下级机关请示事项给予明确答复，绝不能含糊其词。

从时效上看，批复应当及时，以利于下级机关推进相关工作。

从执行上看，下级机关应严格按照批复事项办理，不能随意违背或者变更批复事项。

十三、议案

（一）基本概念

议案，一般是指适用于各级人民政府按照法律程序向同级人民代表大会或者人民代表大会常务委员会提请审议事项的文种，属于法定文种。

（二）应用示例

《国务院关于提请审议国务院机构改革方案的议案》（国函〔2018〕53号）

《省政府关于提请审议〈江苏省2019年地方政府债务限额及省级预算调整方案（草案）〉的议案》（苏政函〔2019〕34号）

《市政府关于提请汪香元同志职务调整的议案》(苏府人〔2019〕52号)

《宁德市人民政府关于提请审议2019年市本级预算调整方案(草案)的议案》(宁政文〔2019〕109号)

《晋江市人民政府关于提请审议2020年地方政府债券额度的议案》(晋政文〔2020〕79号)

《石狮市人民政府关于提请审议2019年度财政预算调整方案(草案)的议案》(狮政综〔2019〕92号)

《利川市人民政府关于提请审议利川市2019年财政预算调整方案的议案》(利政函〔2019〕276号)

《寿宁县人民政府关于提请审议寿宁县2019年财政预算收支调整方案(草案)的议案》(寿政文〔2019〕1140号)

《华安县人民政府关于提请审议确定华安县县树县花的议案》(华政〔2018〕50号)

《株洲市天元区人民政府关于提请审议2019年财政预算调整方案的议案》(株天政函〔2019〕46号)

《北京市人民政府关于提请审议批准2020年市级预算调整方案的议案》(京政函〔2020〕190号)

《上海市人民政府关于提请审议授予藤本道生"上海市荣誉市民"称号的议案》(沪府函〔2018〕64号)

《上海市人民政府关于提请审议〈上海市城市总体规划(2016—2040)(送审稿)〉的议案》(沪府函〔2016〕158号)

《上海市静安区人民政府关于提请审议张军同志任职的议案》(静府议〔2019〕9号)

《上海市普陀区人民政府关于提请审议〈普陀区本级2019年预算调整方案(草案)〉的议案》(普府〔2019〕55号)

(三)实践把握

1. 从拟制主体看

议案的拟制主体一般是明确的,主要为各级人民政府等。

与此同时,根据相关法律规定,人民代表大会代表、主席团、常务委员会、各专门委员会等法定主体,可以向本级人民代表大会提出属于本级人民代表大会职权范围内的议案。

2. 从适用范围看

议案一般适用于各级人民政府等按照法律程序向同级人民代表大会或者人民代表大会常务委员会提请审议事项等。作为题中之义，议案受理对象是相对固定的。

3. 从传播方式看

议案主要是在相关机关系统之间流转的。公文处理工作参与者一般通过公文形式印发议案。

※**特别提醒**：

在公文处理工作实践中，公文处理工作参与者应重点把握议案与提案的区别。

从主体看，提案是政协、工会等组织的代表或委员提出的，而议案是各级人民政府等法定机构和人大代表等法定人员提出的。

从效力看，提案是一种参政议政的实现方式，提案不具备法定强制性，而议案一经通过则具有法定约束力。

十四、函

（一）基本概念

函，一般是指适用于不相隶属机关之间商洽工作、询问和答复问题、请求批准和答复审批事项的文种，属于法定文种。

（二）应用示例

《国务院办公厅关于同意济南新旧动能转换起步区建设实施方案的函》（国办函〔2021〕44号）

《国务院办公厅关于同意调整完善民办教育工作部际联席会议制度的函》（国办函〔2021〕38号）

《国务院办公厅关于南海博物馆冠名问题的函》（国办函〔2017〕35号）

《浙江省人民政府关于报送西湖大学考察意见建议研究情况的函》（浙政函〔2018〕16号）

《浙江省人民政府关于温州液化天然气（LNG）接收站项目海域使用事项的函》（浙政函〔2018〕14号）

《安徽省人民政府关于报送安徽省县级饮用水 水源地环境问题清理整治进展情况

统计表的函》（皖政秘〔2018〕73号）

《内蒙古自治区人民政府办公厅关于同意建立自治区市场监管厅际联席会议制度的函》（内政办字〔2018〕9号）

《天津市人民政府 中国科学院关于申报建设国家合成生物技术创新中心的函》（津政函〔2017〕137号）

《重庆市人民政府办公厅关于报送重庆市义务教育均衡发展国家督导检查反馈问题整改落实情况报告的函》（渝府办函〔2020〕36号）

《人力资源社会保障部办公厅关于订立电子劳动合同有关问题的函》（人社厅函〔2020〕33号）

《科技部关于支持建设国家合成生物技术创新中心的函》（国科函区〔2019〕200号）

《自然资源部办公厅关于印发〈宅基地和集体建设用地使用权确权登记工作问答〉的函》（自然资办函〔2020〕1344号）

《住房和城乡建设部关于支持开展2020年城市体检工作的函》（建科函〔2020〕92号）

（三）实践把握

1. 从拟制主体看

在公文处理工作实践中，函是应用较为广泛的法定文种之一，一般各类各级机关都可以使用这一文种。

2. 从适用范围看

函一般适用于不相隶属机关之间商洽工作、询问和答复问题、请求批准和答复审批事项等。

3. 从传播方式看

函是在不相隶属机关之间流转的，公文处理工作参与者主要通过公文形式印发函。

※**特别提醒：**

在公文处理工作实践中，公文处理工作参与者应全面理解函的内涵外延。

从隶属关系看，函是在不相隶属机关之间行文时使用的，这是选择函这一文种的首要前提，应切实防止在有隶属关系机关之间使用函。

从事项内容看，不能因为函属于不相隶属机关之间使用的文种，就片面认为函不能用来请求批准和答复审批相关事项，出现在不相隶属机关之间使用"请示"或"批复"的情况。

从规范表述看,应根据商洽工作、询问和答复问题、请求批准和答复审批事项等函的不同用途,在函的公文标题的事由部分选择使用商洽、商请、询问、请求批准、答复等词汇,且应尽量避免使用请示、批复、报告等词汇。

以商洽工作的函为例,其标题可以表述为"××××关于商洽××××××的函"。与此同时,在标题文种部分应避免使用"商请函""答复函""复函""回函"等表述方式,甚至出现"请示函""批复函"等表述方式,以防止引起公文种类和隶属关系的混淆,同时从严格意义上讲这样的表述方式也是不规范的。

十五、纪要

(一)基本概念

纪要,一般是指适用于记载会议主要情况和议定事项的文种,属于法定文种。

(二)应用示例

《浙江省人民政府专题会议纪要》(〔2016〕1号)

《安徽省人民政府专题会议纪要》

《河南省人民政府中国气象局第六次合作联席会议纪要》

《河南省人民政府 中国科学院联合开展高产高效现代农业示范工程合作项目联席会议纪要》

《四川天府新区管委会第一次全体会议纪要》(〔2016〕106号)

《内蒙古自治区人民政府主席办公会议纪要》(〔2017〕14号)

《内蒙古自治区人民政府专题会议纪要》(〔2016〕10号)

《内蒙古自治区生态环境厅研究"十四五"地下水环境质量考核点位优化调整工作专题会议纪要》(〔2020〕47号)

《2020年全区外贸工作厅际联席会议第一次会议会议纪要》(内商贸函〔2020〕190号)

《宁夏回族自治区人民政府专题会议纪要》(第9期)

《银川国际航空港综合交通枢纽工程协调会会议纪要》

《北京市高级人民法院 北京市司法局关于伤残评定问题研讨会的会议纪要》

《中共北京市投资促进服务中心党组会议纪要》（第 16 期）

《京津冀区域特种设备协同地方标准实施研讨会纪要》

《2020 年泛珠三角区域合作行政首长联席会议纪要》

《西江经济带城市共同体及市长联席会议第四次会议纪要》

《关于研究支持神农架林区绿色发展及国家公园体制试点工作的纪要》

《黄骅市城乡总体规划（2016—2030 年）纲要专家技术审查会议纪要》

《中石油冀东油田原油下海外运项目配套曹妃甸码头等工程建设专题协调会会议纪要》

《中国农业发展银行 河南省人民政府科学推进城乡统筹协调发展会谈纪要》

《民政部 广东省人民政府共同推进珠江三角洲地区民政事业改革发展工作会议纪要》

（三）实践把握

1. 从拟制主体看

在公文处理工作实践中，纪要是应用较为广泛的法定文种之一，一般各类各级机关都可以使用这一文种。

常见纪要如下：各级党委会会议纪要、党组会议纪要、机关工委会议纪要、党总支会议纪要、党支部委员会会议纪要等，各级纪委常委会会议纪要、书记办公会等，各级政府常务会议纪要、办公会会议纪要、专题办公会会议纪要，党委和政府内设机构的部（厅、局）长办公会会议纪要、主任办公会会议纪要、部（委、厅、局）务会会议纪要等，各类企业的股东大会会议纪要、董事会会议纪要、监事会会议纪要、总经理办公会会议纪要等。

2. 从适用范围看

纪要一般适用于记载会议主要情况和议定事项等。

3. 从传播方式看

纪要一般是在机关系统内部流转的，跨机关会议纪要则是在机关之间流转的，公文处理工作参与者主要通过公文形式印发纪要。

※**特别提醒：**

在公文处理工作实践中，公文处理工作参与者应全面理解纪要的内涵外延。

从呈现内容看，应区别于会议记录，纪要不是对会议组织情况和具体内容进行全面详细的记录，而是基于会议基本事实对会议情况和议定事项进行归纳提炼。

从受理对象看，纪要反映的是内部决策过程和决策信息，一般仅需分送参会人员和参会机关，不能随意扩大分送范围。

从贯彻执行看，纪要中的议定事项具有强制性和约束力，涉及其中的相关机关应当抓好纪要落实工作，强化纪要闭环管理，防止出现决而不行等情况。

第二节　非法定文种

《条例》规定的 15 类法定文种，在各类各级机关的日常工作运转中发挥着不可替代的重要作用。在实践中，不同工作事项对公文处理工作的需求不尽相同，这 15 类法定文种并不能满足各类各级机关的全部工作需求。

为更好履行机关职责、完成各项工作任务，各级各类机关还存在法规制度类、工作计划类、工作总结类、会议记录类、工作简报类、调研报告类、讲话发言类、公务书信类等非法定文种。这些非法定文种发挥着重要的补充作用。

此外，部分特定机关还存在一些特定文书。这些文书有其自身格式规范和内容要求，在实践中公文处理工作参与者应注意把握。以纪检监察机关为例，在具体工作中还会经常用到处分决定书、处分决定通知书、免予处分决定书、纪律处理决定书、延长留党察看期限决定书、中止党员权利决定书、恢复党员权利决定书、纪律检查建议书、监察建议书、案件办理意见书等特定文书。

一、法规制度类

（一）基本概念

在公文处理工作实践中，法规制度类（以下简称法规制度）主要包括法规和内部管理制度。

1. 法规

法规是法令、条例、规则和章程等法定文件的总称。

按照不同的制定主体划分，法规一般包括党内法规、国家法律、行政法规、地方性法规、军队法规等。上述法规依据不同标准，还可细分多个类别。以党内法规为例，其又可细分为党章、准则、条例、规定、办法、规则、细则等。

2. 内部管理制度

内部管理制度是机关系统内的公文处理工作参与者共同遵守的，由各级各类机关依据相关法规、上级要求、自身需要所制定的规章或准则。

内部管理制度涉及机关正常运转的方方面面、各个环节，比如：招聘管理制度、培训管理制度、考核管理制度、干部管理制度、奖惩激励制度等人事管理制度，财务管理制度、会计管理制度、出纳管理制度、税务管理制度、预决算管理制度、内控管理制度等财务管理制度，行政事务管理制度、会议管理制度、宣传管理制度、安全管理制度、后勤管理制度、资产与采购管理制度等行政管理制度，其他业务类管理制度等。

（二）应用示例

1. 党内法规

《中国共产党章程》

《关于新形势下党内政治生活的若干准则》

《中国共产党基层组织选举工作条例》

《党委（党组）落实全面从严治党主体责任规定》

《党委（党组）书记抓基层党建工作述职评议考核办法》

《中国共产党党委（党组）理论学习中心组学习规则》

《中国共产党党员发展工作细则》

2. 国家法律

《中华人民共和国立法法》

《中华人民共和国民法典》

《中华人民共和国专利法》

《中华人民共和国商标法》

《中华人民共和国义务教育法》

《中华人民共和国环境保护法》

《中华人民共和国药品管理法》

《中华人民共和国公务员法》

《中华人民共和国国防动员法》
《中华人民共和国文物保护法》
《中华人民共和国预算法》
《中华人民共和国劳动法》
《中华人民共和国刑法》
《中华人民共和国刑事诉讼法》

3. 行政法规

《中华人民共和国预算法实施条例》
《中华人民共和国个人所得税法实施条例》
《中华人民共和国食品安全法实施条例》
《中华人民共和国外资保险公司管理条例》
《中华人民共和国政府信息公开条例》
《生产安全事故应急条例》
《保障农民工工资支付条例》
《重大行政决策程序暂行条例》
《优化营商环境条例》
《政府投资条例》
《行政区划管理条例》
《专利代理条例》
《农作物病虫害防治条例》
《报废机动车回收管理办法》
《国务院关于在线政务服务的若干规定》

4. 地方性法规

《浙江省民营企业发展促进条例》
《浙江省实施〈中华人民共和国反恐怖主义法〉办法》
《浙江省各级人民代表大会常务委员会讨论决定重大事项的规定》
《内蒙古自治区气象设施和气象探测环境保护办法》
《内蒙古自治区人民政府拟定地方性法规草案和制定政府规章程序规定》
《内蒙古自治区哲学社会科学奖评选和奖励办法》
《上海市重大行政决策程序规定》
《上海市液化石油气管理办法》

《上海市基本医疗保险监督管理办法》

5. 军队法规

《中国人民解放军内务条令（试行）》

《中国人民解放军纪律条令（试行）》

《中国人民解放军队列条令（试行）》

《军队机关公文处理工作条例》

6. 内部管理制度

《××××××车辆管理规定》

《××××××后勤管理规定》

《××××××业务招待管理办法》

《××××××资产管理规定》

《××××××档案管理办法》

《××××××会议管理办法》

《××××××信息公开管理办法》

《××××××人才招聘管理办法》

《××××××教育培训管理办法》

《××××××带薪休假实施细则》

《××××××临时设立工作机构工作规则》

《××××××公文处理工作实施细则》

（三）实践把握

1. 从拟制主体看

法规制度（尤其是法规）的拟制主体是特定的，一般为中央和省一级的党和国家机关。

2. 从主要特点看

法规制度适用于拟制主体领导或指导范围内的相关机关和人员、相应工作事项，具有强制性和约束性等特点。

3. 从传播方式看

法规一般是公开发布的。在制发公文的同时，公文处理工作参与者会通过电视、广播、报纸、网络等渠道公布法规。

内部管理制度多为机关系统内部机构和人员知悉掌握，公文处理工作参与者一般通过公文形式印发内部管理制度。

※特别提醒：

法规制度的制定有其严格的权限和流程要求，拟制主体应严格遵守上述要求，以法规制度自身的合法合规性确保法规制度的权威性。

二、工作计划类

（一）基本概念

在公文处理工作实践中，工作计划类（以下简称工作计划）是应用广泛的非法定文种之一，主要包括计划、方案、规划等类型。

计划是围绕工作目标对工作内容、工作组织、工作安排、工作方法、工作要求等内容作出规定的文书。方案是一种特殊的计划，相比于一般计划，方案内容更加具体翔实，方案落地更具操作性。规划也是一种特殊的计划，是基于机关自身或者从事事业发展的较为全面长远的计划。

依据不同的分类标准，计划可细分为多个类别。

以时间划分，计划可细分为预期计划、中期计划、近期计划，具体包括发展规划、年度计划、季度计划、月份计划、周计划、日计划等。

以层级划分，计划可细分为战略层计划、战役层计划、战术层计划等，具体包括党的中央组织层计划、地方组织层计划、基层组织层计划等，国家级计划、区域级计划、地方级计划、基层级计划等，以及军委级计划、战区（军种）级计划、部队级计划等。

以领域划分，计划可细分为治党计划、治国计划、治军计划等，内政计划、外交计划、国防计划等，改革计划、发展计划、稳定计划等，以及政治建设计划、经济建设计划、文化建设计划、社会建设计划、生态文明建设计划等。

（二）应用示例

1.战略层计划示例

《"健康中国2030"规划纲要》

《中长期青年发展规划（2016—2025年）》

《国家新型城镇化规划（2014—2020年）》

《乡村振兴战略规划（2018—2022年）》

《2018—2022年全国干部教育培训规划》

《中华人民共和国国民经济和社会发展第十三个五年规划纲要》

《全国国土规划纲要（2016—2030年）》

《红树林保护修复专项行动计划（2020—2025年）》

《人民法院执行工作纲要（2019—2023）》

《粤港澳大湾区发展规划纲要》

《全国安全生产专项整治三年行动计划》

《打赢蓝天保卫战三年行动计划》

《推进运输结构调整三年行动计划（2018—2020年）》

《工业互联网专项工作组2020年工作计划》

《2020年国家动物疫病监测与流行病学调查计划》

《2020年深入实施国家知识产权战略加快建设知识产权强国推进计划》

《海南自由贸易港建设总体方案》

2. 战役层计划示例

《浙江省残疾人事业发展"十三五"规划》

《浙江省加快传统制造业改造提升行动计划（2018—2022年）》

《浙江省进一步深化"证照分离"改革全覆盖试点工作实施方案》

《西藏自治区新型城镇化规划(2014—2020年)》

《西藏自治区天然饮用水产业发展规划（2015—2025年）》

《西藏自治区深化"放管服"改革转变政府职能重点任务分工方案》

《天津市人民政府立法规划（2020—2022年）》

《天津市推进义务教育优质均衡发展三年行动方案（2020—2022年）》

《天津市建设国家新一代人工智能创新发展试验区行动计划》

3. 战术计划示例

《凤阳县城区道路专项规划（2018—2030）》

《凤阳县花园湖行蓄洪区适应性农业发展规划（2018—2020年）》

《2018年凤阳县城市黑臭水体治理方案》

《新蔡县中深层地下水利用与保护规划》

《新蔡县2020年农村户厕改造工作方案》

《新蔡县开展取缔"黑加油站（点）"回头看专项行动方案》

《北川羌族自治县国家生态文明建设示范县规划（2019—2025）》
《北川羌族自治县推进企业上市挂牌"三年行动计划"实施方案》
《北川羌族自治县"春雷行动2019"暨整治"保健"市场乱象百日行动工作方案》

（三）实践把握

1. 从拟制主体看

计划的拟制主体是非常广泛的，既可以是机关，也可以是个人。

2. 从主要特点看

计划具备目标引领性、现实可能性、重点突出性、统筹协调性等特点。

在拟制计划过程中，各类各级机关或个人应把握上述特点，防止出现计划内容不聚焦、工作目标过于简单或极难实现、眉毛胡子一把抓、顾此失彼等情况。

3. 从传播方式看

计划主要为机关系统内部掌握的信息，公文处理工作参与者一般通过公文形式印发计划。

确需公开发布的，在依规依法前提下，公文处理工作参与者可以通过电视、广播、报纸、网络等渠道公布计划。

※ **特别提醒：**

> 作为非法定文种，在公文处理工作实践中，计划还存在其他称谓，除了规划、方案外，还包括部署、安排等。
>
> 此外，工作计划有时会作为工作总结的一部分出现，即在总结过去工作的同时提出未来的工作计划。

三、工作总结类

（一）基本概念

在公文处理工作实践中，工作总结类（以下简称工作总结）是应用广泛的非法定文种之一，是反映已完成工作情况的文书，是对已完成工作的全面梳理和分析提炼，可以为下一步工作提供借鉴或指导。总结的内容以所做工作、做法经验、取得成绩等为主，有时会涉及存在问题及未来打算等方面。

依据不同的分类标准，工作总结可细分为多个类别。

以时间划分，总结可细分为年度总结、半年总结、季度总结、月总结、周总结、日总结等。

以领域划分，总结可细分为专项工作总结、重点工作总结、全面工作总结等。

以层级划分，总结可细分为战略层总结、战役层总结、战术层总结等。

（二）应用示例

1. 年度总结示例

《全国尾矿库综合治理行动 2013 年工作总结和 2014 年重点工作安排》

《深化医药卫生体制改革 2014 年工作总结和 2015 年重点工作任务》

《浙江省国土资源厅 2012 年依法行政工作总结》

《省地方金融监管局 2019 年工作总结》

《内蒙古自治区 2019 年度扶贫对象动态管理工作总结》

《内蒙古自治区医疗保障局 2019 年工作总结》

《呼和浩特海关 2017 年工作总结》

《2019 年北京市体育工作总结》

《海淀区审计局 2019 年工作总结》

2. 半年总结示例

《淄博市供销社 2020 年上半年工作总结》

《石马镇 2020 年上半年工作总结》

《闻韶街道 2020 年上半年工作总结》

《菏泽市植物保护站 2020 年上半年工作总结》

《内蒙古自治区审计厅 2014 年上半年政务公开和政务服务工作总结》

《内蒙古自治区 2017 年上半年大气污染防治工作总结》

《内蒙古质监局 2017 年上半年工作总结》

《北京市海淀区教育委员会 2020 年上半年工作总结和下半年工作计划》

《怀柔区龙山街道 2020 年上半年低收入农户帮扶工作总结》

《昌平区科委 2020 年上半年工作总结》

3. 月度总结等示例

《2020 年 3 月份城管执法工作总结》

《燕山交通管理中心 2020 年 1 月执法工作总结》

《56个剧种唱响"浙江好腔调"——2014"浙江好腔调"传统戏剧系列活动总结》
《秦皇岛市开展〈农作物病虫害防治条例〉宣传月活动总结》
《内蒙古自治区2019年度辐射安全监督管理工作总结》
《门头沟区商务局2020年"安全生产月"活动总结》
《石景山区民政局扶贫进展总结》
《2020年反兴奋剂工作总结》
《2020年服务贸易交易会工作总结》

（三）实践把握

1. 从拟制主体看

总结的拟制主体是非常广泛的，既可以是机关，也可以是个人。

2. 从主要特点看

总结具备公正客观性、效果评价性、系统概括性、推广传播性等特点。

在拟制总结过程中，各类各级机关或个人应把握上述特点，防止出现记账式总结、碎片化总结等情况。

3. 从传播方式看

总结主要为机关系统内部掌握的信息，公文处理工作参与者一般通过公文形式印发总结。

确需公开发布的，在依规依法前提下，公文处理工作参与者可以通过电视、广播、报纸、网络等渠道公布总结。

※**特别提醒：**

作为非法定文种，在公文处理工作实践中，总结还存在其他称谓，比如开展情况、落实情况、阶段回顾、工作汇报、工作小结等。

此外，工作总结有时会包含工作计划，即在总结过去工作的同时提出未来的工作计划。

四、会议记录类

（一）基本概念

在公文处理工作实践中，会议记录类（以下简称会议记录）是应用广泛的非法定文种之一，是记录会议名称、会议时间、会议地点、与会人员等会议基本情况和会议议题、讨论情况、会议结果等会议内容的文书。

依据不同的分类标准，会议记录可细分为多个类别。

以内容划分，会议记录可细分为详细会议记录和简要会议记录。

以领域划分，会议记录可细分为党组织会议记录、人大会议记录、政府会议记录、政协会议记录、军事组织会议记录、人民团体会议记录、文化组织会议记录、经济组织会议记录等。

以议题划分，会议记录可细分为专题会议记录和综合会议记录。

（二）应用示例

《×××省委常委会会议记录》

《×××市委常委会会议记录》

《×××县委常委会会议记录》

《×××党组会议记录》

《×××党委（基层党委）会会议记录》

《×××党总支会议记录》

《×××党支部委员会会议记录》

《×××党员大会会议记录》

《×××党小组会记录》

《×××纪委常委会会议记录》

《×××纪委书记办公会会议记录》

《×××部长（主任、书记）办公会会议记录》

《×××部（厅、室）务会会议记录》

《×××委员会会议记录》

《×××人民政府常务会议记录》

《×××人民政府办公会会议记录》

《×××人民政府专题办公会会议记录》

《×××股东大会会议记录》

《×××董事会会议记录》

《×××监事会会议记录》

《×××总经理办公会会议记录》
《×××校（院）务委员会会议记录》
《×××校（院）长办公会会议记录》

（三）实践把握

1. 从拟制主体看

会议记录的拟制主体是非常广泛的，各类各级机关一般都可以拟制会议记录。

2. 从主要特点看

会议记录具备客观性、完整性、指导性、凭证性等特点。

在拟制会议记录过程中，公文处理工作参与者应把握这些特点，防止出现选择性记录、情感式记录、议定事项不落实、保管不得当等情况。

3. 从传播方式看

因会议记录是对重要事项决策过程的全面呈现且属于内部信息，故会议记录一般既不印发、也不公开，而是以记录在专用的制式会议记录簿（本）上的方式或电子文档方式进行留存。

※特别提醒：

会议记录和会议纪要在基本特点、主要功能、使用载体等方面不尽相同。在公文处理工作实践中，参与者应防止将上述两种文种混用。

五、工作简报类

（一）基本概念

在公文处理工作实践中，工作简报类（以下简称工作简报）是应用广泛的非法定文种之一，是一种内容相对简洁、观点较为明确、时效特点突出的用于反映情况、汇报工作、交流经验的文书。

依据不同的分类标准，工作简报可细分为多个类别。

以时间划分，工作简报可细分为临时性简报和周期性简报等。

以内容划分，工作简报可细分为业务简报、会议简报、动态简报等。

以层级划分，工作简报可细分为党和国家层级简报、省（自治区、直辖市）层级简报、市（州、盟）层级简报、县（区、旗）层级简报等。

（二）应用示例

《河南省 2017 年度排污费征收全程信息化系统业务培训班简报》

《2018 年 1—6 月四川省科技型中小企业评价情况简报》

《陕西省推进政府职能转变和"放管服"改革协调小组办公室简报》（2019 年第 8 期）

《内蒙古自治区第一次全国可移动文物普查工作简报》（第 12 期）

《兴安盟旗县市和苏木乡镇人民代表大会换届选举简报》（2017 年第 10 期）

《兴安盟政府和社会资本合作（PPP）项目 2018 年第一季度进展情况简报》

《兴安盟 2020 年地温墒情简报》（第二十期）

《关于 2020 年保障性安居工程进展情况的简报》（8 月份）

《安全生产专项整治三年行动工作简报》（第一期）

《水旱灾害防御工作简报》（第 2 期）

《中共兴安盟水务局第二支部委员会巡查（察）整改专题组织生活会简报》

《兴安盟地震局主题教育活动信息简报》（第十七期）

《突泉县安全生产专项整治三年行动工作简报》（第四期）

《突泉县首届采摘体验文化旅游节简报》

《科右前旗房产局永富村扶贫工作简报》（第十六期）

《和平街创城工作简报》

《九龙乡卫生院六到户工作简报》

《教育部简报》（〔2020〕第 14 期）

《科学技术部党的群众路线教育实践活动简报》（第 12 期）

《科技部"幸福工程"捐款活动简报》

《人力资源社会保障部直属机关党委简报》（第 5 期）

（三）实践把握

1. 从拟制主体看

工作简报的拟制主体是非常广泛的，各类各级机关一般都可以拟制工作简报。

2. 从主要特点看

工作简报具备真实性、准确性、凝练性、针对性、时效性等特点，有时也具有一定的公开性，或内部公开或对外公开。

在拟制工作简报过程中，公文处理工作参与者应把握上述特点，防止出现工作简报内容冗长拖沓、泛泛而谈、陈旧过时等情况。

3. 从传播方式看

工作简报一般情况下是对机关系统内部公开的，公文处理工作参与者主要通过公文形式印发工作简报。

确需对外公开发布的，在依规依法前提下，公文处理工作参与者可以通过电视、广播、报纸、网络等渠道公布工作简报。

※**特别提醒：**

作为非法定文种，在公文处理工作实践中，工作简报还存在其他称谓，比如：信息、通讯、简讯、动态、内参等。

六、调研报告类

（一）基本概念

在公文处理工作实践中，调研报告类（以下简称调研报告）是应用广泛的非法定文种之一，在开展目标明确、计划周密、方法科学的专门调查以及进行由表及里、系统全面、客观公正的分析研究的基础上，是通过呈现调查研究过程、问题情况本质、调研结果建议等内容为机关或领导提供决策参考的文书。

依据不同的分类标准，调研报告可细分为多个类别。

以时间安排划分，调研报告可细分为常规型调研报告和临时型调研报告等。

以主要内容划分，调研报告可细分为经验推广型调研报告、问题分析型调研报告、新生事物型调研报告等。

以覆盖范围划分，调研报告可细分为全局型调研报告和局部型调研报告等。

（二）应用示例

《农情——农业供给侧结构性改革调研报告》（中央农村工作领导小组副组长袁纯清等著）

《北京市党建引领"街乡吹哨、部门报到"改革情况的调研报告》（中央组织部调研组）

《"新型冠状病毒肺炎"公众认知与信息传播调研报告》（国家信息中心、南京大学网络传播研究院联合调研组）

《为基层"减负"让服务"归位"——基层减负情况调研报告》（国家发改委离退局）

《关于韩国、日本义务教育学校标准化建设情况的调研报告》(教育部、财政部、清华大学建筑设计院调研组)

《关于贫困地区教育扶贫工作情况的调研报告》(教育部规划司)

《农业保险扎实推进 提质增效潜力巨大——吉林、内蒙古两省(区)"开发满足新型农业经营主体需求的保险产品"落实情况督导调研报告》(财政部、中央农办、农业部、保监会等部门组成督导调研组)

《贵州省财政涉农资金统筹整合实施情况的调研报告》(财政部贵州监管局)

《中国话语海外认知度调研报告》(中国外文局发布)

《北京市2016年中小学校培育和践行社会主义核心价值观督导调研报告(2015—2017)》(北京市政府教育督导室)

《北京市昌平区依法行政基本情况调研报告(2004—2014年)》(北京市昌平区法制办)

《温泉镇社会信用体系建设调研报告》(北京市海淀区温泉镇居民科)

《大同市自主就业退役士兵服务保障管理工作调研报告》(大同市退役军人事务局)

《运城市成品油市场调研报告》(运城市统计局)

《古县农产品物流体系建设调研报告》(山西省古县发改局)

《锦州市主城区历史建筑现状调研报告》(锦州市规划设计研究院)

《贵州省大健康产业竞争力分析研究报告》(贵州医科大学等单位)

《满洲里市与广西东兴市对外开放对标调研报告》(内蒙古自治区人民政府办公厅)

《内蒙古自治区审计厅关于开展高级审计师资格评价工作情况调研报告》(内蒙古自治区审计厅)

《关于乌海市、阿拉善盟"十个全覆盖"工程进展情况的调研报告》(内蒙古自治区统计局)

《鄂尔多斯市农牧业产业化发展情况调研报告》(鄂尔多斯市农牧局)

《国际地球物理勘探技术与装备技术调研报告》(中国石油东方地球物理勘探有限公司)

(三)实践把握

1. 从拟制主体看

调研报告的拟制主体一般为各类各级机关的调研组和个人,其中个人包括人大代表、政协委员、专家学者、领导干部、普通干部职工等。

2.从主要特点看

调研报告具备实事求是性、系统深入性、结构严密性、决策参考性等特点。

在拟制调研报告过程中，公文处理工作参与者应把握这些特点，防止出现调研报告反映问题不深刻、揭示本质不到位、逻辑结构不严密、决策建议不精准等情况。

3.从传播方式看

调研报告通常被拟制主体直接呈报本机关负责人或者上级机关等，一般不通过制发正式公文的方式进行上报。

需要以公文形式印发或以公开渠道公布的，公文处理工作参与者应按照相关规定办理。

※**特别提醒：**

作为非法定文种，在公文处理工作实践中，调研报告还存在其他称谓，比如：调查报告、情况调研、比较研究等。

与此同时，公文处理工作参与者还应把握调研报告与报告（法定文种）的区别联系，一般可以从三个方面着力。一看是否法定文种，调研报告作为非法定文种公文不能单独正式行文；二看主送对象，报告只能送至上级机关（特殊情况下可送至上级机关领导），相比之下调研报告主送对象更宽泛；三看主要作用，报告主要是为了使上级机关掌握本机关工作开展情况，而调研报告主要是为了本机关负责人或上级机关决策提供参考。

七、讲话发言类

（一）基本概念

在公文处理工作实践中，讲话发言类公文（以下简称讲话）是应用广泛的非法定文种之一，是重要参与者代表机关或者个人在会议或者活动上用以发言的文书。从狭义上看，讲话一般是指领导讲话；从广义上看，讲话不仅领导讲话，也包括其他参与者讲话（一般称之为发言）。在公文处理工作实践中，讲话稿、发言稿、演讲稿、致辞、贺词、祝酒词、开幕词等都属于讲话这一文种。

依据不同的分类标准，讲话可细分为多个类别。

以内容划分，讲话可细分为全面型讲话和专题型讲话。

以作用划分，讲话可细分为交流型讲话、启发型讲话、表扬型讲话、批评型讲话、激励型讲话、鞭策型讲话等。

以空间划分，讲话可细分为内部讲话和外部讲话。

以时机划分，讲话可细分为动员型讲话、推进型讲话、总结型讲话等。

（二）应用示例

《共同构建人与自然生命共同体——在"领导人气候峰会"上的讲话》（2021年4月22日，北京，中华人民共和国主席 习近平）

《在全国脱贫攻坚总结表彰大会上的讲话》（2021年2月25日，习近平）

《在党史学习教育动员大会上的讲话》（2021年2月20日，习近平）

《在科学家座谈会上的讲话》（2020年9月11日，习近平）

《在全国抗击新冠肺炎疫情表彰大会上的讲话》（2020年9月8日，习近平）

《在纪念中国人民抗日战争暨世界反法西斯战争胜利75周年座谈会上的讲话》（2020年9月3日，习近平）

《在决战决胜脱贫攻坚座谈会上的讲话》（2020年3月6日，习近平）

《在统筹推进新冠肺炎疫情防控和经济社会发展工作部署会议上的讲话》（2020年2月23日，习近平）

《在中央政治局常委会会议研究应对新型冠状病毒肺炎疫情工作时的讲话》（2020年2月3日，习近平）

《在2020年春节团拜会上的讲话》（2020年1月23日，习近平）

《坚持和完善中国特色社会主义制度推进国家治理体系和治理能力现代化——习近平在党的十九届四中全会第二次全体会议上的讲话》（2019年10月31日）

《坚持、完善和发展中国特色社会主义国家制度与法律制度——习近平在十九届中央政治局第十七次集体学习时的讲话》（2019年9月24日）

《在庆祝澳门回归祖国20周年大会暨澳门特别行政区第五届政府就职典礼上的讲话》（2019年12月20日，中华人民共和国主席 习近平）

《在第十三届全国人民代表大会第一次会议上的讲话》（2018年3月20日，中华人民共和国主席 习近平）

《在第七十五届联合国大会一般性辩论上的讲话》（2020年9月22日，北京，中华人民共和国主席 习近平）

《凝心聚力，继往开来 携手共谱合作新篇章——在中国—中东欧国家领导人峰会上的主旨讲话》（2021年2月9日，北京，中华人民共和国主席 习近平）

《二〇二一年新年贺词》（中华人民共和国主席 习近平）

《在2020年中国国际服务贸易交易会全球服务贸易峰会上的致辞》（2020年9月4日，北京，中华人民共和国主席 习近平）

《让多边主义的火炬照亮人类前行之路——在世界经济论坛"达沃斯议程"对话会上的特别致辞》（2021年1月25日，北京，中华人民共和国主席 习近平）

《开放合作 命运与共——在第二届中国国际进口博览会开幕式上的主旨演讲》（2019年11月5日，上海，中华人民共和国主席 习近平）

《高质量共建"一带一路"——在第二届"一带一路"国际合作高峰论坛圆桌峰会上的开幕辞》（2019年4月27日，北京，中华人民共和国主席 习近平）

《在第二届"一带一路"国际合作高峰论坛欢迎宴会上的祝酒辞》（2019年4月26日，北京，中华人民共和国主席 习近平）

《同舟共济克时艰，命运与共创未来——在博鳌亚洲论坛2021年年会开幕式上的视频主旨演讲》（2021年4月20日，北京，中华人民共和国主席 习近平）

《在中缅建交70周年系列庆祝活动暨中缅文化旅游年启动仪式上的致辞》（2020年1月17日，内比都，中华人民共和国主席 习近平）

（三）实践把握

1. 从拟制主体看

讲话的拟制主体是较为广泛的，各类会议或活动的参与者（包括出席领导和一般参与者）根据需要和要求一般均可以拟制讲话。

2. 从主要特点看

讲话具备目标明确性、观点鲜明性、身份相符性、受众互动性、时间限定性等特点。

在拟制讲话过程中，公文处理工作参与者应把握上述特点，防止出现讲话主旨不明确、立场态度模糊、脱离受众或受众听不懂、篇幅过长或过短等情况。

3. 从传播方式看

讲话一般是在会议或者活动现场宣读的。根据工作需要，在依规依法前提下，公文处理工作参与者一般可以通过公文形式印发机关负责人重要讲话，或者通过电视、广播、报纸、网络等渠道发布机关负责人重要讲话。

※**特别提醒：**

领导讲话一般是下行公文，发言一般是平行文或上行公文，在拟制讲话时，公文处理工作参与者应把握好二者在行文方向上的区别，防止出现因拟制身份定位不准导致公文内部不当的情况出现。

此外，在公文处理工作实践中，讲话还存在其他表现形式，比如讲话稿、发言稿、演讲稿、致辞、贺词、祝酒词、开幕词等。

八、公务书信类

（一）基本概念

在公文处理工作实践中，公文书信类公文（以下简称公务书信）是应用广泛的非法定文种之一，是用于机关与机关之间、机关与个人之间、个人与个人之间等开展公文活动的文书。

依据不同的分类标准，公务书信可细分为多个类别。

以种类划分，公务书信可细分为介绍信、证明信、推荐信，慰问信、感谢信、表扬信，贺信、贺电，回信，倡议书等。

以对象划分，公务书信可细分为组织型公务书信和个人型公务书信。

以场合划分，公务书信可细分为会议型公务书信和非会议型公务书信。

以用途划分，公务书信可细分为业务型公务书信和事务型公务书信。

（二）应用示例

《习近平致厦门大学建校100周年的贺信》（2021年4月6日）

《习近平给上海市新四军历史研究会百岁老战士们的回信》（2021年2月18日）

《习近平给河北省平山县西柏坡镇北庄村全体党员的回信》（2021年2月7日）

《习近平给中国石油大学（北京）克拉玛依校区毕业生的回信》（2020年7月7日）

《习近平给复旦大学〈共产党宣言〉展示馆党员志愿服务队全体队员的回信》（2020年6月27日）

《习近平给袁隆平、钟南山、叶培建等25位科技工作者代表的回信》（2020年5月29日）

《习近平给北京科技大学全体巴基斯坦留学生的回信》（2020年5月17日）

《习近平给郑州圆方集团全体职工的回信》（2020年4月30日）

《习近平给"万企帮万村"行动中受表彰的民营企业家的回信》(2018年10月20日)

《习近平总书记给内蒙古自治区苏尼特右旗乌兰牧骑队员们的回信》(2017年11月21日)

《习近平致中国延安精神研究会第六次会员大会的贺信》(2020年9月4日)

《习近平致中国少年先锋队第八次全国代表大会的贺信》(2020年7月23日)

《习近平致全国青联十三届全委会和全国学联二十七大的贺信》(2020年8月17日)

《习近平致中国社会科学院中国历史研究院成立的贺信》(2019年1月2日)

《习近平致〈求是〉暨〈红旗〉杂志创刊60周年的贺信》(2018年7月4日)

《习近平致首届数字中国建设峰会的贺信》(2018年4月22日)

《习近平致中国农学会成立100周年的贺信》(2017年12月12日)

《习近平致首届"南南人权论坛"的贺信》(2017年12月7日)

《习近平致中国女排夺得2019年女排世界杯冠军的贺电》(2019年9月29日)

《习近平对国产大型水陆两栖飞机AG600水上首飞成功的贺电》(2018年10月20日)

《习近平对神舟十一号载人飞船发射成功的贺电》(2016年10月17日)

《中共中央 国务院 中央军委对北斗三号全球卫星导航系统建成开通的贺电》(新华社北京2020年7月31日电)

《中共中央 全国人大常委会 国务院 全国政协 中央军委关于庆祝内蒙古自治区成立70周年的贺电》(2017年8月8日)

《中共中央、国务院致中国工商业联合会第十二次全国代表大会的贺词》(新华社北京2017年11月24日电)

《习近平主席在联合国教科文组织第九届青年论坛开幕式上的贺词》(2015年10月26日)

《习近平致首届世界互联网大会贺词》(2014年11月19日)

(三)实践把握

1. 从拟制主体看

公务书信的拟制主体是较为广泛的,可以是机关,也可以是个人。

2. 从主要特点看

公务书信具备用途专一性、言简意赅性、表达灵活性、时间节点性等特点。

在拟制公务书信过程中,公文处理工作参与者应把握上述特点,防止出现书信篇幅过长、语言活力不足、送抵时间滞后等情况。

3. 从传播方式看

公务书信一般通过邮寄或电传等方式送达受理对象。

业务型公务书信通常涉及机关和个人关键信息，公文处理工作参与者一般不会公开发布业务型公务书信。

根据重要性和必要性，在依规依法前提下，公文处理工作参与者可以通过电视、广播、报纸、网络等渠道公布部分事务性公务书信。

※**特别提醒：**

介绍信、证明信等业务型公务书信还有自身的格式规范和内容要求。在拟制这类公务书信时，公文处理工作参与者应遵照相关格式规范和内容要求进行使用。

第三节　特殊情况处理

在公文处理工作实践中，法规制度类、工作计划类、工作总结类、会议记录类、工作简报类、调研报告类、讲话发言类、公务书信类等非法定文种一般不能独立行文。如确需以正式行文方式进行印发或公布的，上述公文等可以作为内容借助命令（令）、决定、通知等法定文种进行正式行文，进而实现印发或公布的目的。

（一）以法规制度为例

《中国共产党问责条例》采用《中共中央关于印发〈中国共产党问责条例〉的通知》的方式予以印发，《中华人民共和国民法典》采用《中华人民共和国主席令》（第四十五号）的方式予以公布，《中华人民共和国预算法实施条例》采用《中华人民共和国国务院令》（第729号）的方式予以公布，《通用航空经营许可管理规定》采用《中华人民共和国交通运输部令》（2020年第18号）的方式予以公布，等等。

（二）以计划方案为例

《国务院2020年立法工作计划》采用《国务院办公厅关于印发国务院2020年立法工作计划的通知》（国办发〔2020〕18号）的方式予以印发，《应急救援领域中央与地方财政事权和支出责任划分改革方案》采用《国务院办公厅关于印发应急救援领域中央与地方财政事权和支出责任划分改革方案的通知》(国办发〔2020〕22号)的方式予以印发,《新时期促进集成电路产业和软件产业高质量发展若干政策》采用《国务院关于印发新时期促进集成电路产业和软件产业高质量发展若干政策的通知》(国发〔2020〕8号)的方式予以印发;《"健康陕西2030"规划纲要》采用《中共陕西省委 陕西省人民政府关于印发〈"健康陕西2030"规划纲要〉的通知》(陕发〔2017〕16号)的方式予以印发,《中国(银川)跨境电子商务综合试验区实施方案》采用《自治区人民政府关于印发中国(银川)跨境电子商务综合试验区实施方案的通知》(宁政发〔2020〕31号)的方式予以印发,《重庆市新型基础设施重大项目建设行动方案(2020—2022年)》采用《重庆市人民政府关于印发重庆市新型基础设施重大项目建设行动方案(2020—2022年)的通知》(渝府发〔2020〕18号)的方式予以印发;《柴油货车污染治理攻坚战行动计划》采用《生态环境部 发展改革委 工业和信息化部 公安部 财政部 交通运输部 商务部 市场监管总局 能源局 铁路局 中国铁路总公司关于印发〈柴油货车污染治理攻坚战行动计划〉的通知》(环大气〔2018〕179号)的方式予以印发,等等。

(三)以发言讲话为例

《孙春兰副总理在全国深化职业教育改革电视电话会议上的讲话》采用《教育部关于印发孙春兰副总理在全国深化职业教育改革电视电话会议上的讲话的通知》(教职成〔2019〕9号)的方式予以印发,《刘赐贵同志在全省教育大会上的讲话》和《翁铁慧同志在全省教育大会上的讲话》采用《海南省教育厅关于印发刘赐贵书记、翁铁慧副部长在全省教育大会上的讲话的通知》(琼教办〔2019〕23号)的方式予以印发,《咸辉同志在自治区人民政府第二次全体(扩大)会议上讲话》采用《自治区人民政府办公厅关于印发咸辉同志在自治区人民政府第二次全体(扩大)会议上讲话的通知》(宁政办发〔2019〕12号)的方式予以印发,等等。

第二章　公文格式

　　悬衡而知平，设规而知圆。公文格式作为公文处理工作之法的重要组成部分，既是公文处理工作基本架构最重要的基础构成，也是公文处理工作参与者进行起草拟制和审核把关最直接的标准依据，还是公文处理工作规范化最关键的前提条件。同时，公文格式不单是一个表现形式问题，还同公文内容和公文效力有着紧密的联系，既服务于公文内容和公文效力，也直接影响着公文内容和公文效力。因此，公文格式在提升公文规范化、确保公文严肃性、维护公文法定性、适应公文国际化等方面均发挥着不可替代的重要作用。

　　从公文格式看，公文一般由份号、密级和保密期限、紧急程度、发文机关标志、发文字号、签发人、版头中的分隔线、标题、主送机关、正文、附件说明、发文机关署名、成文日期、印章、附注、附件、抄送机关、印发机关和印发日期、版记中的分隔线、页码等20个要素组成。从公文各要素的编排规则看，公文格式一般可以划分为版心内内容和版心外内容两个部分，其中：版心内内容一般包括除页码外的19个要素，版心外内容为页码。版心内内容一般又可细分为版头、主体和版记等三个部分，其中：版头部分一般包括份号、密级和保密期限、紧急程度、发文机关标志、发文字号、签发人、版头中的分隔线等，主体部分一般包括标题、主送机关、正文、附件说明、发文机关署名、成文日期、印章、附注、附件等，版记部分一般包括抄送机关、印发机关和印发日期、版记中的分隔线等。除了通用格式外，公文格式还包括信函格式、命令（令）格式、纪要格式等特定格式。

　　当前，公文格式标准规范的主要依据为《格式》。《格式》自2012年7月1日实施至今，在推进公文处理工作科学化、制度化、规范化进程中发挥了重要的作用。与此同时，由于部分公文处理工作参与者存在学习不够、理解不深、把握不准、执行不严、沿用惯例等情况，导致各类各级机关在公文格式方面存在不同程度的问题和短板，对公文质量产生了不利影响。

　　《格式》从公文通用纸张要求、排版和印制装订要求、公文格式各要素编排规则、公文式样等方面对公文格式作出了具体详实的规定，为规范公文格式提供了基本遵循。尽管《格式》是推荐型国家标准,但因《条例》明确要求"公文版式按照《党政机关公文格式》国家标准执行",《格式》就具备了法定强制性。综上所述,该部分内容将以《格式》为基础,从基本概念、规范标准、常见问题、实践把握等方面着手,进一步梳理、分析和阐释公文格式,为公文处理工作参与者更好的理解、把握和运用公文格式提供参考。

第一节　术语、用纸、版面及印刷装订

一、字和行

(一)规范标准

1. 字

字,标示公文中横向距离的长度单位。一字指一个汉字宽度的距离。

2. 行

行,标示公文中纵向距离的长度单位。一行指一个汉字的高度加 3 号汉字高度的 7/8 的距离。

(二)常见问题

在处理字和行时,主要存在两类常见问题:一是存在对公文格式中的"字"和公文内容中的"字"认识模糊的情况;二是存在对"一字"和"一行"中汉字字号字体关注不够和把握不准确的情况。

(三)实践把握

作为长度单位,相比于公文内容中的"字"(即语言文字),公文格式中的"字"有其明显特征。公文格式中的"字"和"行"共同构成了公文格式横纵坐标,成为公文各要素编排的基本参照。

1. 一字

相对《条例》(1996 版)、《办法》(2000 版)等废止的公文处理工作管理法规规范中关于"一个字"的阐释(即"一个字指一个汉字所占空间"),《格式》中关于"一字"的定义更加严谨。

"一字"是个相对变量。在"一字"标准中，未明确"汉字"的字号字体，其字体字号一般与公文各要素的字体字号的国家标准相对应。以"密级和保密期限"和"标题"两个要素为例，"密级和保密期限"部分的"一字"一般是指一个3号黑体字宽度的距离，"标题"部分的"一字"一般是指一个2号小标宋体字宽度的距离。

2. 一行

"一行"是由一个相对变量和一个定量构成的。在"一行"标准中，仅明确了后一个"汉字"的字号，未明确前一个"汉字"的字体字号、后一个"汉字"的字体。以"标题"和"正文"两个要素为例，"标题"部分的"一行"一般是指一个2号小标宋体字的高度加3号汉字高度的7/8的距离，"正文"部分的"一字"一般是指一个3号汉字的高度加3号汉字高度的7/8的距离。

公文格式各要素行与行之间的距离一般是确定的，均为"3号汉字高度的7/8的距离"，不会随着不同格式要素字体字号的变化而改变，从而确保工作规范统一、庄重美观。比如：标题、正文、版记在字体字号上一般均是不同的，但在上述三个格式要素内部行与行之间的距离却是相同的，均为"3号汉字高度的7/8的距离"。

二、用纸技术指标、幅面尺寸及版面要求

《格式》从主要技术指标、幅面尺寸、版面等三个方面对公文用纸作出了全面规定。其中：主要技术指标包括纸张类别、白度、横向耐折度、不透明度、pH值等，幅面尺寸包括用纸类型及其具体尺寸，版面包括页边与版心尺寸、字体和字号、行数和字数、文字的颜色等。

《条例》规定：公文用纸幅面采用国际标准A4型。特殊形式的公文用纸幅面，根据实际需要确定。此外，在《条例》实施之前，中国共产党机关、军事机关长期使用16开纸型。

（一）规范标准

1. 公文用纸主要技术指标

公文用纸一般使用纸张定量为60 g/m～80g/m的胶版印刷纸或复印纸。纸张白度80%～90%，横向耐折度≥15次，不透明度≥85%，pH值7.5～9.5。

2. 幅面尺寸

公文用纸采用GB/T 148中规定的A4型纸，其成品幅面尺寸为210 mm×297 mm。

3. 页边与版心尺寸

公文用纸天头（上白边）为 37 mm ± 1 mm，公文用纸订口（左白边）为 28mm ± 1mm，版心尺寸为 156 mm × 225 mm。

4. 字体和字号

如无特殊说明，公文格式各要素一般用 3 号仿宋体字。特定情况可以作适当调整。

5. 行数和字数

一般每面排 22 行，每行排 28 个字，并撑满版心。特定情况可以作适当调整。

6. 文字的颜色

如无特殊说明，公文中文字的颜色均为黑色。

（二）常见问题

在处理用纸技术指标、幅面尺寸及版面要求时，主要存在五类常见问题：

一是存在对"主要技术指标"运用不规范的情况，比如：选用纸张定量过大，导致不必要的成本支出。

二是存在对"页边与版心尺寸"运用不规范的情况，比如：天头或者订口尺寸过大或过小，不仅影响公文整体观感，而且影响公文严肃性。

三是存在对"字体和字号"运用不规范的情况，比如：作为特定情况，《格式》规定"标题"一般用 2 号小标宋体字，存在使用 2 号宋体字或者 3 号小标宋体字等不规范情况。

四是存在对"行数和字数"运用不规范的情况，比如：在"正文"部分（除首页和版记页外）页面文字行数不足或者超过 22 行。

五是存在对"文字的颜色"运用不规范的情况。比如：在公文的通用格式中，除"发文机关标志""版头分隔线""印章"（"签名章"）外，在其他格式要素中使用除黑色以外的其他颜色。

（三）实践把握

1. 公文用纸主要技术指标

为改善公文印刷质量、提高公文阅读效果、促进公文持久保存，进一步推动公文用纸降本增效，《格式》对公文用纸技术指标作出了比较全面的规范，不仅明确了各类指标数值，而且留出一定的选择余地。以胶版印刷纸为例，其纸张定量包含了

60 g/m、70 g/m、80g/m 等三个规格，可供不同机关结合公文要求和自身实际进行选择。

2. 幅面尺寸

《条例》规定了公文用纸幅面采用国际标准 A4 型，《格式》又对 A4 型纸明确了具体要求。由此可见，确定公文用纸幅面尺寸的重要性，同时这也是《条例》推进公文处理工作科学化、制度化、规范化的重要贡献之一。

一方面，上述规定统一了党政机关公文用纸的要求和标准，改变了长期以来党政机关公文用纸幅面尺寸不同的现状（党的机关并行采用 16 开纸型和 A4 纸型，但以采用 16 开纸型为主；国家行政机关采用 A4 纸型），有助于提升各类各级机关之间公文拟制、办理、管理质效。

另一方面，上述规定实现了国内公文用纸和国际公文用纸的有效接轨，这不仅更好满足我们参与国际事务的工作需要，也是办公设备自动化和制造标准国际化快速发展的生动体现。

3. 页边与版心尺寸

《格式》规定了天头（上白边）、订口（左白边）、版心的尺寸。在实践中还存在地脚（下白边）、切口（右白边），《格式》虽未提及这两个概念及其具体尺寸，但根据给定数据可以推出地脚（下白边）尺寸为 35mm±1mm，切口（右白边）尺寸为 26m±1mm。

从《格式》给定数据看，版心尺寸是个定量，而仅给出了天头（上白边）尺寸和订口（左白边）的范围。这一安排主要是考虑到印刷和切割时可能存在一定误差，故在天头尺寸和订口尺寸上留出余量，以便符合实际、利于执行。

以天头（上白边）尺寸为例，尽管给出的尺寸范围是 36mm～38mm，但在设定其尺寸时一般按照 37 mm 掌握，这样做更有利于提升阅读体验。此外，天头（上白边）与地脚（下白边）尺寸同为 36mm，订口（左白边）与订口（左白边）尺寸同为 27mm，上述两种情况单一存在或者同时存在都是符合《格式》要求的。

※需要特别提醒的是：

《党政机关电子公文格式规范》(以下简称《电子格式》）同《格式》相比，在页面边距（页边）设置上存在一定差异。以上边距和天头（上白边）为例，《电子格式》规定上边距为 34.58mm，而《格式》规定天头（上白边）为 37mm±1 mm。

与此同时，在版心的定义上，二者也存在一定差异。《格式》中页面的第一行文字紧贴版心上边缘编排，最后一行紧贴版心下边缘编排；而《电子格式》中页面的第一行文字顶边与上边距的下边缘之间有三号字字高的 7/16 的距离，最后一行文字底边与下边距的上边缘之间有三号字字高的 7/16 的距离。这是二者对于"行"的定义不同所导致的（后面会具体讲到，这里不再展开），但在最终版面呈现效果上看，二者并无差别。

4. 字体和字号

《格式》规定了一般情况下公文格式各要素字号字体为 3 号仿宋体字，同时指出"特定情况可以作适当调整"。特定情况主要包括："密级和保密期限"一般用 3 号黑体字，"紧急程度"一般用 3 号黑体字，"发文机关标志"推荐使用小标宋体字，"签发人姓名"用 3 号楷体字，"标题"一般用 2 号小标宋体字，"文中结构层次序数"第一层一般用黑体字、第二层一般用楷体字，"附件"二字及附件顺序号用 3 号黑体字，"抄送机关"及"印发机关和印发日期"一般均用 4 号仿宋体字，等等。

当前，在公文处理工作实践中，仍有不少机关在沿用此前制度规范或传统惯例，未能严格执行《格式》关于字体和字号的规范要求，比如："标题"用 2 号华文中宋体字、"抄送机关"及"印发机关和印发日期"均用 3 号字等。

※**需要特别提醒的是：**

《格式》并未对公文格式各要素是否加粗作出规范，在公文处理工作实践中，参与者应把握"结合实际、当粗则粗"的原则，比如：在正文部分，如果在"文中结构层次序数"第三层或第四层所辖内容中仍要区分层次表述，此时则可使用加粗方式。与此同时，《格式》通过对公文格式各要素规定不同字号字体，基本实现了区分层次、突出重点的效果，一般不宜再行加粗，随意加粗有时会产生画蛇添足的反作用。

5. 行数和字数

《格式》规定了一般情况下公文每面排 22 行、每行排 28 个字并撑满版心，其主要是以 3 号汉字（其高度和宽度均约为 5.54mm）为基准，在综合"字""行""版心尺寸"等规范标准的基础上计算出来的。同时，《格式》指出"特定情况可以作适当调整"，特定情况主要包括：公文版头页、含有表格或者图标的页面、附件首页、公文版记页等特殊页面的行数及每行字数。

以公文版记页为例，其中的"抄送机关"及"印发机关和印发日期"的字号一般均为 4 号，其高度和宽度明显区别于 3 号字，故该页的行数和每排字数不同于《格式》规定的一般情况。

与此同时，这个特定情况还包括"当公文排版后所剩空白处不能容下印章或签发人签名章、成文日期时，可以采取调整行距、字距的措施解决"。

※需要特别提醒的是：

《格式》规定"一般每面排 22 行"，这个 22 行不是严格意义上《格式》规定的"行"。从严格意义上讲，应该说是每面排 22 行字，或者说是每面排 22 行 3 号汉字加 21 个 3 号汉字高度的 7/8 的距离（3 号字高度的 7/8 约为 4.84mm）。

此外，《电子格式》规定"3 号字在一行中居中排布，3 号字上边缘至行的顶端的距离为 3 号字字高的 7/16（3 号字高度的 7/16 约为 2.42mm），3 号字下边缘至行的底端的距离为 3 号字字高的 7/16"，同《格式》中关于"一行"的定义明显不同。二者相比，尽管"一行"的高度是相同的，但"一行"的构成则是不同的。按照《电子格式》中关于"行"的定义，则可以说"一般每面排 22 行"。

6. 文字的颜色

《格式》规定"如无特殊说明，公文中文字的颜色均为黑色"，同时也就特殊情况给出了特殊说明（即"'发文机关标志'颜色为红色"），除此之外，文字部分的颜色均为黑色。

※需要特别提醒的是：

附件作为公文格式的组成部分，该部分文字的颜色也应该为黑色。此外，《格式》未对图形、图案或图标的颜色作出要求，公文正文或者附件中如果包含图形、图案或图标，建议仍使用黑色对其进行标注。

三、印刷装订

（一）规范标准

1. 制版要求

版面干净无底灰，字迹清楚无断划，尺寸标准，版心不斜，误差不超过 1 mm。

2. 印刷要求

双面印刷；页码套正，两面误差不超过 2 mm。黑色油墨应当达到色谱所标

BL100%，红色油墨应当达到色谱所标 Y80%、M80%。印品着墨实、均匀；字面不花、不白、无断划。

3. 装订要求

公文应当左侧装订，不掉页，两页页码之间误差不超过 4 mm，裁切后的成品尺寸允许误差 ±2mm，四角成 90º，无毛茬或缺损。

骑马订或平订的公文应当：

（1）订位为两钉外订眼距版面上下边缘各 70 mm 处，允许误差 ±4mm；

（2）无坏钉、漏钉、重钉，钉脚平伏牢固；

（3）骑马订钉锯均订在折缝线上，平订钉锯与书脊间的距离为 3mm～5mm。

包本装订公文的封皮（封面、书脊、封底）与书芯应吻合、包紧、包平、不脱落。

（二）常见问题

（1）在制版方面，因存在工作环境不达标，容易出现版面不干净等情况，直接导致印制质量下降。

（2）在印刷方面，因存在用纸质量、油墨质量、温度湿度、设备老化等情况，导致出现着墨不实、字面断划、页码未套正且超出规定的误差范围等问题。

（3）在装订方面，因存在要求不掌握、工作不认真、设备不过硬等情况，导致出现位置不准确、漏钉掉页、坏钉重钉、钉脚不平等问题。

（三）实践把握

相比于公文内容质量和公文格式规范，少数机关对公文的印制和装订质量重视不够。试想一下，如果公文质量很高、公文格式也很规范，但是出现印刷字迹不清楚等印制质量问题或者页面遗漏、脱落等装订质量问题，公文的最终质量将无法保证，公文的严肃性和权威性势必也将大打折扣。因此，各类各级机关应高度重视公文印制装订工作。

做好公文印制和装订工作，一是学习领会相关的规范要求，在印制和装订过程中做到严格对照执行；二是发挥借助设备功能，同时注意积累经验；三是在处理好大批量公文印制和装订工作的同时，也应兼顾好小数量公文印制和装订工作。

※**需要特别提醒的是：**

《格式》明确要求公文应当"双面印刷"，这不仅是一个应当遵照执行的印刷要求，还是一个重要的支撑依据，即"其为确定版记位置（版记应位于偶数页）提供了直接依据（这方面内容在版记部分还会详细展开）"。这个支撑依据非常重要但却极易忽视，在此提出来以引起公文处理工作参与者的重视。

第二节　公文的通用格式

作为公文格式的重要组成部分，公文通用格式是公文处理工作中使用范围较广、使用频次较高的一种公文格式。该部分聚焦公文通用格式所涉及的份号、密级和保密期限、紧急程度、发文机关标志、发文字号、签发人、版头中的分隔线、标题、主送机关、正文、附件说明、发文机关署名、成文日期、印章、附注、附件、版记中的分隔线、抄送机关、印发机关和印发日期、页码等要素，主要从基本概念、标准规范、常见问题、实践把握等方面着手，紧密结合公文处理工作实践，逐一逐层进行全方位解析，以期帮助公文处理工作参与者更好认识和理解公文通用格式的规范标准，减少或避免出现各类不规范格式问题，进一步改善和提高公文通用格式质量。

一、版头

《格式》中所述"版头"一般包括份号、密级和保密期限、紧急程度、发文机关标志、发文字号、签发人、版头中的分隔线等。

在公文处理工作实践中，应从组成要素、格式要求和现行效力等方面把握其与《国家行政机关公文格式》（以下简称《行政格式》）所述"眉首"以及《条例》（1996版）所述"版头"的区别。

1. 从组成要素看

《条例》（1996版）所述"版头"与《格式》中所述"版头"区别非常明显，其基本内容同《格式》所述"发文机关标志"大致相同。尽管《行政格式》所述"眉首"的基本内容与《格式》中所述"版头"大致相同，但表述却发生明显变化。

2. 从格式要求看

《格式》从位置关系、字体字号、颜色等方面对版头部分各要素编排均作出了新的要求。

3.从现行效力看

《格式》为现行标准，具备法定效力；而《行政格式》和《条例》（1996版）均已废止，已无法定效力。

（一）份号

1.基本概念

份号，公文印制份数的顺序号。

2.规范标准

涉密（即涉及国家秘密）公文应当标注份号。

如需标注份号，一般用6位3号阿拉伯数字，顶格编排在版心左上角第一行。

3.常见问题

在标注份号时，存在不编虚位、汉字加阿拉伯数字、位置错误等不规范情况，比如：公文印制份数为100份，将份号编为"1""2""3"……"100"，将份号标注为"第××份"，将份号编排在版心左上角第一行但未顶格、版心右上角第一行或者版记部分等。

4.实践把握

（1）从字号字体看。

《格式》在规定份号的规范标准时，尽管在份号位数前使用了"一般用"作为限定，但后文中并未列述相关特殊说明，且《格式》给出的相关式样中份号均为6位3号阿拉伯数字（例如："000001"），故在标注份号时建议均用6位3号阿拉伯数字。与此同时，《格式》仅规定了阿拉伯数字的字号，并未对其字体进行明确。如根据"如无特殊说明，公文格式各要素一般用3号仿宋体字"，此处阿拉伯数字应用仿宋体字，但从《格式》给出式样看，份号的字体区别于发文字号中阿拉伯数字的字体，且相比之下更加醒目。故在标注份号时可自行确定字体，但应把握醒目庄重的原则，推荐使用黑体。

（2）从规则延展看。

《条例》对涉密（即涉及国家秘密）公文标注份号作出了明确要求，但未对非涉密（即不涉及国家秘密）公文作出要求。非涉密（即不涉及国家秘密）公文是否标注份号，可根据工作需要自行确定。党政机关、权力机关、监察机关、司法机关、军队机关、人民团体、企事业单位等组织中需要内部掌握控制的公文，尤其是企业中涉及商业秘密的公文，一般建议标注份号，这样做有助于把控公文数量、流转、归档等情况，从而确保内部信息的安全性。

※需要特别提醒的是：

在标注份号时，应把握"两个一"，即"第一要素"和"第一行"。

1. 关于"第一要素"

"第一要素"，即如有份号，则份号为公文格式中的第一要素。

2. 关于"第一行"

"第一行"，即如有份号，则份号顶格编排在版心左上角第一行。

（二）密级和保密期限

1. 基本概念

密级和保密期限，公文的秘密等级和保密的期限。

2. 规范标准

涉密（即涉及国家秘密）公文应当根据涉密程度分别标注"绝密""机密""秘密"和保密期限。

如需标注密级和保密期限，一般用 3 号黑体字，顶格编排在版心左上角第二行；保密期限中的数字用阿拉伯数字标注。

3. 常见问题

在标注密级和保密期限时，存在位置不规范、字体不规范、空格不规范等情况，比如：密级和保密期限编排在版心左上角第一行、版心左上角第二行但未顶格或者版心右上角等，使用仿宋体字等非黑体字标注密级和保密期限或者使用汉字数字标注保密期限中的数字等，单独标注密级时"秘密"等二字之间未空格、单独标注密级时"秘密"等二字之间有空格但仅空半字或者同时标注密级和保密期限时"秘密"等二字之间有空格等。

4. 实践把握

（1）从字号字体看。

《格式》在规定密级和保密期限的规范标准时，尽管在字号字体前使用了"一般用"作为限定，但后文中并未列述相关特殊说明，且《格式》给出的相关式样中密级和保密期限均为 3 号黑体字，故在标注密级和保密期限时应用 3 号黑体字（例如："机密★3 年"）。

（2）从编排位置看。

密级（国家秘密等级）和保密期限的标注位置是固定且唯一的，仅能顶格标注在版心左上角第二行，这是由份号、秘密和保密期限标注规范共同决定的。

（3）从规则延展看。

军事机关公文的涉密程度在"绝密""机密""秘密"基础上增加"绝密·核心"。此外，经济组织存在涉及商业秘密的公文，其涉密程度包括"普通商密""核心商密"等划分方式，其密级和保密期限的标注方法建议参照涉及国家秘密的公文进行，以利于商业秘密的安全和管理。

※需要特别提醒的是：

在标注密级和保密期限时，应把握"一用、一空、一不空"。

1. 关于"一用"

"一用"，即密级和保密期限之间用"★"隔开。《格式》未明确在密级和保密期限之间是否用"★"隔开，但从《格式》给出的式样看，在密级和保密期限之间用"★"进行隔开，故建议在同时标注密级和保密期限时用"★"将二者隔开。

2. 关于"一空"

"一空"，即仅标注密级不标注保密期限时，"绝密""机密""秘密"等表示密级的二字之间空一字，例如："秘 密"。

此外，不标注保密期限不代表没有保密期限，不标注保密期限时按照对应密级的最长保密期限掌握。以秘密级国家秘密为例，根据《保密法》规定，除另有规定外秘密级国家秘密的保密期限不超过十年。在处理秘密级公文时，如未标注保密期限，则其保密期限应按照十年进行掌握。

3. 关于"一不空"

"一不空"，即密级和保密期限同时标注时，"绝密""机密""秘密"等表示密级的二字之间不空字，例如："秘密★2年"。

（三）紧急程度

1. 基本概念

紧急程度，公文送达和办理的时限要求。

2. 规范标准

根据紧急程度，紧急公文应当分别标注"特急""加急"，电报应当分别标注"特提""特急""加急""平急"。

如需标注紧急程度，一般用3号黑体字，顶格编排在版心左上角；如需同时标注份号、密级和保密期限、紧急程度，按照份号、密级和保密期限、紧急程度的顺序自上而下分行排列。

3. 常见问题

在标注紧急程度时，存在位置不规范、字体不规范、空格不规范等情况，比如：紧急程度编排在版心左上角但未顶格、版心右上角等；使用仿宋体字等非黑体字标注紧急程度；在不标注保密期限情况下，"特急"等二字之间未空格等。

4. 实践把握

（1）从字号字体看。

《格式》在规定紧急程度的规范标准时，尽管在字号字体前使用了"一般用"作为限定，但后文中并未列述相关特殊说明，且《格式》给出的相关式样中紧急程度均为3号黑体字，故在标注紧急程度时应用3号黑体字（例如："特急"）。

（2）从作用价值看。

紧急程度不仅是办理环节应该遵循的，送达环节也应当遵循，这一点在实践中有时会被忽视。紧急程度不单是一个阶段性概念，而且也是一个全程性概念，在公文起草、审核、签发、复核、登记、印制、核发、签收、登记、初审、承办、传阅、催办、答复等办结前的各个过程中都应当遵循，防止因公文流转滞后导致误时误事。

※需要特别提醒的是：

在标注紧急程度时，应重点把握"一序、一空、一不空"。

1. 关于"一序"

"一序"，份号、密级和保密期限、紧急程度等三个格式要素同时标注或者份号和紧急程度组合标注时，应按照份号、密级和保密期限、紧急程度的顺序自上而下分行排列。

2. 关于"一空"

"一空"，即不标注保密期限时，"特急""加急"等表示紧急程度的二字之间空一字。

3. 关于"一不空"

"一不空"，即标注保密期限时，"特急""加急"等表示紧急程度的二字之间不空字。

（四）发文机关标志

1. 基本概念

发文机关标志，由发文机关全称或者规范化简称加"文件"二字组成，也可以使用发文机关全称或者规范化简称。

2. 规范标准

发文机关标志居中排布，上边缘至版心上边缘为 35mm，推荐使用小标宋体字，颜色为红色，以醒目、美观、庄重为原则。

联合行文时，发文机关标志可以并用联合发文机关名称，也可以单独用主办机关名称。如需同时标注联署发文机关名称，一般应当将主办机关名称排列在前；如有"文件"二字，应当置于发文机关名称右侧，以联署发文机关名称为准上下居中排布。

3. 常见问题

在标注发文机关标志时，存在发文机关标志组成不规范、位置不规范、字体字号不规范等情况，比如：发文机关名称既不是全称、也不是规范化简称，或者发文机关标志由发文机关全称加"任免文件"等；发文机关标志未居中排布，其上边缘与版心上边缘距离过大或过小等；发文机关标志的字体不够庄重，发文机关标志字号过大或过小等。

4. 实践把握

（1）从构成要素和编排位置看。

联合行文时，单独使用主办机关名称或并用联合发文机关名称均符合规定，但当并用联合发文机关名称导致首页无法显示正文时，则应当单独使用主办机关名称。同时标注联署发文机关名称时，一般主办机关名称排列在前，但当出现协办机关级别高于主办机关等特殊情况时，协办机关名称也可以在主办机关名称之前。

（2）从字号字体看。

《格式》在规定发文机关标志的规范标准时，尽管在字体前使用了"推荐"作为限定，但从传统和实践看小标宋体字更显庄重，且《格式》给出的相关式样中发文机关标志均为小标宋体字，故在标注发文机关标志时应用小标宋体字（例如："×××××× 文件"）。《格式》仅推荐了字体，未对发文机关标志字号进行规定。在实践中建议其字号不小于标题字号（2号），以确保达到醒目的效果；但也不能过大，显得过于突兀，且应确保首页有正文。

※需要特别提醒的是：

在标注紧急程度时，应重点把握"两留、三有、三别"。

1. 关于"两留"

"两留"，即"上边缘至版心上边缘为 35mm"的规定。一方面，为份号、密级和保密期限、紧急程度等三个格式要素的分行编排留出足够空间（一行约为 10.39 mm）；另一方面，为相关领导批示公文留出足够空间。

  2. 关于"三有"

  "三有"，即"必须有、可以有、不能有"。对于发文机关标志组成而言，一是不论是全称还是规范化简称，发文机关名称必须有，这是发文机关标志的题中之义；二是"文件"二字可以有、也可以没有，加不加"文件"二字与发文机关数量无关系，这可以从发文机关标志规范标注和给定式样体现出来；三是除了发文机关名称和"文件"二字，其他不能有，这也是发文机关标志的题中之义。

  3. 关于"三别"

  "三别"，即发文机关标志与红头、版头、发文机关标识的区别，具体为：发文机关标志是《条例》规定的公文格式要素之一；红头是人民群众对党和国家机关公文的习惯说法，因党和国家机关公文中发文机关标志为红色且位于公文首页上端位置，故称其为红头；版头〔该版头是指《条例》（1996 版）所述版头〕"由发文机关全称或者规范化简称加'文件'二字或者加括号标明文件组成，用套红大字居中印在公文首页上部"，明显区别于《格式》中所述版头，其在功能上类似于发文机关标志；发文机关标识是《办法》（2000 版）中所述的公文格式组成部分之一。实践中，不少公文处理工作参与者对上述四个概念的认知有些模糊、甚至混淆，以致影响公文处理工作质量，故有必要在这里区分一下。

（五）发文字号

  1. 基本概念

发文字号，由发文机关代字、年份、发文顺序号组成。

  2. 规范标准

联合行文时，使用主办机关的发文字号。

  编排在发文机关标志下空二行位置，居中排布。年份、发文顺序号用阿拉伯数字标注；年份应标全称，用六角括号"〔〕"括入；发文顺序号不加"第"字，不编虚位（即 1 不编为 01），在阿拉伯数字后加"号"字。例如："×××〔2021〕6 号"。

  3. 常见问题

  在标注发文字号时，存在位置不规范、字体不规范、年份不规范、发文顺序号不规范等情况，比如：发文字号编排在发文机关标志下二行等，发文字号用3号楷体字或黑体字等，年份不用全称、年份用方括号"［］"、方头括号"【】"或者圆括号"（）"括入等，发文顺序号加"第"字或者编虚位（即1编为01）等。

4.实践把握

（1）从构成要素看。

《格式》对年份和发文顺序号的编排作出了相关要求，但未对发文机关代字的构成作出明确规定。在拟制发文机关代字时，应把握规范性、易懂性、辨识性和精简性等四项原则。

所谓规范性，一般是指用语应该规范，其核心字主要从发文机关及其内设部门全称或规范化简称中提取，核心字分别与"令""发""函""电""规""干""复"等字并用，进而形成了发文机关代字，比如：中发（中共中央发文代字）、中办发（中共中央办公厅发文代字）、国发（国务院发文代字）、京政发（北京市政府发文代字）等。

所谓易懂性，一般是指通过发文机关代字能够基本推断出发文机关。

所谓辨识性，一般是指发文机关代字应该有自身特征，与上级机关、同级机关、本机关其他内设部门有所区别。

所谓精简性，一般是指发文机关代字的字数不能过多，应当言简意赅，最低限度不能超过发文机关名称的全称、甚至是规范化简称，以便于格式要素的合理编排。

此外，在编制发文顺序号时，一方面，建议参照上级机关进行编制；另一方面，应结合实际以发文机关代字为基础分类编制，便于公文的分类统计及管理。

（2）从字号字体看。

《格式》虽未直接规定发文字号的字号字体，但根据"如无特殊说明，公文格式各要素一般用3号仿宋体字"的规定以及《格式》给定相关式样，发文字号应用3号仿宋体字。

（3）从编排位置看。

发文字号是否居中排布主要受行文方向影响，平行文或下行文的发文字号居中排布，上行文的发文字号居左空一字编排。联合行文时，发文字号的编排规则与发文机关标志的编排规则不同，发文字号具有唯一性，不能并用联合发文机关的发文字号，仅能使用主办机关的发文字号。

※需要特别提醒的是：

在标注紧急程度时，应重点把握"一空、二别"。

1. 关于"一空"

"一空",即发文字号"编排在发文机关标志下空二行位置",这个规范标准直接决定了发文机关标志与发文字号之间的距离,应特别注意把握,在编制时严格落实。

此外,签发人编制时一般不能突破三行。当公文的签发人超过6个(联合行文)时,应该增加每行编排签发人的个数,以确保发文机关标志与发文字号之间的距离符合规范。

2. 关于"二别"

"二别",即发文机关代字与发文机关规范化简称之间的区别和不同括号之间的区别。一方面,发文机关代字的核心构成要素主要取自于发文机关规范化简称,但一般不能照搬规范化简称。另一方面,年份部分所用的六角括号与方头括号、方括号、圆括号有着明显的区别,尽管三者均属于括号,但在具体用法上各不相同。当标示公文发文字号中的年份时,一般只用六角括号;当标示电讯、报道的开头时,一般只用方头括号;方括号可以用标示作者国籍或所属朝代、被注释的词语等;圆括号应用最为广泛,可用来标示注释内容、订正文字、序次语、汉语拼音等。

(六)签发人

1. 基本概念

签发人,由"签发人"三字加全角冒号和签发人姓名组成。

2. 规范标准

上行文应当标注签发人姓名。

如需标注签发人,居右空一字,编排在发文机关标志下空二行位置。"签发人"三字用3号仿宋体字,签发人姓名用3号楷体字。

如有多个签发人,签发人姓名按照发文机关的排列顺序从左到右、自上而下依次均匀编排,一般每行排两个姓名,回行时与上一行第一个签发人姓名对齐。

3. 常见问题

在标注签发人时,存在标点不规范、位置不规范、字体不规范、排序不规范等情况,比如:"签发人"三字后未加标点符号或者加注半角冒号等,签发人姓名居右顶格编排等,"签发人"三字与签发人姓名使用相同字体等,签发人姓名排序与发文机关的排列顺序不一致等。

4. 实践把握

（1）从字号字体看。

《格式》对"签发人"和签发人姓名的字体字号以及签发人姓名后的标点符号均作出了明确要求（例如："签发人：×××"），在拟制时应严格对应执行。

（2）从编排位置看。

相对于单一机关上行文，联合上行文签发人的编制规则较为复杂。现有规则明确了一般情况下关于多个签发人的编排规则，即当签发人数量不超过6个时，直接参照规则执行即可。但当签发人数量超过6个时，为了确保签发人和发文机关标志之间距离符合规定要求，则可以通过增加每行签发人姓名的数量进行编制。

此外，在发文机关排列顺序中，主办机关不一定排在第一位（前文已做说明）。因此，编制签发人姓名时应按照发文机关的编制顺序进行编排，而不应直接就将主办机关的签发人姓名排列在第一位。

（3）从规则延展看。

《条例》规定"上行文应当标注签发人姓名"，但未对平行文和下行文作出相关要求，从实践看平行文和下行文一般不标注签发人姓名。

不标注签发人姓名不代表没有签发人。关于这一点，《条例》明确规定了"公文应当经本机关负责人审批签发"。

※需要特别提醒的是：

在标注签发人时，应重点把握"一应、一别"。

1. 关于"一应"

"一应"，即"上行文应当标注签发人姓名"。这是个强制性要求，在拟制上行文时必须标注签发人姓名。

2. 关于"一别"

"一别"，即签发人与会签人的区别。《办法》（2000版）提及了"会签人"，但目前该办法已经废止。《条例》和《格式》中均未提及"会签人"，且在联合行文时各机关负责人均为签发人，故在编制公文格式要素时不应再标注"会签人"这一要素。

（七）版头中的分隔线

1. 基本概念

版头中的分隔线，是在格式上划分版头和主体两个部分的界限，归属于版头部分，数量为一条。

2. 规范标准

发文字号之下 4 mm 处居中印一条与版心等宽的红色分隔线。

3. 常见问题

在标注版头中的分隔线时，存在分隔线高度数值过大或者过小等情况。

4. 实践把握

《格式》并未规定版头中的分隔线的具体高度，在标注该分隔线时，应以醒目、庄重、美观为原则，结合发文机关标志的编制情况，自行确定该分隔线的高度，建议可参照版记中的分隔线中粗线的推荐高度数值执行。

※需要特别提醒的是：

在标注版头中的分隔线时，应重点把握"一变"。

"一变"，即《格式》中的"版头中的分隔线"（红色分隔线），同《行政格式》中的"红色反线"和党的机关公文格式中的"反线"相比，在基本概念、具体形式和编排规则等方面均进行了一些调整，在公文处理工作实践中应注意把握。

当前，在一些党的机关公文中，在处理"版头中的分隔线"时，存在在红色分隔线中间添加"★"的情况，同《格式》给出的相关标准和式样相比，这种处理方式从严格意义上看不够规范。

二、主体

（一）标题

1. 基本概念

标题，由发文机关名称、事由和文种组成。

2. 规范标准

一般用 2 号小标宋体字，编排于红色分隔线下空二行位置，分一行或多行居中排布；回行时，要做到词意完整，排列对称，长短适宜，间距恰当，标题排列应当使用梯形或菱形。

3. 常见问题

在标注标题时，存在组成要素不规范、字体字号不规范、排布不规范等情况，比如：标题中缺失发文机关名称、标题中的发文机关名称不规范、标题缺少文种、标题中的文种错用等，标题未用2号小标宋体字等，标题回行破坏词意完整性、标题排列成矩形、葫芦型或者哑铃型等。

4. 实践把握

（1）从构成要素看。

其一，《办法》（2000版）关于公文标题的部分规定"一般应当标明发文机关"，但该办法已经废止多年，然而在公文处理工作实践中仍有不少机关据此在机关系统内部行文（尤其是下行文）时省略了发文机关（名称）。与此同时，《条例》明确规定了标题由发文机关名称、事由和文种组成，故在拟制时应确保标题组成要素齐全，不宜再省略发文机关名称了；联合行文时，如发文机关名称过多导致首页不能显示正文时，建议可以采用"主办机关名称"加"等"字的方式进行处理。

其二，标题中的发文机关名称和文种的字数是相对固定的，决定标题长短的主要变量就是事由部分，事由部分应做到主题突出、高度概括，表意不能冗繁、文字不能过多；此外，事由部分不宜再出现发文机关名称。

其三，正式行文时，标题中的文种应从15个法定文种中选取，且应使用标准称谓，不能恣意改变或者创新。文种使用不规范的情况在"意见""通知""函"等几种常用法定文种上表现得比较突出。

以"意见"为例，《××××关于××××的指导意见》《××××关于××××的实施意见》《××××关于××××的推进意见》等标题中分别提及了"指导意见""实施意见""推进意见"等表述。从严格意义上看，上述表述不够规范，且极易引发误解、将其作为"意见"之外的新文种；如果想要表达出"指导""实施""推进"的意思，建议将相关词汇添加到标题的事由部分。

以"函"为例，《××××关于××××的复函》《××××关于××××的回函》《××××关于××××的商函》等标题中分别提及了"复函""回函""商函"等表述。从严格意义上看，上述表述不够规范，且极易引发误解、将其作为"函"之外的新文种；如果想要表达出"复""回""商"的意思，建议将相关词汇添加到标题的事由部分。

以"通知"为例，《××××关于××××的紧急通知》《××××关于××××的加急通知》《××××关于××××的特急通知》等标题中分别提及了"紧急通知""加急通知""特急通知"等表述。从严格意义上看，上述表述不够规范，且极易引发误解、将其作为"函"之外的新文种；如果想要表达出"紧急""加急""特急"的意思,可以采用在"紧急程度"部分标注"加急"或"特急"等方式加以体现。

(2)从标点符号看。

《办法》(2000版)规定"公文标题中除法规、规章名称加书名号外,一般不用标点符号",但该办法已经废止多年。《条例》及《格式》并未对公文标题中是否可以使用标点、如何使用标点作出规定。综上所述,在公文标题中使用标点符号时,按照《标点符号用法》(GB/T 15834-2011)执行即可。

目前,从标注联合行文公文标题实践看,发文机关名称部分的不同机关名称之间一般不使用标点符号,而是采用"空一字"的方式进行处理;事由部分使用顿号等句内点号和引号、括号、破折号等标号的情况较多。

(3)从编排位置看。

根据《格式》关于"行"的定义,标题部分的"一行"一般为2号小标宋体字的高度加3号汉字高度的7/8的距离。在编排标题时,不能将此处"一行"调整为3号汉字的高度加3号汉字高度的7/8的距离,也不能调整为2号小标宋体字的高度加2号汉字高度的7/8的距离。

※**需要特别提醒的是:**

在标注标题时,应重点把握"四要"。

"一要",即名称要有。发文机关名称体现了公文拟制的责任主体,作用十分重要,一定要有。

"二要",即事由要精。事由部分的撰写是归纳能力的体现,应通过凝练的文字体现出公文的主题主旨。

"三要",即文种要准。正式行文中标题使用的文种都应是法定文种,务必合法合规。

"四要",即编排要美。题好一半文,标题内容要好看,形式一样要好看。

(二)主送机关

1.基本概念

主送机关,公文的主要受理机关,应当使用机关全称、规范化简称或者同类型机关统称。

2.规范标准

编排于标题下空一行位置，居左顶格，回行时仍顶格，最后一个机关名称后标全角冒号。如主送机关名称过多导致公文首页不能显示正文时，应当将主送机关名称移至版记。

如需把主送机关移至版记，除将"抄送"二字改为"主送"外，编排方法同抄送机关。既有主送机关又有抄送机关时，应当将主送机关置于抄送机关之上一行，之间不加分隔线。

3.常见问题

在标注主送机关时，存在位置不规范、字体不规范、排序不规范、标点不规范等情况。比如：主送机关编排于标题下一行，主送机关使用楷体字或黑体字，不同类型不同层级的主送机关排序杂乱无章，不同类型不同层级的主送机关之间一顿（顿号）到底或者一逗（逗号）到底等。

4.实践把握

（1）从构成要素和标点符号看。

在编制主送机关名称时，不应将全称、规范化简称或者同类型机关统称混用，而要尽量做到名称编制口径的统一。主送机关排序总体上按照先外后内和级别由高至低相结合的原则进行编制，机关之间一般按照党政军群的总体顺序排列，机关内部一般按照编制序列进行排序。在实践中，各类各级机关内部机构设置情况纷繁复杂，需要把握原则、结合实际进行排序。

主送机关部分标点符号的使用应按照《标点符号用法》（GB/T 15834-2011）执行，该部分常用的标点符号主要包括顿号、逗号、圆括号、冒号等。

以《中央应对新型冠状病毒感染肺炎疫情工作领导小组关于进一步做好疫情防控期间困难群众兜底保障工作的通知》（国发明电〔2020〕9号）为例，其主送机关为"各省、自治区、直辖市党委和人民政府，新疆生产建设兵团，中央和国家机关有关部门"，其主送机关部分使用了顿号、逗号和冒号。

以《农业农村部办公厅 国家卫生健康委办公厅 生态环境部办公厅关于印发〈农村厕所粪污无害化处理与资源化利用指南〉和〈农村厕所粪污处理及资源化利用典型模式〉的通知》为例，其主送机关为"各省、自治区、直辖市农业农村（农牧）厅（局、委）、卫生健康委、生态环境（环境保护）厅（局），新疆生产建设兵团农业农村局、卫生健康委、生态环境局"，其主送机关部分使用了顿号、圆括号、逗号和冒号。

（2）从字号字体看。

《格式》虽未直接规定主送机关的字号字体，但根据"如无特殊说明，公文格式各要素一般用 3 号仿宋体字"的规定以及《格式》给定相关式样，主送机关应用 3 号仿宋体字。

（3）从编排位置看。

一般情况下，主送机关编排于标题下空一行位置，切记不是标题下一行位置。特殊情况下，主送机关可编排于版记部分；在版记部分时，其所用字体字号及编排方式都将发生变化，在实践中应对照抄送机关编排的规范标准严格把握。

※需要特别提醒的是：

在标注主送机关时，应重点把握"一别、三标"。

1. 关于"一别"

"一别"，即把握上行文与平行文和下行文的区别。上行文原则上只能主送一个上级机关，平行文和下行文主送机关的数量则没有限制。此外，当主送机关数量过多导致首页不能显示正文时，可将主送机关移至版记部分。

2. 关于"三标"

"三标"，即标题、标点、标准化。一是主送机关编排于标题下二行，首行要顶格，回行也要顶格；二是主送机关部分的标点应分层次，区别异同类，使用冒号作为结尾；三是主送机关应使用标准化名称，无论使用全称、规范化简称或者同类型机关统称，应尽量做到名称编制口径统一。

（三）正文

1. 基本概念

正文。公文的主体，用来表述公文的内容。

2. 规范标准

公文首页必须显示正文。一般用 3 号仿宋体字，编排于主送机关名称下一行，每个自然段左空二字，回行顶格。

文中结构层次序数依次可以用"一、""（一）""1.""（1）"标注；一般第一层用黑体字、第二层用楷体字、第三层和第四层用仿宋体字标注。

3. 常见问题

在标注正文时，存在位置不规范、字体不规范、层次序号不规范、引文不规范、标点用法不规范、数字用法不规范、字母用法不规范等情况。比如：正文与主送机关之间有空行等，结构层次第一层使用 3 号仿宋字体等，结构层次序号混用等，引文名称不准确等，段末使用逗号、分号、冒号等句内点号，使用汉字数字标注公历纪年等，首次使用字母词时不加注释等。

4.实践把握

（1）从构成要素看。

正文用来表述公文的内容，是公文的核心部分。关于内容撰写的问题将在后文展开论述，该处主要从结构层次序号、引文规范、人名地名数字使用等方面展开。

一是关于结构层次序数的使用。

《格式》给出了一般情况下公文正文四个层次序数的标注示例和字体字号。当结构层次不足四层时，建议依次使用"一、""（一）""1.""（1）"，"一、""（一）""1."，"一、""（一）"，或"一、""1."；当结构层次超过四级时，也可采用其他编号形式，比如"一、""（一）""1.""（1）""a"等。

二是关于引文的使用。

在正文部分引用其他公文时，一般应当使用该公文的全称。此外，尽管《机关公文办法》规定"引用公文应当先引标题，后引发文字号"，但该办法目前已废止，同时《条例》及《格式》并未对引文作出具体要求，故在引文时是否需要引用发文字号可酌情处理。

三是关于人名、地名、数字和字母的使用。

首要标准是准确，其次是形式规范。特别是在形式规范上，应遵循《出版物上数字用法》（GB/T15835-2011）以及《中华人民共和国国家通用语言文字法》所规定的相关要求。

（2）从标点符号看。

在公文格式要素中，正文作为使用标点符号最多的部分，应严格遵循《标点符号用法》（GB/T 15834-2011）执行。公文处理工作参与者特别是应当学习掌握点号与标号、句内点号与句末点号、各类括号等标点符号的区别联系，在使用过程中灵活准确运用。以冒号为例，作为句内点号，不应用于句末位置，但实践中经常出现正文首段段末使用冒号的情况。

此外，《格式》对结构层次序号的标点符号使用作出了明确要求，在拟制时应严格遵循。结构层次序数部分如果单独成行，句末一般不加标点符号；如果不单独成行，则句末需要使用标点符号，一般为句号。

（3）从字号字体看。

正文部分的字号一般均为3号，正文部分的字体主要用仿宋体字，在结构层次序号部分还会选用黑体字和楷体字。

（4）从编排位置看。

一是首页必须显示正文，切实防止出现因发文机关名称过多、签发人过多、主送机关过多等导致首页无法显示正文的情况。上述情况的解决方法前面已经给出，此处不再赘述。二是正文编排于主送机关名称下一行，准确把握"下一行"与"下空一行"的区别，确保正文与主送机关之间无空行。三是结构层次序号部分一般应独立成行，以起到醒目突出的作用。

※需要特别提醒的是：

在标注正文时，应重点把握"一别、三要"。

1. 关于"一别"

"一别"，即内容主体与格式主体的区别。作为格式要素之一的正文，从内容上看是公文的主体、是用来表述公文的内容，但从格式上看是公文格式要素中主体部分的一个组成要素。

2. 关于"三要"

"三要"，即逻辑要清晰、内容要分层、段首要有空（每个自然段左空二字）。

（四）附件说明

1. 基本概念

附件说明，公文附件的顺序号和名称。

2. 规范标准

如有附件，在正文下空一行左空二字编排"附件"二字，后标全角冒号和附件名称。如有多个附件，使用阿拉伯数字标注附件顺序号（如"附件：1.××××××"）；附件名称后不加标点符号。附件名称较长需回行时，应当与上一行附件名称的首字对齐。

3. 常见问题

在标注附件说明时，存在位置不规范、字体不规范、标点不规范等情况。比如：附件说明编排于正文下一行、附件名称回行时未与上一行附件名称的首字对齐等，"附件"二字后标半角冒号、附件顺序号后用顿号、附件名称后加标点等，附件说明用楷体字或黑体字等。

4.实践把握

（1）从构成要素看。

附件说明由公文附件的顺序号和名称组成，其顺序号使用阿拉伯数字编制，其顺序号和名称应与附件部分的附件顺序号和名称保持一致。此外，当公文附件数量为1时，附件说明则不需编制顺序号。

（2）从字号字体看。

《格式》虽未直接规定附件说明的字号字体，但根据"如无特殊说明，公文格式各要素一般用3号仿宋体字"的规定以及《格式》给定相关式样，附件说明应用3号仿宋体字。

（3）从标点符号看。

从《格式》规定及其给定式样看，附件说明部分只有"冒号"一种标点符号。即使公文附件名称是篇名、书名、文件名等，在附件说明部分也不使用"书名号"。

（4）从编排位置看。

附件说明应编制在正文下空一行，即正文下第二行。当附件名称较长需回行时，应当与上一行附件名称的首字对齐。在实践中以上两点做得还不够到位，公文处理工作参与者应当重视起来。

※需要特别提醒的是：

在标注正文时，应重点把握"四防"。

"一防"，即防不留空，附件说明位于正文下空一行处，首字左空二字编排。

"二防"，即防不对齐，多个附件或者附件名称太长需要换行时，各要素应对齐。

"三防"，即防不一致，防止附件说明部分的顺序号和名称同附件部分的顺序号和名称不一致。此外，一般应在正文涉及附件的部分加圆括号标注"详见附件""参见附件""详情附后"等内容。

"四防"，即防多标点，防止在附件名称后加注标点符号。

（五）发文机关署名、成文日期和印章

1.基本概念

发文机关署名，署发文机关全称或者规范化简称。

成文日期，署会议通过或者发文机关负责人签发的日期。联合行文时，署最后签发机关负责人签发的日期。

印章，公文中有发文机关署名的，应当加盖发文机关印章，并与署名机关相符。有特定发文机关标志的普发性公文和电报可以不加盖印章。

2. 规范标准

（1）加盖印章的公文。

成文日期一般右空四字编排，印章用红色，不得出现空白印章。

单一机关行文时，一般在成文日期之上、以成文日期为准居中编排发文机关署名，印章端正、居中下压发文机关署名和成文日期，使发文机关署名和成文日期居印章中心偏下位置，印章顶端应当上距正文（或附件说明）一行之内。

联合行文时，一般将各发文机关署名按照发文机关顺序整齐排列在相应位置，并将印章一一对应、端正、居中下压发文机关署名，最后一个印章端正、居中下压发文机关署名和成文日期，印章之间排列整齐、互不相交或相切，每排印章两端不得超出版心，首排印章顶端应当上距正文（或附件说明）一行之内。

（2）不加盖印章的公文。

单一机关行文时，在正文（或附件说明）下空一行右空二字编排发文机关署名，在发文机关署名下一行编排成文日期，首字比发文机关署名首字右移二字，如成文日期长于发文机关署名，应当使成文日期右空二字编排，并相应增加发文机关署名右空字数。

联合行文时，应当先编排主办机关署名，其余发文机关署名依次向下编排。

（3）加盖签发人签名章的公文。

单一机关制发的公文加盖签发人签名章时，在正文（或附件说明）下空二行右空四字加盖签发人签名章，签名章左空二字标注签发人职务，以签名章为准上下居中排布。在签发人签名章下空一行右空四字编排成文日期。

联合行文时，应当先编排主办机关签发人职务、签名章，其余机关签发人职务、签名章依次向下编排，与主办机关签发人职务、签名章上下对齐；每行只编排一个机关的签发人职务、签名章；签发人职务应当标注全称。

签名章一般用红色。

（4）成文日期中的数字。

用阿拉伯数字将年、月、日标全，年份应标全称，月、日不编虚位（即1不编为01）。

（5）特殊情况说明。

当公文排版后所剩空白处不能容下印章或签发人签名章、成文日期时，可以采取调整行距、字距的措施解决。

3.常见问题

作为公文生效的重要标志之一，发文机关署名、成文日期和印章等三个要素是格式要素编制过程中不规范情况较为多发的一个方面。从实践看，存在位置不规范、字体不规范、数字不规范等情况，比如：发文机关署名同发文机关标志以及标题中的发文机关名称不一致、单一机关行文且加盖印章的公文的发文机关署名未以成文日期为准居中编排、联合行文加盖印章的公文的发文机关署名顺序与发文机关顺序不一致、单一机关行文且不加盖印章的公文的发文机关署名编制在正文（或附件说明）下一行、联合行文且不加盖印章的公文的发文机关署名并排编制、单一机关行文且加盖签发人签名章的公文的签发人职务未以签名章为准居中排布、联合行文且加盖签发人签名章的公文的签发人职务未标注全称、印章不端正或者未居中下压发文机关署名、印章超出版心或者印章之间未相离、印章上边缘上距正文（或附件说明）超过一行或者同正文（或附件说明）未相离等，用楷体字或者黑体字标注发文机关署名和成文日期等，用汉字数字标注成文日期、联合行文时标注两个（含）以上成文日期等。

4.实践把握

（1）从构成要素看。

一是发文机关署名。发文机关署名应署发文机关全称或者规范化简称，一般应同发文机关标志以及标题中的发文机关名称保持一致，同印章所刻发文机关名称对应但不一定一致。

二是签发人职务。单一机关行文时，可以用签发人职务的规范化简称或全称，一般多用职务的规范化简称，比如：部长、主任、行长等。联合行文时，签发人职务应当标注全称（职务中的机关名称可使用规范化简称）。

以《中华人民共和国国家发展和改革委员会中华人民共和国商务部令》［第33号，该令用于发布《自由贸易试验区外商投资准入特别管理措施（负面清单）》］为例，该令中签发人职务标注的是全称，即"国家发展和改革委员会主任"和"商务部部长"。

三是成文日期。《条例》对成文日期的确定作出了明确要求，以会议通过日期作为成文日期的，署会议通过日期即可；以负责人签发日期作为成文日期的，署负责人签发日期即可。在实践中,公文处理工作参与者既要防止将印发日期混同于成文日期,也要防止在联合行文时仅以主办机关签发人签发日期为依据确定成文日期。

与此同时,《格式》明确了成文日期的构成及相关要求,除了应标全年月日之外,在实践中,公文处理工作参与者既要防止不标全年份,也要防止在"月"和"日"部分编虚位,还要防止用汉字数字标注成文日期。

此外,联合行文时,只需标注一个成文日期,无需对应不同发文机关署名逐一标注成文日期。

四是印章。根据《条例》中关于印章的相关规定,以及《格式》关于印章的相关规定及给出式样,一般情况下,公文有发文机关署名时应当加盖公章,但不能出现空白印章。在联合行文时,如同发文机关署名的逐一编排,发文机关印章也应逐一加盖。

一般印章中所刻机关名称为机关全称,加之在实践中发文机关署名多用发文机关规范化简称,这就造成印章与发文机关署名的关系大多数情况下是不同的、但是是对应的。

此外,有特定发文机关标志的普发性公文和电报等特殊公文,可以不加盖印章,比如:决议、公报、会议纪要等。

(2)从字体字号看。

《格式》虽未直接规定发文机关署名和成文日期的字号字体,但根据"如无特殊说明,公文格式各要素一般用 3 号仿宋体字"的规定以及《格式》给定相关式样,发文机关署名、成文日期应用 3 号仿宋体字。

(3)从要素颜色看。

发文机关署名和成文日期均为黑色,印章(含签名章)为红色。

(4)从编排规则看。

依据《条例》及《格式》相关规定,发文机关署名和成文日期的编排规则同印章编排规则紧密相关,故该部分将区分加盖印章的公文、不加该应章的公文、加盖签发人签名章的公文等三种情况对相关各要素相应的编排规则进行分析。

一是加盖印章的公文。其一,在《条例》及《格式》关于上述三个要素编排的规定中使用了多个"一般"作为限定词,为处理编排过程中的特殊情况预留出操作空间。其二,从《条例》及《格式》关于发文机关署名编排位置相关规定和给定式样看,发文机关署名一般位于成文日期上一行且发文机关署名中可以使用空格;与此同时,对于较长的发文机关署名是否可以分行编排,《条例》及《格式》并无明确限定，故在实践中可以结合实际需要进行调整。其三，从《条例》及《格式》关于印章编排位置相关规定和给定式样中，可以推出"下压"一词一般是指"发文机关署名和成文日期居印章中心偏下位置"且印章底端与成文日期下边缘相切；与此同时，"印章顶端应当上距正文（或附件说明）一行之内"主要是为了防止出现因留白过大导致存在篡改公文内容可能的情况，故在实践中应严格遵循这一规定；此外，在编排印章时，应确保印章边缘不超出版心、印章之间不相交或相切。

在纵向上，该部分三要素编排应以印章位置为基准，在实践中一般先确定在符合印章顶端（或联合行文中的首排印章顶端）上距正文（或附件说明）一行之内要求的前提下印章底端上距正文（或附件说明）的行数（该行数大于"印章本身所占行数"、小于"印章本身所占行数＋一行"），且各排印章之间距离应在一行之内，印章大小尺寸不同时以尺寸较大的印章作为基准，在此基础上按照《格式》相关具体规定依次编排成文日期和发文机关署名。

需要特别指出的是，相比于《行政格式》，《格式》取消了关于印章"中套方式"和"下套方式"的规定，采用上述加盖方式，在实践中公文处理工作参与者应切实把握这一变化，防止因思维定式或工作习惯导致出现印章加盖不规范的情况。

在横向上，该部分三要素编排一般以成文日期为基准。单一机关行文时，成文日期一般右空四字编排，发文机关署名和印章以成文日期为准居中编排。当发文机关署名（全称或规范化简称）过长时，可以将该署名分行排布，也可以调整成文日期右空字数（同时印章位置也应随之调整），以满足该署名以成为日期为准居中编排的要求。

联合行文时，基本编排要求与单一机关行文时大致相同，主要区别在于：只标注一个成文日期，且成文日期与最后一个发文机关署名对应使用；除最后一个发文机关署名外，其他发文机关署名位置确定的首要基准是印章位置，同排印章对应的发文机关署名一般编排在同一行；印章之间不能相交或相切且应满足首排印章编排要求。

需要特别指出的是，相比于《行政格式》，《格式》取消了两个机关联合行文时"两个印章均压成文时间"的规定，在实践中公文处理工作参与者应切实把握这一变化，防止因思维定式或工作习惯导致出现印章加盖不规范的情况。

二是不加盖印章的公文。发文机关署名和成文日期编排应以发文机关署名位置为基准。与加盖印章的公文相关编排规则不同，《格式》明确了不加盖印章的公文在编排发文机关署名时"应当先编排主办机关署名"，此时即使主办机关编制序列靠后也应排在首位，同时应使发文机关标志和标题中的发文机关排序与发文机关署名的排序保持一致。

在纵向上，发文机关署名编排在正文（或附件说明）下空一行。联合行文时，主办机关署名在上、其余机关署名依次向下分行编排，然后在发文机关署名（联合行文时为最后一个发文机关署名）下一行编排成文日期。

在横向上，单一机关行文时，在发文机关署名不短于成文日期情况下，发文机关署名右空二字编排，成文日期首字比发文机关署名首字右移二字；在发文机关署名短于成文日期情况下，成文日期右空二字编排，并相应增加发文机关署名右空字数。联合行文时，以最长的发文机关署名为准，其余发文机关署名中可加空格使之与最长的发文机关署名两端对齐，然后根据最长的发文机关署名与成文日期的长度关系，一般可参照单一机关行文时对应部分的要求对成文日期进行编排，需要时对发文机关署名编排位置进行调整。

三是加盖签发人签名章的公文。签发人职务和成文日期编排应以签名章位置为基准。《格式》明确了"应当先编排主办机关签发人职务、签名章"，此时即使主办机关编制序列靠后其签发人职务和签名章也应排在首位，同时应使发文机关标志和标题中的发文机关排序与签发人职务、签名章的排序保持一致。

在纵向上，签名章编排在正文（或附件说明）下空二行；联合行文时主办机关签发人职务及其签名章在上、其余机关签发人职务及其签名章依次向下分行编排；签发人职务以相应的签名章为准上下居中排布；成文日期编排在签名章（联合行文时为最后一个签发人签名章）下空一行。此外，联合行文时，签名章之间距离一般应在一行之内。

在横向上，单一机关行文时，签名章和成文日期均应右空四字进行编排，签名章左空二字标注签发人职务；联合行文时，其余机关签发人职务及其签名章与主办机关签发人职务及其签名章上下对齐；如果签发人职务长短不一，在符合其他编排要求前提下，一般以最长签发人职务为基准，可在其余签发人职务中添加空格使之与最长的签发人职务两端对齐。

※**需要特别提醒的是：**

在标注发文机关署名、成文日期和印章时，应重点把握"一必、二殊、三看"。

1. 关于"一必"

"一必"，即联合行文时在发文机关署名（或签发人职务）部分必须

——标注发文机关名称（或签发人职务），不能参照发文机关标志和标题部分省略其他机关名称而只保留主办机关名称的做法。

2. 关于"二殊"

"二殊"，即两种特殊处理情况。一是在编排决议等特定文种公文时，成文日期一般编排在标题之下。二是"当公文排版后所剩空白处不能容下印章或签发人签名章、成文日期时，可以采取调整行距、字距的措施解决"。

如果通过调整行距、字距也无法解决，则可采取将发文机关署名、成文日期和印章等要素调整至正文下一页，并在该页首行定格标注"（此页无正文）"。此外，相比于《行政格式》《条例》及《格式》并未明确规定不能使用"（此页无正文）"的处理方式，故为处理特殊情况预留了操作空间。

3. 关于"三看"

"三看"，即看有无、看数量、看长短。一看有无需要加盖印章或签名章；二看是单一机关行文还是联合行文，关注联合行文时的机关数量；三看发文机关署名、签发人职务、成文日期等要素自身及各自之间的长度关系。公文处理工作参与者应基于上述考量，综合运用编排规则。

（六）附注

1. 基本概念

附注，公文印发传达范围等需要说明的事项。

2. 规范标准

如有附注，居左空二字加圆括号编排在成文日期下一行。

3. 常见问题

在标注附注时，存在位置不规范、标点符号不规范、字体不规范、内容不规范等情况。比如：附注编排于成文日期下空一行、附注顶格编排于成文日期下一行等，附注加方括号或六角括号、圆括号外加句号等，附注用楷体字或黑体字等，在附注位置标注"附注"二字等。

4. 实践把握

（1）从构成要素看。

附注用于呈现公文印发传达范围等需要说明的事项，比如："此件传达至县处级以上党员领导干部""此件传达至各派驻纪检监察组""此件公开发布"等。附注不是一个"筐"、不是什么都能装,其内容一般不是针对公文正文的某一具体内容事项进行说明或解释的,而是针对公文印发传达范围等需要说明的总体性事项而言的。

(2)从字号字体看。

相比于《行政格式》明确规定了附注使用的字体字号的情况,尽管《格式》未直接规定附注的字号字体,但根据"如无特殊说明,公文格式各要素一般用3号仿宋体字"的规定,附注应用3号仿宋体字。

(3)从标点符号看。

相比于《条例》(1996版)关于印发传达范围加括号标注的规定,《格式》明确要求附注部分应"加圆括号"标注,在实践中公文处理工作参与者应切实把握这一规范,防止因思维定式或工作习惯导致出现括号使用不规范的情况。此外,从《格式》规定和给定式样看,附注部分圆括号外不应标注标点符号。

(4)从编排位置看。

相比于《条例》(1996版)关于印发传达范围标注于成文日期左下方的规定,《格式》对附注的编排位置作出了更加详细的规定,在实践中公文处理工作参与者遵照《格式》执行即可。

※需要特别提醒的是:

在标注附注时,应重点把握"一下、一空、一顶、一灵活"。

1. 关于"一下"

"一下",即附注编排在成文日期下一行,而不是下空一行。

2. 关于"一空"

"一空",即附注编排时需左空二字。

3. 关于"一顶"

"一顶",即附注内容较多需换行时,自附注部分第二行起顶格编排。

4. 关于"一灵活"

"一灵活",即是否标注附注应灵活掌握。相比于《办法》(2000版)关于"'请示'应当在附注处注明联系人的姓名和电话"的规定,《条例》及《格式》未对各类文种是否编著附注作出明确要求,且联系人的姓名和电话等内容可放在正文当中,在实践中公文处理工作参与者在符合格式内容要求前提下按需标注附注即可。

（七）附件

1. 基本概念

附件。公文正文的说明、补充或者参考资料。

2. 规范标准

附件应当另面编排，并在版记之前，与公文正文一起装订。"附件"二字及附件顺序号用3号黑体字顶格编排在版心左上角第一行。附件标题居中编排在版心第三行。附件顺序号和附件标题应当与附件说明的表述一致。附件格式要求同正文。

如附件与正文不能一起装订，应当在附件左上角第一行顶格编排公文的发文字号并在其后标注"附件"二字及附件顺序号。

3. 常见问题

在标注附件时，存在位置不规范、字体字号不规范、标点符号不规范、内容不规范等情况。比如：附件与成文日期同面编排、附件在版记之后且于正文一起装订、未在附件首页标注公文的发文字号情况下单独装订附件、"附件"二字及附件顺序号未顶格编排、附件标题编排在版心第二行等，"附件"二字及附件顺序号用3号仿宋体字、附件标题用2号宋体字、附件正文用4号仿宋体字等，附件标题外加书名号、附件正文首段段末使用句内点号等，将与公文正文关联性不大、甚至无关联的内容作为附件等。

4. 实践把握

（1）从构成要素看。

附件一般包括"附件"二字、附件顺序号、单独装订时的公文发文字号、附件标题、附件正文等组成部分。

一是关于"附件"二字的使用。附件应标注"附件"二字，不是可有可无的。

二是关于附件顺序号的使用。当附件数量为1时，不需标注附件顺序号；当附件数量为2个（含）以上时，应标注附件顺序号。

三是关于公文发文字号的使用。当附件不与正文一起装订时，应当在附件首页标注公文发文字号，且与"附件"二字、附件顺序号一并标注。

四是关于附件标题的使用。附件应标注标题，并应同附件说明的表述保持一致。

五是关于附件正文的使用。附件正文的结构层次序号、引文规范、人名地名数字使用等方面规范标准与公文正文部分的基本相同。

（2）从字号字体、标点符号、编排位置看。

除"附件"二字、附件顺序号、单独装订时的公文发文字号、附件标题等及各要素有各自特殊格式要求外，附件格式要求同正文。一是"'附件'二字及附件顺序号用 3 号黑体字顶格编排在版心左上角第一行"。二是除编排位置和字体字号两方面要求外，单独装订时的公文发文字号的格式要求同版头部分发文字号的格式要求，例如：×××〔2021〕6 号附件或者×××〔2021〕6 号附件 1；单独装订时的公文发文字号应当在附件首页左上角第一行顶格编排，其字体字号应为 3 号黑体字。三是除编排位置要求外，附件标题的格式要求同公文主体部分标题的格式要求；附件标题应居中编排在附件首页版心第三行。

※需要特别提醒的是：

在标注附注时，应重点把握"一同、一特"。

1. 关于"一同"

"一同"，即一个同等效力。附件作为公文的要素之一，具备公文的基本特点，与公文正文等其他公文要素具有同等效力。在公文处理工作实践中，参与者既应重视公文附件的内容，也应重视公文附件的格式，切不可在公文格式上出现"前紧后松、虎头蛇尾"的情况，降低公文附件格式的规范标准。

2. 关于"一特"

"一特"，即一个特别说明。在公文处理工作实践中，有一种特殊处理方式应当引起重视，即在拟制批转类公文、转发类公文或印发类公文时，时常将批转、转发或印发的具体内容编制在"附件"的位置（仅指与正文一起装订的"附件"的位置），但却不在公文正文后标注附件说明，也不在批转、转发或印发的具体内容的首页版心左上角第一行标注"附件"二字等要素。因批转类公文、转发类公文、印发类公文（尤其是后两类公文）在公文处理工作实践中应用较为广泛且使用频次较高，目前上述处理方式已被广泛采用。

但从批转、转发或印发的具体内容在公文中所发挥的作用和公文格式编排的规范要求看，从严格意义上讲上述处理方式还有待商榷。一方面，批转、转发或印发的具体内容发挥着对公文正文作出说明等的作用，与附件作为"公文正文的说明、补充或者参考资料"的基本内涵不谋而合。可以说，从内容上看，批转、转发或印发的具体内容是可以作为公文附件的。另一方面，《条例》及《格式》等现行制度体系基本涵盖了公文处理工作、特别是公文拟制方面的常见常用情况，但上述处理方式在《条例》及《格式》等现行制度体系中并无明确依据；与此同时，在编排批转、转发或印发的具体内容时，在编排位置、标题字体字号、附件正文层次划分等处理上与附件多有重合。可以说，从编排上看批转、转发或印发的具体内容的处理主要是参照附件相关要求进行的。综上所述，在未修订现行制度体系或者出台新的制度规定的前提下，应将批转、转发、印发的具体内容直接作为公文附件进行编制。

三、版记

《格式》中所述"版记"一般包括版记中的分隔线、抄送机关、印发机关和印发日期等。在公文处理工作实践中，应从组成要素、格式要求和现行效力等方面把握其同《条例》（1996版）中所述"印制版记"以及《行政格式》中所述"版记"的区别。

从构成要素看，《条例》（1996版）中所述"印制版记"由印发机关名称、印发日期和份数等要素组成，并未包括抄送机关等要素；《行政格式》中所述"版记"由主题词、抄送、印发机关和印发时间、版记中的反线等要素组成；同上述二者相比，《格式》中所述"版记"组成要素变化明显。

从格式要求看，《格式》从位置关系、字体字号、颜色等方面对版记部分各要素编排作出了新的要求。比如：《行政格式》中主题词、抄送、印发机关和印发时间等要素用3号字，而《格式》中抄送机关、印发机关和印发日期等要素一般用4号字。

从现行效力看，《格式》为现行标准，而《条例》（1996版）和《行政格式》均已废止。在公文处理工作实践中，参与者应切实防止因思维定式或工作习惯导致出现沿用《条例》（1996版）和《行政格式》相关要求的情况。

此外，一般情况下，一份公文只有一处版记，但当现有公文作为新公文的附件出现时，就会导致存在一份公文包含两处（含）以上版记的情况。

（一）版记中的分隔线

1.基本概念

版记中的分隔线，一般由首条分隔线、中间分隔线、末条分隔线组成。

在版记中，不同的分隔线发挥着不同的作用。首条分隔线作为版记部分的首个格式要素，用以区分主体与版记两个部分；中间分隔线用以区分抄送机关、印发机关和印发日期等格式要素；末条分隔线作为版心内公文格式要素中的最后一个要素，标志着版心部分的结束。

2. 规范标准

版记中的分隔线与版心等宽，首条分隔线和末条分隔线用粗线（推荐高度为0.35 mm），中间的分隔线用细线（推荐高度为0.25 mm）。首条分隔线位于版记中第一个要素之上，末条分隔线与公文最后一面的版心下边缘重合。

3. 常见问题

在标注版记中的分隔线时，存在粗细不规范、位置不规范等情况。比如：单条分隔线高度数值过大或者过小、各类分隔线同粗或同细等，缺失首条分隔线、在抄送机关与印发机关和印发日期之间未加分隔线、当主送机关移至版记部分时在主送机关和抄送机关之间标注分隔线、末条分隔线未及或超出公文最后一面的版心下边缘等。

4. 实践把握

（1）从组成要素看。

版记中的分隔线一般由首条分隔线、中间分隔线、末条分隔线组成。

相对于版头中的分隔线，版记中的分隔线拥有具体的推荐高度数值。在横向上，版记中的分隔线与版心等宽；在纵向上，首条分隔线和末条分隔线用粗线（推荐高度为0.35 mm），中间分隔线用细线（推荐高度为0.25 mm）。

（2）从编排位置看。

首条分隔线和末条分隔线的编排情况比较单一，公文处理工作参与者按照《格式》规定严格执行即可。当版记中存在"印发机关和印发日期"之外的要素时（不含分隔线），应用细分隔线将其与印发机关和印发日期隔开，且这些要素之间也应用细分隔线隔开；但还有一个特殊情况需要把握，即当这些要素为主送机关和抄送机关时，二者之间不加分隔线。此外，公文处理工作参与者应防止因惯性思维或工作习惯而沿用《行政格式》（已废止）关于"版记中各要素之下均加一条反线"的规定，从而出现在主送机关和抄送机关之间加分隔线的情况。

※需要特别提醒的是：

在标注版记时，应重点把握"一延伸"。

在公文处理工作实践中，不时出现将版记编排在非末页［这里所说的非末页可以是奇数页，也可以是偶数页（当公文篇幅在一个折页以上时）］、尤其是奇数页的不规范情况，其原因就在于没有把握版记所在页面的主要特征。

"一延伸"，即依据末条分隔线编排规则，结合印刷要求，推定公文版记所在页面的主要特征。《格式》规定"末条分隔线与公文最后一面的版心下边缘重合"，且末条分隔线是版记不可分割的组成部分，故版记应在公文最后一面。与此同时，《格式》规定公文应"双面印刷"，故公文最后一面应为偶数页。综上所述，版记位置并不取决于奇数页剩余空间是否满足版记编制空间需求或者版记前是否存在空白页，而是取决于公文版记所在页面的两个基本位置特征（即公文最后一面和偶数页），这两个基本位置特征可以作为编制版记位置和判定版记位置是否准确的直接依据。

（二）抄送机关

1. 基本概念

抄送机关，除主送机关外需要执行或者知晓公文内容的其他机关，应当使用机关全称、规范化简称或者同类型机关统称。

2. 规范标准

如有抄送机关，一般用4号仿宋体字，在印发机关和印发日期之上一行、左右各空一字编排。"抄送"二字后加全角冒号和抄送机关名称，回行时与冒号后的首字对齐，最后一个抄送机关名称后标句号。

如需把主送机关移至版记，除将"抄送"二字改为"主送"外，编排方法同抄送机关。既有主送机关又有抄送机关时，应当将主送机关置于抄送机关之上一行，之间不加分隔线。

3. 常见问题

在标注抄送机关时，存在位置不规范、标点符号不规范、字体字号不规范、内容不规范等情况。比如：左顶格编排"抄送"二字、右顶格编排抄送机关名称、回行时顶格编排抄送机关名称等，"抄送"二字后加半角冒号、最后一个抄送机关名称后不加句号等，抄送机关用3号仿宋体字、4号黑体字或4号楷体字等，抄送机关名称排序混乱、抄送机关名称不规范、超范围确定抄送机关等。此外，当主送机关移至版记时，还存在将主送机关编排在抄送机关下一行、主送机关未按照抄送机关编排方法进行编排、主送机关与抄送机关之间加分隔线等情况。

4. 实践把握

(1) 从构成要素看。

抄送机关主要由"抄送"二字和抄送机关名称组成。以《陕西省人民政府关于坚决打赢疫情防控阻击战促进经济平稳健康发展的意见》(陕政发〔2020〕3号)为例，其抄送机关为"省委各部门，省人大常委会办公厅，省政协办公厅，省军区。省监委，省法院、省检察院，各人民团体，各新闻单位。国务院各部门驻陕单位"。

一方面，只有非主送机关且需要执行或者知晓公文内容的机关，才能被确定为抄送机关。一般情况下，抄送机关范围的确定与机关隶属关系无直接关系。但依据《条例》规定，"请示"文种的公文不能抄送下级机关。另一方面，《条例》规定抄送机关"应当使用机关全称、规范化简称或者同类型机关统称"。

在编制抄送机关名称时尽量不要将全称、规范化简称或者同类型机关统称混用，尽量做到名称编制口径统一。抄送机关排序总体上按照先外后内和级别由高至低相结合的原则进行编制，不同机关一般按照党政军群的总体顺序排列，机关内部一般按照编制序列进行排序。在公文处理工作实践中，各类各级机关内部机构设置情况纷繁复杂，参与者需要在把握原则基础上结合实际对抄送机关进行排序。

(2) 从字号字体看。

抄送机关一般用4号仿宋体字。《格式》规定了抄送机关"左右各空一字编排"，同时结合《格式》给定式样看，其中"一字"中的"字"一般应为一个4号仿宋体字；公文处理工作参与者应防止因思维定式或工作习惯而沿用《行政格式》相关规定，导致出现抄送机关用3号仿宋体字、左右各空一个3号仿宋体字宽度的距离的情况。

(3) 从标点符号看。

《格式》规定了"'抄送'二字后加全角冒号"以及"最后一个抄送机关名称后标句号"，未对其余部分标点符号的使用作出明确规定。在公文处理工作实践中，抄送机关部分标点符号的使用应按照《标点符号用法》(GB/T 15834-2011) 执行，该部分常用的标点符号主要包括冒号、顿号、逗号、分号、圆括号、句号等。

以《上海市人民政府、江苏省人民政府、浙江省人民政府关于印发〈长三角生态绿色一体化发展示范区政府核准的投资项目目录（2020年本）〉的通知》(沪府规〔2020〕19号) 为例，其抄送机关为"上海市、江苏省、浙江省人民政府有关委、办、厅（局）"。其中使用了冒号、顿号、圆括号、句号等标点符号。

（4）从编排位置看。

当主送机关不移至版记时，如有抄送机关，其一般为版记首条分隔线之下第一个要素，且"在印发机关和印发日期之上一行、左右各空一字编排"，并用一条细分隔线与印发机关和印发日期隔开；抄送机关名称如需回行，"回行时与冒号后的首字对齐"。

当主送机关移至版记时，其编排方法同抄送机关。此时，如有抄送机关，则抄送机关置于主送机关之下一行、印发机关和印发日期之上一行、左右各空一字编排，且抄送机关与主送机关之间不加分隔线，其余编排方法同上。

※**需要特别提醒的是：**

在标注抄送机关时，应重点把握"一不、一句号、两空、两不同、可灵活"。

1. 关于"一不"

"一不"，即在"请示"文种公文中不能将下级机关列为抄送机关。

2. 关于"一句号"

"一句号"，即最后一个抄送机关名称后应标句末点号且为句号。

3. 关于"两空"

"两空"，即编排抄送机关时应左右各空一字（一般为一个4号仿宋体字宽度的距离）。

4. 关于"两不同"

"两不同"，即"一行"不同和字号不同。一是该部分的"一行"与正文部分的"一行"不同，其一般为一个4号仿宋体字的高度加3号汉字高度的7/8的距离；二是该部分的字号与正文部分（3号字）不同，其一般为4号字。

5. 关于"可灵活"

"可灵活"，即当抄送机关为多个且涉及不同系统不同层级时，抄送机关是否需要根据不同系统不同层级另行编排，在规定上并无明确规范，在《格式》给定式样中为连续编排，故上述抄送机关的编排可灵活掌握，但建议连续编排。

（三）印发机关和印发日期

1. 基本概念

印发机关和印发日期，公文的送印机关和送印日期。

2.规范标准

印发机关和印发日期一般用 4 号仿宋体字,编排在末条分隔线之上,印发机关左空一字,印发日期右空一字,用阿拉伯数字将年、月、日标全,年份应标全称,月、日不编虚位(即 1 不编为 01),后加"印发"二字。

版记中如有其他要素,应当将其与印发机关和印发日期用一条细分隔线隔开。

3.常见问题

在标注印发机关和印发日期时,存在位置不规范、标点符号不规范、字体字号不规范、内容不规范等情况。比如:将抄送机关置于印发机关和印发日期之下、印发机关和印发日期顶格编排、印发机关和印发日期编排在末条分隔线之下等,在印发机关和印发日期部分使用点号等,用 3 号仿宋体字、4 号黑体字或楷体字标注印发机关和印发日期、用汉字数字标注印发日期等,印发机关选用错误、年份未用全称、印发日期后未标注"印发"二字等。

4.实践把握

(1)从构成要素看。

印发机关和印发日期由印发机关名称、印发日期、"印发"二字等组成。

一是关于印发机关。《条例》规定印发机关是"公文的送印机关",一般是指各机关的文秘部门或负责文秘工作的部门(比如办公厅、办公室等)等公文印制的主管部门。当发文机关为办公厅(室)且其作为负责文秘工作部门时,印发机关与发文机关相同;除此之外,印发机关一般不同于发文机关。

二是关于印发日期。《条例》规定印发日期是"公文的送印日期"。在机关负责人签发后或会议通过后,公文还需经过复核等环节才能送印,故公文的印发日期(送印日期)有时会不同于成文日期(或签发日期、会议通过日期)。

三是关于"印发"二字。相比于《行政格式》,《格式》增加在印发日期后加"印发"二字的规定。在公文处理工作实践中,参与者应防止因思维定式或工作习惯的影响,而出现不加或者漏加"印发"二字的不规范情况。

(2)从字号字体看。

相比于《行政格式》,《格式》将印发机关和印发日期部分的字号字体由 3 号仿宋体字调整为 4 号仿宋体字。在公文处理工作实践中,参与者应防止因思维定式或工作习惯的影响,而出现字号字体不规范的情况。

与此同时,《格式》规定"用阿拉伯数字将年、月、日标全,年份应标全称,月、日不编虚位(即 1 不编为 01)"。在公文处理工作实践中,参与者应严格遵守上述规定，防止出现使用汉字数字、年份未标全、编虚伪等不规范情况。

（3）从标点符号看。

除印发机关部分自带标点符号（比如圆括号）外，印发机关和印发日期部分一般不用标点符号。

（4）从编排位置看。

在公文的通用格式中，印发机关和印发日期作为固定要素，以末条分隔线为基准，编排在末条分隔线之上、抄送机关（如有）之下，且同时作为抄送机关（如有）编排基准。与此同时，印发机关应左空一字，印发日期应右空一字，上述两个"一字"一般均指一个4号仿宋体字宽度的距离。

此外，《格式》规定"版记中如有其他要素，应当将其与印发机关和印发日期用一条细分隔线隔开"中"其他要素"主要是指抄送机关或主送机关，有时还包括翻印机关和翻印日期等要素。抄送机关或主送机关的编排位置上文已经做过介绍。如有翻印机关和翻印日期等要素，因《格式》未对其编排规则作出具体规定，故结合版记部分其他要素编排规则，其一般应编排在印发机关和印发日期之下，其他编排方法参照印发机关和印发日期，并用一条细分隔线与印发机关和印发日期隔开。

※需要特别提醒的是：

在标注印发机关和印发日期时，应重点把握"一字、两加、五日期"。

1. 关于"一字"

"一字"，即印发机关应左空一字、印发日期应右空一字。"一字"一般是指一个4号仿宋体字宽度的距离。

2. 关于"两加"

"两加"，即印发日期后加"印发"二字，在其他要素与印发机关和印发日期之间加一条细分隔线。

3. 关于"五日期"

"五日期"，即印发日期、送印日期、成文日期、签发日期、会议通过日期。其中，印发日期与送印日期相同，成文日期与签发日期或会议通过日期相同，印发日期和成文日期有时相同、有时不同。

（四）其他需要说明的情况

在公文拟制和发文管理过程中，公文还会涉及拟稿人、主办机关（部门）、会签机关（部门）、核稿人、校对人、印制份数等方面信息。这些信息反映了公文处理工作的重要环节情况，对公文拟制、公文办理、公文管理等都有非常重要的作用，一般会呈现在公文处理工作相关表单上，而不应作为格式要素出现在公文当中。与此同时，作为公文拟制机关内部信息，这些信息一般不适宜对外公布。

在公文处理工作实践中，部分公文处理工作参与者仍将拟稿人、主办机关（部门）、会签机关（部门）、核稿人、校对人、印制份数等方面信息编制在公文当中，一般常见于版记部分或者版记与版心下边缘之间的位置。这种处理方式不仅不符合内部信息管理要求，也不符合公文格式要素编排的规范标准。因此，公文处理工作参与者在制发公文过程中，一方面，应做好重要环节信息记录工作，确保公文管理有据可查；另一方面，应防止出现内部信息外露和公文格式不规范等情况，确保公文制发规范化。

此外，相比于《行政格式》，《格式》删除了版记部分的主题词。主题词的确定无统一标准，且公文内容千变万化，加之公文拟制人员能力参差不齐，导致公文主题词的确定存在较大不确定性、主观性。同时，一个好的公文标题，一般可以体现出公文的部分或全部主题，不需要再行标注主题词。加之，伴随信息技术发展，公文检索技术的提升也削弱了主题词存在的价值。综上所述，根据《格式》规定及工作实际，公文已无标注主题词的必要了。在公文处理工作实践中，仍有少许公文处理工作参与者因惯性思维或工作习惯等因素坚持在公文中标注主题词，这一情况应当引起相关机关的重视。

四、页码

（一）基本概念

页码，公文页数顺序号。

（二）规范标准

一般用 4 号半角宋体阿拉伯数字，编排在公文版心下边缘之下，数字左右各放一条一字线；一字线上距版心下边缘 7 mm。单页码居右空一字，双页码居左空一字。公文的版记页前有空白页的，空白页和版记页均不编排页码。公文的附件与正文一起装订时，页码应当连续编排。

（三）常见问题

在标注页码时，存在位置不规范、字体字号不规范、内容不规范等情况。比如：将页码顶格编排、一字线上距版心下边缘大于或小于 7mm、A4 纸型的表格横排时页码位置与公文其他页码不一致等，用 3 号字标注页码、用非宋体字标注页码、用全角字标注页码等，缺少一字线、版记页前有空白页时在空白页编排页码、公文的附件与正文一起装订时页码不连续等。

（四）实践把握

1. 从构成要素看

页码由一个阿拉伯数字和两条一字线组成。

一方面，不能简单地将页码作为公文效力的标志。当版记页前有空白页时，空白页和版记页均不编排页码，在无页码的空白页添加内容是无效力的，但没有页码的版记却是有效力的。另一方面，不能简单地将页码作为公文结束的标志。当版记页前有空白页时，尽管版记页无页码，但其一般也应为公文结束页；当附件不与正文一起装订时，版记页即使有页码，也不意味着公文在版记页结束。

2. 从字号字体看

相比于《行政格式》，《格式》将页码的字号字体由 4 号半角白体调整为 4 号半角宋体，同时将一字线的字号要求进行了删除。在公文处理工作实践中，参与者应防止因思维定式或工作习惯等因素影响，而出现字号字体不规范等情况。

3. 从编排位置看

页码编排在公文版心下边缘之下，数字左右各放一条一字线；一字线上距版心下边缘 7 mm。与此同时，从《格式》给定式样看，数字与左右一字线之间均留有空格。此外，单页码居右空一字，具体为数字右侧一字线右空一字；双页码居左空一字，具体为数字左侧一字线左空一字。上述两个"一字"一般是均指一个 4 号宋体字宽度的距离。

※**需要特别提醒的是：**

在标注页码时，应重点把握"一有一无、一连一断、一全一半、一纵一横"。

1. 关于"一有一无"

"一有一无"，即有页码和无页码。当无空白页时，公文各页一般均需标注页码；当有空白页时，空白页和版记页均不标注页码。

2. 关于"一连一断"

"一连一断",即页码连续编排和页码另行编排。当附件与正文一起装订时,附件页码应当与正文页码连续编排;当附件不与正文一起装订时,附件页码应当另行编排。

3. 关于"一全一半"

"一全一半",即空一字和半角数字。该处的"空一字"一般指空一个4号宋体字宽度的距离;该处的半角宋体阿拉伯数字宽度一般为一个4号宋体字宽度的一半。

4. 关于"一纵一横"

"一纵一横",即纵排表格页码编排和横排表格页码编排。无论是纵排还是横排,A4纸型表格的页码位置均应与公文其他页码保持一致。

五、公文中的表格

(一)基本概念

表格,一般是指以文字或数字为主要内容,并按项目画成格子的书面材料。

(二)规范标准

A4纸型的表格横排时,页码位置与公文其他页码保持一致,单页码表头在订口一边,双页码表头在切口一边。

(三)常见问题

在使用表格时,存在页码标注不规范、表头标注不规范等情况。比如:将页码顶格编排、一字线上距版心下边缘大于或小于7mm、A4纸型的表格横排时页码与其他页码未保持一致等,表头未居中编排、单页码表头编排在切口一边、双页码表头编制在订口一边等。

(四)实践把握

1. 从构成要素看

表格一般有表头和表格两部分组成。

表头由表格顺序号和表格名称组成,也可以由表格名称组成。

如需标注表格顺序号，一般使用阿拉伯数字编制；当表格数量为1时，表头则不需编制顺序号。

根据幅面尺寸不同，表格一般主要包括A4纸型的表格和A3纸型的表格两种类型。

2. 从字号字体看

《格式》未直接规定表格相关要素的字号字体，但规定了"如无特殊说明，公文格式各要素一般用3号仿宋体字"。

在公文处理工作实践中，表格相关要素的字号字体一般用3号仿宋体字；如确需调整字号字体的，建议仅对字号进行调整，以保持公文字体的总体一致性。

3. 从标点符号看

当表格各要素需要标注标点符号时，其标注标准按照《标点符号用法》（GB/T 15834-2011）执行即可。

4. 从编排位置看

《格式》给定了A4纸型的表格横排时的编制标准，但未给定A4纸型的表格横排时以及其他纸型表格的编制标准。

当A4纸型的表格横排时，页码位置与公文其他页码保持一致，单页码表头在订口一边，双页码表头在切口一边。

当A4纸型的表格竖排时，其相关构成要素的标注标准从正文相关要求即可。如确需调整字号字体的，建议仅对字号进行调整，以保持公文字体的总体一致性。

公文如需附A3纸型表格且当最后一页为A3纸型表格时，一般建议将A3纸型表格贴在封三前，不应贴在文件最后一页（封四）上；A3纸型表格一般不标注页码。

※**需要特别提醒的是：**

在使用表格时，应重点把握"一三一四、一横一竖、一单一双"，根据不同特点和上述标准要求分别进行标注。

1. 关于"一三一四"

"一三一四"，即A3纸型表格和A4纸型表格。

2. 关于"一横一竖"

"一横一竖"，即有表格横排和表格竖排。

3. 关于"一单一双"

"一单一双"，即表格位于单页码和表格位于双页码。

第三节　公文的特定格式

　　作为公文格式的重要组成部分，公文的特定格式是公文处理工作中具有特定范式、发挥特定作用的一种公文格式。公文的特定格式主要包括命令（令）格式、信函格式、纪要格式等。此外，公报、公告、通告等文种的公文一般借助于报纸、电视、广播、网络等载体或渠道进行公布。因其公布载体或渠道的特殊性，相比于公文通用格式及特定格式，其对应的公文格式也存在着明显差异，故公文处理工作参与者应结合实际把握公报、公告、通告等文种的公文格式。

　　在该部分中，信函格式主要聚焦发文机关标志、红色双线、份号、密级和保密期限、紧急程度、发文字号、标题、页码、版记等要素，命令（令）格式主要聚焦发文机关标志、令号、正文、签发人职务、签名章、成文日期等要素，纪要格式主要聚焦纪要标志、正文、附件说明、出席人员名单、请假和列席人员名单等要素，一般从标准规范、常见问题、实践把握等方面着手，紧密结合公文处理工作实践，逐一逐层进行全方位解析，以期帮助公文处理工作参与者更好认识和理解公文的特定格式的规范标准，减少或避免出现各类不规范格式问题，进一步改善和提高公文质量。

　　需要指出的是，《条例》第三章"公文格式"，不仅仅是对公文的通用格式而言的，同样也适用于公文的特定格式。《格式》第一章至第六章、第八章、第九章之规定，同样适用于公文的通用格式和特定格式。

　　相对于《条例》列述的公文格式要素的数量及阐释情况，《格式》中"公文的特定格式"部分所述三种特定格式的要素数量相对较少，且部分要素阐释也不够详细。在《格式》中，"公文的特定格式"部分分别将命令（令）格式、信函格式、纪要格式中需要特别组成或编排的要素列述出来，或者说仅是重点对通用格式存在差异的要素进行了列述，而没有一一列述或者详细阐明公文的其他格式要素，但不列述或不阐释并不代表在特定公文格式中没有其他格式要素，也不代表这些没有列述的要素或没有详细阐明的要素没有组成或编制依据。如无特殊说明，当在公文特定格式中使用上述没有列述的或没有详细阐释的要素时，这些要素的组成或编排规则一般从通用格式中相关规定。上述内容应作为一个重要原则，在公文处理工作实践中加以把握。

一、信函格式

作为公文的特定格式，相比于公文的通用格式，信函格式的组成要素相对较少，且不是某一法定文种特定使用的公文格式，一般应用于通知、通报、函等常用文种的公文之中。

（一）规范标准

发文机关标志使用发文机关全称或者规范化简称，居中排布，上边缘至上页边为 30mm，推荐使用红色小标宋体字。联合行文时，使用主办机关标志。

发文机关标志下 4 mm 处印一条红色双线（上粗下细），距下页边 20 mm 处印一条红色双线（上细下粗），线长均为 170 mm，居中排布。

如需标注份号、密级和保密期限、紧急程度，应当顶格居版心左边缘编排在第一条红色双线下，按照份号、密级和保密期限、紧急程度的顺序自上而下分行排列，第一个要素与该线的距离为 3 号汉字高度的 7/8。

发文字号顶格居版心右边缘编排在第一条红色双线下，与该线的距离为 3 号汉字高度的 7/8。

标题居中编排，与其上最后一个要素相距二行。

第二条红色双线上一行如有文字，与该线的距离为 3 号汉字高度的 7/8。

首页不显示页码。

版记不加印发机关和印发日期、分隔线，位于公文最后一面版心内最下方。

（二）常见问题

在使用信函格式时，存在位置不规范、字体字号不规范、内容不规范等情况。比如：发文机关标志上边缘至版心上边缘为 33mm、版心下边缘印一条红色双线、发文字号编排于首页首条红色双线之上等，发文机关标志未用红色小标宋体字、份号用仿宋体字、发文字号用黑体字等，发文机关标志由发文机关全称加"文件"或"函"组成、红色双线长度不够、首页显示页码、版记加印发机关和印发日期等。

此外，在使用信函格式时，与通用格式中相应要素存在的组成或编排不规范情况相比，信函格式中标题、主送机关、正文、附件说明、发文机关署名、成文日期、印章、附注、附件、抄送机关、印发机关和印发日期等要素存在的组成或编排不规范情况大致相同。

（三）实践把握

1. 从构成要素看

信函格式不仅包括发文机关标志、红色双线、份号、密级和保密期限、紧急程度、发文字号、标题、版记等区别于通用格式编排的要素，一般也包括主送机关、正文、附件说明、发文机关署名、成文日期、印章、附注、附件等要素。

（1）关于发文机关标志。

发文机关标志仅由发文机关全称或者规范化简称组成，在发文机关全称或者规范化简称之后，既不能加注"文件"二字，也不能加注"函"或"信函"等字；联合行文时，仅使用主办机关标志，不能将主办机关标志和协办机关标志并用。

（2）关于红色双线。

相比于《行政格式》中"武文线"（上粗下细）及"文武线"（上细下粗）的表述，《格式》将"武文线"及"文武线"整合或统称为"红色双线"，上方的红色双线上粗下细，下方的红色双线上细下粗。"武文线"及"文武线"的表述随着《行政格式》的废止一并废止，在公文处理工作实践中，特别是在制定公文处理工作相关细则办法及格式规范时，不应再使用"武文线"及"文武线"的表述。

此外，相比于通用格式中的分隔线（单线，其长度为156mm，且与版心同宽），红色双线的长度（170mm）更长一些，左右超出了版心边缘。

（3）关于版记。

相比于通用格式中版记的组成，特定格式中版记明确要求不加印发机关和印发日期、分隔线。如有抄送机关或主送机关，其组成从通用格式中相关规定。

（4）关于份号、密级和保密期限、紧急程度、发文字号、标题等信函格式中未提及的其他要素。

如需使用，其组成从通用格式中相关规定。

2. 从字号字体及颜色看

《格式》仅对信函格式的发文机关标志的字体及颜色作出了明确规定，即"推荐使用红色小标宋体字"，与通用格式中相关规定基本一致。如需使用，信函格式中未提及的其他要素的字号字体及颜色从通用格式中相关规定。

3. 从标点符号看

《格式》未提及信函格式中标点符号的用法。如需使用，信函格式中标点符号用法从通用格式中相关规定。

4.从编排位置看

同通用格式相比,信函格式对发文机关标志、份号、密级和保密期限、紧急程度、发文字号、标题等要素的编排位置进行了较为明显的调整。

(1)关于发文机关标志。

在横向上,明确发文机关标志居中排布。在纵向上,发文机关标志编排基准由版心上边缘调整为上页边,相应距离由35mm(发文机关标志上边缘至版心上边缘的距离)调整为30mm(发文机关标志上边缘至上页边的距离)。

(2)关于份号、密级和保密期限、紧急程度。

在横向上,明确份号、密级和保密期限、紧急程度等顶格居版心左边缘编排。在纵向上,依然按照份号、密级和保密期限、紧急程度的顺序自上而下分行排列,但其基准由版心左上角调整为第一条红色双线下,从红色分隔线之上调整到红色双线之下,且在第一个要素和基准之间增加了行距要求(第一个要素与第一条红色双线的距离为3号汉字高度的7/8)。

(3)关于发文字号。

在横向上,发文字号由居中排布调整为顶格居版心右边缘编排,且与"份号、密级和保密期限、紧急程度"部分中第一个要素居于同一行。在纵向上,发文字号的基准由发文机关标志调整为第一条红色双线,从发文机关标志下空二行位置调整至第一条红色双线下空3号汉字高度的7/8的位置。

(4)关于标题。

在横向上,明确标题居中编排。在纵向上,标题的基准由红色分隔线调整为其上最后一个要素,从红色分隔线下空二行位置调整至其上最后一个要素下空二行位置。当需标注"份号、密级和保密期限、紧急程度"时,上句所述的最后一个要素为"份号、密级和保密期限、紧急程度"当中最后一个要素;当不标注"份号、密级和保密期限、紧急程度"时,上句所述的最后一个要素为发文字号。标题如需回行,回行及排列形状的编排规范从通用格式的相关规定。

此外,信函格式中未提及的其他要素的编排也从通用格式的相关规定。

※**需要特别提醒的是:**

在使用信函格式时,应重点把握"三个一、四不同"。

1.关于"三个一"

"三个一",即"一区分、一仅用、一不显"。

"一区分"，即区分信函格式和函（文种）。首先，从内涵上看，函是一种法定文种，而信函格式是一种公文特定格式。其次，从《格式》给定式样看，其标题中文种部分为通知，由此可以推出信函格式不是函的专属公文格式，信函格式与函之间不存在一一对应关系。函可以采用信函格式、也可以采用通用格式。再次，从实践看，信函格式可以用来作为通知、通报、函等文种公文的公文格式。

"一仅用"，即在信函格式中联合行文时发文机关标志仅用主办机关标志。

"一不显"，即在信函格式中首页不显示页码。

2. 关于"四不同"

"四不同"，即"版头不同""主体不同""版记不同""页码不同"。

"版头不同"，即信函格式的版头与通用格式的版头不同，在组成要素和编排位置上都发生了变化。

"主体不同"，即信函格式的主体与通用格式的主体不同，在组成要素和编排位置上都发生了变化。

"版记不同"，即信函格式的版记与通用格式的版记不同，在组成要素上发生了变化，信函格式的版记不加印发机关和印发日期、分隔线。

"页码不同"，即信函格式的页码与通用格式的页码不同，信函格式首页不显示页码，但不代表没有页码。信函格式页码计数从首页开始，其第二页页码数字标注为2。

二、命令（令）格式

（一）规范标准

发文机关标志由发文机关全称加"命令"或"令"字组成，居中排布，上边缘至版心上边缘为20 mm，推荐使用红色小标宋体字。

发文机关标志下空二行居中编排令号，令号下空二行编排正文。

签发人职务、签名章和成文日期的编排从通用格式中相关规定。

（二）常见问题

在使用命令（令）格式时，存在位置不规范、字体字号不规范、内容不规范等情况。比如：发文机关标志上边缘至上页边为20mm、发文机关标志下二行居中编排令号、令号下二行编排正文、联合行文时签名章未上下对齐等，发文机关标志未用红色小标宋体字、令号用黑体字、成文日期用汉字数字标注等，发文机关标志由发文机关规范化简称加"命令"或"令"组成、发文机关标志下加红色双线或红色分隔线、联合行文时签发人职务标注简称、版记未加印发机关和印发日期等。

此外，在使用命令（令）格式时，与通用格式中相应要素存在的组成或编排不规范情况相比，命令（令）格式中正文、附件说明、附件、主送机关、抄送机关、印发机关和印发日期等要素存在的组成或编排不规范情况大致相同。

（三）实践把握

1. 从构成要素看

命令（令）格式不仅包括发文机关标志、令号、签发人职务、签名章和成文日期等区别于通用格式编排规范的要素，也包括正文、附件说明、附注、附件、主送机关（如有，编排在版记部分）、抄送机关、印发机关和印发日期等要素。

（1）关于发文机关标志。

发文机关标志由发文机关全称加"命令"或"令"组成，明显区别于通用格式的发文机关标志组成。相比于《行政格式》，《格式》将"命令标识"的表述调整为"发文机关标志"的表述，将"发文机关名称"的表述调整为"发文机关全称"的表述。

当单一机关行文时，一方面，相比于通用格式，命令（令）格式中发文机关名称为全称，不应使用规范化简称。在公文处理工作实践中，参与者应特别把握这一点；另一方面，发文机关全称加"命令"或"令"均可。在公文处理工作实践中，发文机关全称加"令"的情况较为常见。

当联合行文时，《格式》未明确发文机关标志的组成规则，这一点与信函格式有明显区别。在标注发文机关标志时，一般应从通用格式中联合发文的发文机关标志的编排规则。从公文处理工作实践看，也是如此。以《国务院国有资产监督管理委员会 财政部 中国证券监督管理委员会令》（第36号）为例，该令发文机关标志部分同时标注了联署发文机关名称。以《中华人民共和国交通运输部令》（2019年第13号）为例，该令为中华人民共和国交通运输部和中华人民共和国商务部联合行文，但发文机关标志单独使用主办机关名称。

（2）关于令号。

令号是命令（令）格式特有的要素之一。

从《格式》给定式样看，令号组成为"第×××号"。相比于发文字号，令号相对简洁,不需标注发文机关代字及年份信息。相比于《行政格式》关于"字号由发文机关酌定"的规定,《格式》在"命令(令)格式"部分未提及字号。

从《格式》给定式样和公文处理工作实践看,命令(令)格式中一般不标注"发文字号"。在一定程度上,令号起到了发文字号的作用。

(3)关于正文、签发人职务、签名章和成文日期以及命令(令)格式中未提及的其他要素。

如需使用,其组成从通用格式中相关规定。

2. 从字号字体及颜色看

《格式》仅对命令(令)格式的发文机关标志的字体及颜色作出明确规定,即"推荐使用红色小标宋体字",与通用格式中关于发文机关标志的相关规定基本一致。如需使用,命令(令)格式中未提及的其他要素的字号字体及颜色从通用格式中相关要素的相关规定。

3. 从标点符号看

《格式》未提及命令(令)格式部分标点符号的用法。如需使用,命令(令)格式中标点符号用法从通用格式的相关规定。

4. 从编排位置看

同通用格式相比,命令(令)格式中的令号为新增要素,其编排位置为新设;命令(令)格式中的发文机关标志、正文等要素编排位置进行了调整。

(1)关于发文机关标志。

在横向上,明确发文机关标志居中排布。在纵向上,发文机关标志的编排基准为版心上边缘,但与通用格式发文机关标志上边缘至版心上边缘35mm的距离相比,相应距离调整为20mm。

(2)关于令号。

在横向上,明确令号居中编排。在纵向上,令号的编排基准为发文机关标志,编排在发文机关标志下空二行位置。

(3)关于正文。

在横向上,正文的编排从通用格式中相关规定。在纵向上,正文的编排基准由主送机关名称调整为令号,编排在令号下空二行位置。

此外,命令(令)格式中签发人职务、签名章和成文日期以及未提及的其他要素(如有)的编排从通用格式中相关规定。

※**需要特别提醒的是：**

在使用命令（令）格式时，应重点把握"两个二、三个一"。

1. 关于"两个二"

"两个二"，即在纵向上令号和正文两个要素均编排在各自基准下空二行位置。

2. 关于"三个一"

"三个一"，即"一对、一无、一从"。

"一对"，即从《格式》关于命令（令）格式的规范标准及给定式样看，命令（令）格式与命令（令）之间存在——对应关系，命令（令）只能采用命令（令）格式，不可以采用通用格式。

"一无"，即在命令（令）格式中一般不加标题。

"一从"，即正文、签发人职务、签名章和成文日期以及未提及的其他要素（如有）的组成及编排从通用格式中相关规定。

在公文处理工作实践中，有一种特殊处理方式应当引起重视，即当命令（令）用于公布行政法规和规章方面事宜时，时常将新立、释义、废止、修订行政法规或规章的具体内容编制在"附件"的位置（仅指与正文一起装订的"附件"的位置），但却不在正文后标注附件说明，也不在新立、释义、废止、修订行政法规或规章的具体内容的首页版心左上角第一行标注"附件"二字等要素。因用于公布行政法规和规章方面事宜的命令（令）应用较为广泛且使用频次较高，目前上述特殊处理方式已被广泛采用。但从新立、释义、废止、修订行政法规或规章的具体内容在公文中所发挥的作用和公文格式编排的规范要求看，从严格意义上讲上述特殊处理方式还有待商榷，具体理由见附件部分。故在未修订现行公文处理工作相关管理制度体系或者未出台新制度规定的前提下，建议将新立、释义、废止、修订行政法规或规章的具体内容作为公文附件进行编制。

三、纪要格式

（一）规范标准

纪要标志由"××××× 纪要"组成，居中排布，上边缘至版心上边缘为 35 mm，推荐使用红色小标宋体字。

标注出席人员名单，一般用 3 号黑体字，在正文或附件说明下空一行左空二字编排"出席"二字，后标全角冒号，冒号后用 3 号仿宋体字标注出席人单位、姓名，回行时与冒号后的首字对齐。

标注请假和列席人员名单，除依次另起一行并将"出席"二字改为"请假"或"列席"外，编排方法同出席人员名单。

纪要格式可以根据实际制定。

（二）常见问题

在使用纪要格式时，存在位置不规范、字体字号不规范、内容不规范等情况。比如：纪要标志上边缘至上页边为 35mm、在正文或附件说明下一行编排"出席"二字、"出席"二字顶格编排等，纪要标志未使用红色小标宋体字、用仿宋体字标注"出席"二字、用黑体字标注出席人单位及姓名、用 4 号字标注出席人员名单等，纪要标志中无"纪要"二字、未标注出席人员名单、未标注出席人单位等。

此外，在使用纪要格式时，与通用格式中相应要素存在的组成或编排不规范情况相比，信函格式中标题、正文、附件说明、附件、版记等要素存在的组成或编排不规范情况大致相同。

（三）实践把握

1. 从构成要素看

纪要格式不仅包括纪要标志、出席人员名单、请假和列席人员名单等区别于通用格式编排的要素，一般也包括正文、附件说明、附件、主送机关（如有，编排在版记部分）、抄送机关、印发机关和印发日期等要素。

（1）关于纪要标志。

这是纪要格式特有的要素之一，纪要标志由"×××××纪要"组成。相比于《行政格式》，《格式》将"会议纪要标识"的表述调整为"纪要标志"的表述；与通用格式、信函格式及命令（令）格式中关于"发文机关标志"的表述不同，纪要格式使用"纪要标志"的表述。纪要标志中"纪要"二字是固定的，其前缀可以是发文机关全称或规范化简称，此时一般建议在主体部分加标题，主要用以介绍纪要产生事由；其前缀也可以是会议或者活动名称，此时一般建议不在主体部分加标题。

（2）关于出席人员名单、请假和列席人员名单等。

这是纪要格式特有的要素之一。

（3）关于正文、附件说明以及纪要格式中未提及的其他要素。

如需使用，建议其组成从通用格式中相关规定。

2. 从字号字体及颜色看

《格式》对纪要标志的字体及颜色作出明确规定，即"推荐使用红色小标宋体字"；同时明确了出席人员名单、请假和列席人员名单的字号字体，"出席""请假"或"列席"二字及其后冒号用3号黑体字，出席、请假或列席人单位及姓名用3号仿宋体字。

如需使用，建议纪要格式中正文、附件说明、未提及的其他要素的字号字体及颜色从通用格式中相关规定。

3. 从标点符号看

在纪要格式部分，《格式》规定在"出席""请假"或"列席"二字后标全角冒号。

如需使用，建议纪要格式中其他要素的标点符号用法从通用格式中相关规定。

4. 从编排位置看

纪要格式明确规定了纪要标志、出席人员名单、请假和列席人员名单等要素的编排规则。

（1）关于纪要标志。

在横向上，明确纪要标志居中排布。在纵向上，纪要标志的编排基准为版心上边缘，纪要标志上边缘至版心上边缘为35mm，与通用格式发文机关标志上边缘至版心上边缘的距离相同。

（2）关于出席人员名单、请假和列席人员名单。

在横向上，"出席""请假"或"列席"均为左空二字编排，出席人、请假人或列席人单位及姓名回行时均与冒号后的首字对齐。在纵向上，出席人员名单的编排基准为正文或附件说明，编排在正文或附件说明下空一行位置。请假和列席人员名单的编排基准为出席人员名单，依次另起一行进行编排，除了将"出席"二字改为"请假"或"列席"外，其他编排方法同出席人员名单。

此外，建议纪要格式中正文、附件说明以及未提及的其他要素（如有）的编排从通用格式中相关规定。

※**需要特别提醒的是**：

在使用纪要格式时，应重点把握"三不、两可、一兜底"。

1. 关于"三不"

"三不"，即纪要格式中一般不标注发文机关署名、不标注成文日期、不加盖印章，会议通过时间或活动实施时间（类似于成文日期）、主办及参与机关等信息一般在正文部分进行列述。

2. 关于"两可"

"两可"，即发文字号或纪要编号可有可无和标题可有可无。一方面，纪要格式未明确要求标注发文字号。从公文处理工作实践看，参与者时常采用纪要编号的方式替代发文字号，纪要编号的组成（比如"第×××期"）通常比较灵活，编排方法同令号相似。另一方面，纪要格式也未明确要求标注标题。在公文处理工作实践中，参与者可结合纪要标志的组成情况灵活把握。

3. 关于"一兜底"

"一兜底"，即纪要格式的兜底性规定。《格式》在纪要格式部分给出了"纪要格式可以根据实际制定"这一兜底性规定，且未给出纪要格式式样。这样的安排有利于各类各级机关结合会议或活动的特点灵活把握纪要格式的使用。但为更好落实推进处理工作科学化、制度化、规范化要求，一般建议纪要格式中提及的要素的编排从其规定，未提及的其他要素（如有）的编排从通用格式中相关规定。

第三章　行文规则

欲筑室者，先治其基。行文规则是处理公文的前提基础，是衡量判断公文质量的首要标准，是公文拟制的必要前提和重要依据，在一定程度上影响或决定着公文拟制，乃至公文办理、公文管理的相关要求。如果一份公文出现行文依据不足、行文对象错误、行文内容不切实际等情况，即使其格式再规范、逻辑再严谨、表达再流畅，这份公文也是不合格的。

行文规则一般是指各类各级机关在处理公文时应当共同遵守的规则，主要包括行文依据、行文关系、行文具体规则等方面内容。行文规则具有显著的强制性。不论是发文机关还是收文机关，在处理公文时均应共同遵守、共同把关、共同维护行文规则，从而确保发文理据充分、流转方向准确、公文内容应商尽商，夯实公文处理工作的质量基础。

基于上述考量，该节以《条例》关于"行文规则"的若干规定为主要依据，结合公文处理工作实践，针对常见问题或不足，从行文基础规则、上行文规则、下行文规则、平行文规则、对外行文规则、联合行文规则等方面着手，进一步梳理、分析和阐释行文规则，为公文处理工作参与者更好地理解、把握和运用行文规则提供参考。

第一节　行文基本规则

一、基本规则

《条例》第十三条规定：
行文应当确有必要，讲求实效，注重针对性和可操作性。
《条例》第十四条规定：
行文关系根据隶属关系和职权范围确定。一般不得越级行文，特殊情况需要越级行文的，应当同时抄送被越过的机关。

二、常见问题

在行文实践中,部分公文处理工作参与者把握不准、不严格把握、甚至不把握行文基本规则,在行文必要性、行文实效性、行文方向性等方面出现诸多不规范情况。

（一）在行文必要性方面

一是行文理由不足或缺乏,随意发文、甚至任性发文,出现超发、多发、甚至滥发公文等情况,直接导致"文山"的形成,加重了收文机关（特别是下级机关）的工作负担。二是不担当不作为,向上级机关行文请示本机关职权范围内的事项,增加上级机关非必要工作负担。三是胡作为乱作为,不经请示同意,自行行文决策超出本机关职权范围的事项,给工作埋下极大合规隐患。

（二）在行文实效性方面

部分公文处理工作参与者对上级决策部署、指示精神或文件要求囫囵吞枣、一知半解、甚至不消化不吸收,加之结合实际不紧、甚至脱离实际,在落实上级决策部署、指示精神或文件要求上出现"上下一般粗"或者变形走样的情况,以致公文内容既无针对性、也无可操作性,行文实效性也就无从谈起了。

（三）在公文方向性方面

部分公文处理工作参与者对机关之间隶属关系不敏感或者把握不准确,加之对文种特点把握不到位,出现"请示"公文抄送下级机关、无故越级行文等行文对象错误的情况,以及在无隶属关系机关之间使用"请示"或"报告"等文种选用错误的情况。上述情况的存在,不仅会对公文合规性产生直接影响,而且会削弱公文严肃性和权威性。

三、实践把握

行文规则是行文基础。行文基本规则是行文规则的基础,也是行文基础的基础。在公文处理工作实践中,参与者应从行文必要、讲求实效、隶属关系等三个方面理解和把握行文基本规则。

（一）在行文必要方面

公文处理工作参与者应把握"确有必要应当行文"的基本规则，针对上级机关明确要求、列入行文工作计划、机关日常运转必需、重大事项或突发事件特殊需要等确有必要的行文，做到应发则发，防止出现因片面考虑年度公文总量控制要求导致公文应发不发的情况。

与此同时，公文处理工作参与者还应坚持"非必要不行文"的基本规则，针对上级无明确要求的、未列入计划且无必要性、可发可不发等非必要的行文，做到坚决不发，防止出现因把握或把关不严导致多发公文、超发公文、滥发公文等情况。

此外，是否需要行文，公文处理工作参与者还应结合行文机关职权范围进行综合考量。对于职权范围内的事宜，本机关应履职尽责、敢于担当，不宜再就相关事宜向上级机关行文请示。对于超职权范围的事宜，一方面，本机关应依规办事、行文请示，不宜自行决定、自行其是；另一方面，对于下级机关职权范围内的事项，本机关一般不得行文干预，防止越俎代庖、影响下级机关开展工作。

（二）在讲求实效方面

《条例》规定"讲求实效，注重针对性和可操作性"。相比于《条例》（1996版）及《办法》（2000版），《条例》的相关规定更加具体、指导性更强，不仅提出了原则要求，而且给出了讲求实效的实现路径。

讲求实效既是公文题中应有之义，也是行文遵循的基本规则。在公文处理工作实践中，参与者应一体把握这一基本规则。注重针对性和可操作性是讲求实效的实现路径，讲求实效是注重针对性和可操作性的目标归宿，二者相辅相成。

在行文时，公文处理工作参与者应吃透上情、摸清下情，紧密结合自身实际，坚持问题导向和结果导向，不仅应注重提高对策措施的针对性，而且应注重提高对策措施的可操作性；不仅应防止出现不切实际、上下一般粗的情况，而且应防止出现可操作性差、中看不中用的情况。如果做不到上述两点，行文就谈不上讲求实效，就可能流于形式，甚至陷入以文件落实文件的窘境。

（三）在隶属关系方面

行文方向主要取决于隶属关系，不同隶属关系决定着不同行文方向。隶属关系一般包括有隶属关系和无隶属关系两种情况。

1. 有隶属关系方面

对于有隶属关系的，公文处理工作参与者可以从机关领导和业务指导两个角度把握。有隶属关系包括领导和被领导关系（比如：中共中央和中共北京市委的关系、中央人民政府和北京市人民政府的关系、中央军委和中部战区等上级机关与下级机关之间的关系，中共中央与中共中央组织部的关系、国务院与科学技术部的关系、中央军委与中央军委联合参谋的关系等）、指导和被指导关系（比如：中共中央组织部和中共北京市委组织部的关系、教育部和河北省教育厅的关系、中央军委政治工作部和中部战区政治工作部的关系等）两种形式。这两种形式又构成了管理上或业务上的上下级关系，并在此基础上衍生出上行文和下行文两种行文方向。

此外，在工作实践中，还存在一种特殊隶属关系，即受双重领导的机关与其两个直接上级机关之间的关系。这种隶属关系常见于纪委系统和机关党委系统，比如中共北京市纪委与中共中央纪委和中共北京市委的关系、中共教育部机关党委与中共中央和国家机关工委和中共教育部党组的关系等。

2. 无隶属关系方面

对于无隶属关系的，公文处理工作参与者可以从同一系统和不同系统两个角度把握。无隶属关系包括同一系统同级机关之间的关系（比如：中共中央组织部和中共中央宣传部的关系、教育部和民政部的关系、中共中央军委联合参谋部和中共中央军委政治工作部的关系等）、不同系统同级机关之间的关系（比如：中共中央办公厅和国务院办公厅的关系、中共北京市委办公厅和北京市人民政府办公厅的关系、中部战区政治工作部和空军政治工作部的关系等）和不同系统不同级机关之间的关系（比如：中共中央组织部和北京市人民政府公安局的关系、教育部和北京市人民政府民政局的关系、中部战区联合参谋部和西部战区空军政治工作部的关系等）三种形式。这三种形式衍生出平行文这种行文方向。

此外，在行文时，一般不得越级行文，既包括不得越级上行文，也包括不得越级下行文，比如乡镇党委一般不得直接向地市级（或相当于地市级）以上党的地方组织或中共中央行文等。特殊情况需要越级行文的，公文处理工作参与者应当同时将公文抄送被越过的机关，比如：因工作需要或上级要求，县委可以直接向省委行文、但一般应同时抄送被越过的市委。

※需要特别提醒的是：

《条例》（1996 版）及《办法》（2000 版）仅针对上行文作出了"越级行

文"方面的规定。

相比之下,《条例》对"越级行文"相关规定进行了调整,"越级行文"相关规定的适用范围相对扩大了,不仅上行文一般不得越级行文,而且下行文一般也不得越级行文。在公文处理工作实践中,参与者应注意把握这一调整,防止出现因越级下行文时不同时抄送被越过的下级机关的情况,对收文机关和被越过的下级机关开展工作造成被动。

第二节　上行文规则

一、基本规则

《条例》第十五条规定:

向上级机关行文,应当遵循以下规则:

(一)原则上主送一个上级机关,根据需要同时抄送相关上级机关和同级机关,不抄送下级机关。

(二)党委、政府的部门向上级主管部门请示、报告重大事项,应当经本级党委、政府同意或者授权;属于部门职权范围内的事项应当直接报送上级主管部门。

(三)下级机关的请示事项,如需以本机关名义向上级机关请示,应当提出倾向性意见后上报,不得原文转报上级机关。

(四)请示应当一文一事。不得在报告等非请示性公文中夹带请示事项。

(五)除上级机关负责人直接交办事项外,不得以本机关名义向上级机关负责人报送公文,不得以本机关负责人名义向上级机关报送公文。

(六)受双重领导的机关向一个上级机关行文,必要时抄送另一个上级机关。

二、常见问题

在向上级机关行文实践中,部分公文处理工作参与者把握不准、不严格把握、甚至不把握上述基本规则,导致在行文客体确认、行文权限运用、"请示"特殊处理等方面出现诸多不规范情况。

（一）行文客体确认方面

主要存在主送机关两个（含）以上、抄送下级机关、以本机关负责人名义向上级机关行文等不规范情况。

（二）行文权限运用方面

主要存在机关的部门未经本机关同意或授权直接向上级主管部门请示、报告重大事项，部门职权范围内的一般事项仍经本机关同意或授权才报送上级主管部门，受双重领导的机关向一个上级机关行文时均抄送另一个上级机关等不规范情况。

（三）"请示"特殊处理方面

主要存在以本机关名义将下级机关请示事项原文转报上级机关、向上级机关请示事项时一文多事、在报告等非请示性公文中夹带请示事项等不规范情况。

三、实践把握

在公文处理工作实践中，向上级机关行文时常简称为上行文，一般包括下级机关向上级机关行文或下级机关的部门向上级机关的部门行文。全面准确的理解和把握上行文规则，对严格上行文规范、提升上行文质量具有重要作用。在公文处理工作实践中，参与者应从行文客体确认、行文权限运用、"请示"特殊处理等三个方面着力。

（一）在行文客体确认方面

1. 多维度考量

上行文客体确认不是由单一因素决定的。在上行文客体确认上，公文处理工作参与者应综合考量隶属关系、职权范围、工作需要等因素。以受双重领导的机关为例，其在拟制上行文时，就应综合考量上述三个因素，进而确定一个上级机关为主送机关以及是否需要抄送另一个上级机关。

2. 关注关键词

上行文客体确认应关注到几个关键词。这些关键词主要包括主送机关、抄送机关、上级机关等。

（1）关于主送机关。

上行文原则上主送一个上级机关。

（2）关于抄送机关。

相对于作为必选项的主送机关，抄送机关是一个可选项。在上行文中，是否标注抄送机关，应结合职权范围、工作需要、是否越级行文等因素综合判定。抄送机关既可以是上级机关，也可以是同级机关，但不能是下级机关。

（3）关于上级机关。

上级机关既可以是直接上级机关，也可以是间接上级机关。当上行文受理机关为间接上级机关时，上行文客体的确认规则应从基本规则中关于越级行文的相关规定。

3.处理好特情

上行文客体确认应处理好特殊情况。这些特殊情况主要包括下级机关向上级机关负责人行文、下级机关负责人向上级机关行文、受双重领导的机关向上级机关行文、联合上行文等。

（1）关于下级机关向上级机关负责人行文。

当上级机关负责人直接向其下级机关交办事项时，下级机关可以以本机关名义向其上级机关负责人报送公文。

（2）关于下级机关负责人向上级机关行文。

除特殊情况外，不得以本机关负责人名义向上级机关报送公文。这里所述特殊情况，不仅包括"上级机关负责人直接交办事项"，也包括其他特殊规定。比如《中国共产党重大事项请示报告条例》第六条规定"特殊情况下，可以根据工作需要以党组织负责同志名义代表党组织请示报告"。

（3）关于受双重领导的机关向上级机关行文。

受双重领导的机关向上级机关行文时，主送机关只能是其中一个上级机关，另一个上级机关不是抄送机关的必选项，是否需要抄送另一个上级机关应根据工作需要等因素确定。

（4）关于联合上行文客体确认。

联合行文时，行文客体的确认将在下文关于联合行文的规则中统一阐释。

（二）在行文权限运用方面

在公文处理工作实践中，向上级机关行文主要包括下级机关向上级机关行文、本机关的部门向本机关行文、下级机关的部门向上级机关的相关部门、不同机关或机关的部门联合向上级机关或机关的部门行文等几种形式。

1. 当收文机关（只要指主送机关）和发文机关之间为领导与被领导关系时

当下级机关向上级机关行文或者本机关的部门向本机关行文时，行文权限运用是相对明确的，发文机关（部门）在各自职权范围内行文即可。

2. 当收文机关（只要指主送机关）和发文机关之间为指导与被指导关系时

当下级机关的部门向上级机关相关的部门行文等，行文权限运用是相对复杂的。针对上述情况，《条例》专门从"重大事项"和"部门职权范围内的事项"两个维度对行文权限运用作出规定。

（1）就"重大事项"而言。

《条例》明确规定"党委、政府的部门向上级主管部门请示、报告重大事项，应当经本级党委、政府同意或者授权"。在公文处理工作实践中，"党委、政府的部门"一般可以推及工会、妇联、共青团等其他各类机关（非最高机关）的部门。

（2）就"部门职权范围内的事项"而言。

《条例》明确规定"属于部门职权范围内的事项应当直接报送上级主管部门"，其中的"部门"是指"党委、政府的部门"。在公文处理工作实践中，"部门"可以推及工会、妇联、共青团等其他各类机关（非最高机关）的部门。

此外，联合上行文的行文权限运用将在下文关于联合行文规则中统一阐释。

但需要注意的是，在公文处理工作实践中，"重大事项"和"部门职权范围内的事项"是存在交叉可能的。当二者交叉时，一般建议从严把握，即在做好事前沟通基础上按照"重大事项"维度的相关规则行文。

（三）在"请示"特殊处理方面

作为自带上行属性的文种，"请示"的应用较为广泛。与此同时，在公文处理工作实践中，"请示"也是出现不规范情况较多的文种之一。为更好理解和把握"请示"文种的特殊处理规则，避免不规范情况的发生，一般可以从"不得原文转报""一文一事""不得夹带"等三个方面着手。

1. 关于"不得原文转报"

当下级机关的请示事项需以本机关名义向上级机关请示时，《条例》明确要求本机关应当提出倾向性意见后上报。本机关切不可仅仅满足于当"二传手"，不经研究处理直接将下级机关的请示事项原文转报上级机关。

2. 关于"一文一事"

"一文一事"规则是"请示"文种公文的重要行文规则。在公文处理工作实践中,"一文二事"、甚至"一文多事"等不规范情况时有发生,有的极易辨识,有的不易辨识。不易识别的不规范情况,往往是以"看似一事、实则多事",通常以"一帽多带""一事拖多事""一事引多事"等形式出现,具有较强的迷惑性。因此,公文处理工作参与者应提高辨识能力、强化审核把关,有效预防不符合"一文一事"规则的情况出现。

3. 关于"不得夹带"

在非请示性公文中夹带请示事项是经常出现的一种行文不规范情况,常见于"报告"当中,有时也会出现在"意见"等其他非请示性公文当中。因此,公文处理工作参与者应准确理解和把握请示性公文和非请示性公文的概念内涵及适用范围,在向上级机关请示事项时确保使用"请示"这一文种,而不是在"报告"等非请示性公文中夹带请示事项。

※需要特别提醒的是:

相比于《条例》(1996版)及《办法》(2000版),《条例》在承接以往有关规定的同时,紧密结合新情况新问题,在上行文规则方面进行了优化。《条例》中关于向上级机关行文是否应抄送下级机关、机关与个人之间行文、受双重领导的机关向上级机关行文时是否应抄送另一个上级机关、机关的部门行文权限运用、"请示"特殊处理等行文规则的边界更加明显、内容趋于全面,具体如下。

1. 关于向上级机关行文是否应抄送下级机关的规则

《条例》(1996版)未提及关于向上级机关行文时是否抄送下级机关的要求。

《办法》(2000版)仅规定了"请示"不得抄送其下级机关。

《条例》则明确规定了向上级机关行文(不仅限于"请示")"不抄送下级机关"。

相比之下,《条例》相关规定扩大了上行文"不抄送下级机关"的适用范围。

2. 关于组织机构与个人之间行文的规则

《条例》(1996版)规定了除特殊情况外"请示"不应直接送领导者个人。

《办法》(2000版)规定了除上级机关负责人直接交办的事项外不得以机关名义向上级机关负责人报送"请示""意见"和"报告"。

《条例》则规定了"除上级机关负责人直接交办事项外,不得以本机关名义向上级机关负责人报送公文,不得以本机关负责人名义向上级机关报送公文"。

相比之下,《条例》相关规定在特殊情况、行文主体、行文对象、公文种类等方面更加明确和广泛,其可操作性也更强。

3.关于受双重领导的机关向上级机关行文时是否应抄送另一个上级机关的规则

《条例》(1996版)及《办法》(2000版)均规定了"受双重领导的机关向上级机关行文,应当写明主送机关和抄送机关"。

《条例》则规定了"必要时抄送另一个上级机关"。

相比之下,《条例》相关规定更加贴近工作实际,在确保行文准度和降低行文成本的同时,有助于行文效率提升。

4.关于机关的部门行文权限运用的规则

《条例》(1996版)规定"党委各部门应当向本级党委请示问题"。

《办法》(2000版)规定"属于主管部门职权范围内的具体问题,应当直接报送主管部门处理"。

《条例》则规定"党委、政府的部门向上级主管部门请示、报告重大事项,应当经本级党委、政府同意或者授权;属于部门职权范围内的事项应当直接报送上级主管部门"。

相比之下,《条例》相关规定更加细化,其指导性和可操作性更强。

5.关于"请示"特殊处理的规则

《条例》(1996版)规定"向上级机关请示问题,应当一文一事,不应当在非请示公文中夹带请示事项"。

《办法》(2000版)规定"'请示'应当一文一事"和"'报告'不得夹带请示事项"。

《条例》则新增了"下级机关的请示事项,如需以本机关名义向上级机关请示,应当提出倾向性意见后上报,不得原文转报上级机关"的规定。

相比之下,《条例》相关规定的覆盖面更广、适用性更强。

在公文处理工作实践中,参与者应防止因思维定式或工作习惯而沿用《条例》(1996版)及《办法》(2000版)关于"上行文规则"方面的相关规定,尽力避免各类上行文不规范情况的出现,以确保上行文规则选用准确。

第三节 下行文规则

一、基本规则

《条例》第十六条规定：

向下级机关行文，应当遵循以下规则：

（一）主送受理机关，根据需要抄送相关机关。重要行文应当同时抄送发文机关的直接上级机关。

（二）党委、政府的办公厅（室）根据本级党委、政府授权，可以向下级党委、政府行文，其他部门和单位不得向下级党委、政府发布指令性公文或者在公文中向下级党委、政府提出指令性要求。需经政府审批的具体事项，经政府同意后可以由政府职能部门行文，文中须注明已经政府同意。

（三）党委、政府的部门在各自职权范围内可以向下级党委、政府的相关部门行文。

（四）涉及多个部门职权范围内的事务，部门之间未协商一致的，不得向下行文；擅自行文的，上级机关应当责令其纠正或者撤销。

（五）上级机关向受双重领导的下级机关行文，必要时抄送该下级机关的另一个上级机关。

二、常见问题

在向下级机关行文实践中，部分公文处理工作参与者把握不准、不严格把握、甚至不把握上述基本规则，导致在行文客体（收文机关）确认、行文权限运用等方面产生诸多不规范情况。

（一）行文客体确认方面

主要存在重要下行文不同时抄送发文机关的直接上级机关、一般下行文抄送发文机关的直接上级机关、上级机关向受双重领导的下级机关行文时均抄送该下级机关的另一上级机关等不规范情况。

（二）行文权限运用方面

主要存在本机关的部门未经本机关授权便向下级机关发布指令性公文、本机关的部门未在文中标明"已经本机关同意"便就经本机关审批同意的具体事项向下级机关行文、涉及多个部门职权范围内的事务未经部门间协商一致便向下级机关行文等不规范情况。

三、实践把握

在公文处理工作实践中，向下级机关行文时常简称为下行文，一般包括上级机关向下级机关行文、上级机关的部门向下级机关的部门行文、上级机关的部门［比如被授权的办公厅（室）等］向下级机关行文。全面准确地理解和把握下行文规则，对严格下行文规范、提升下行文质量具有重要作用。在公文处理工作实践中，参与者应从行文客体确认和行文权限运用两个方面着力。

（一）行文客体确认方面

1. 多维度考量

下行文客体确认不是由单一因素决定的。在下行文客体确认上，公文处理工作参与者应综合考量隶属关系、职权范围、工作需要等因素。以受双重领导的机关为例，其在拟制下行文且为重要行文时，就应综合考量上述三个因素，进而确定一并抄送两个上级机关或只抄送其中一个上级机关。

2. 关注关键词

下行文客体确认应关注到几个关键词。这些关键词主要包括主送机关、抄送机关、上级机关和下级机关等。

（1）关于主送机关。

主送机关数量没有明确限定，其主要依据隶属关系、职权范围和工作需要等因素确定，可以是一个、也可以是两个（含）以上。

（2）关于抄送机关。

相对于作为必选项的主送机关，抄送机关是一个可选项。在下行文中，是否标注抄送机关，应结合隶属关系、职权范围、工作需要等因素综合判定。抄送机关既可以是发文机关的下级机关，也可以是发文机关的同级机关，还可以是发文机关的上级机关。

在公文处理工作实践中，参与者应跳出下行文不能同时抄送发文机关的上级机关的认识误区。当下行文为一般行文时，《条例》未明确要求是否抄送发文机关的上级机关;当下行文为重要行文时,《条例》明确要求应当同时抄送发文机关的直接上级机关。在拟制重要下行文时,公文处理工作参与者应把握"直接上级机关"这个关键词,防止出现将公文抄送发文机关的再上一级机关的情况。

(3)关于上级机关和下级机关。

除"重要行文应当同时抄送发文机关的直接上级机关"外,下行文一般不抄送上发文机关的上级机关。

下级机关既可以是直接下级机关,也可以是间接下级机关。当下行文受理机关为间接下级机关时,下行文客体的确认规则应从基本规则中关于越级行文的相关规定。

3. 处理好特情

下行文客体确认应处理好特殊情况。这个特殊情况主要包括受双重领导的机关向下级机关行文、上级机关向受双重领导的下级机关行文和联合下行文等。

(1)关于受双重领导的机关向下级机关行文。

当受双重领导的机关向下级机关行文时,行文客体的确认主要受到公文重要程度的影响。当下行文为一般公文时,其行文客体确认规则从受单一领导的机关向下级机关行文客体确认的相关规则。当下行文为重要行文时,因其有两个直接上级机关,加之《条例》并未明确抄送上级机关的数量,故在公文处理工作实践中参与者应根据工作需要并结合直接上级机关职权范围确定行文客体。

(2)关于上级机关向受双重领导的下级机关行文。

当上级机关向受双重领导的下级机关行文时,下级机关的另一个上级机关并不是抄送机关的必选项。是否需要抄送另一个上级机关,应有发文机关根据工作需要等确定。

(3)关于联合下行文。

联合行文时,行文客体的确认将在下文关于联合行文的规则中统一阐释。

(二)行文权限运用方面

在公文处理工作实践中,向下级机关行文主要包括上级机关向下级机关行文、本机关向本机关的部门行文、上级机关的部门向下级机关的相关部门行文、上级机关的部门[比如被授权的办公厅(室)等]向下级机关行文、不同机关或机关的部门[比如被授权的办公厅(室)等]联合向不同下级机关或机关的部门行文等几种形式。

1. 当收文机关（主要指主送机关）和发文机关之间存在明确的领导与被领导关系或者指导与被指导关系时

当上级机关向下级机关行文、本机关向本机关的部门行文或者上级机关的部门向下级机关的相关部门行文时，行文权限运用是相对明确的，发文机关（部门）在各自职权范围内行文即可。

需要注意的是： 在上级机关的部门向下级机关的相关部门行文时，如果行文内容是涉及多个部门职权范围内的事项，发文部门则应在部门之间协商一致后再行向下级机关的相关部门行文；未经协商或未协商一致便向下级机关的部门行文的，上级机关应责令其纠正或撤销行文。此外，在行文时，发文部门可根据职权范围及协商情况采用单一行文或联合行文的方式。

以《国家发展改革委关于核定2020—2022年省级电网输配电价的通知》（改价格规〔2020〕1508号）为例，因该公文首段已经包含了"经商国家能源局"的内容，故采用了单一机关行文的方式。

又以《工业和信息化部公安部住房和城乡建设部国务院国有资产监督管理委员会国家市场监督管理总局关于开展商务楼宇宽带接入市场联合整治行动的通知》（工信部联通信函〔2020〕212号）为例，该公文首段包含"工业和信息化部、公安部、住房和城乡建设部、国务院国有资产监督管理委员会、国家市场监督管理总局决定"的内容，上述信息中各机关处于并列地位，故该公文采用了联合行文的方式。

2. 当收文机关（主要指主送机关）和发文机关之间为无隶属关系时

当上级机关的部门［比如被授权的办公厅（室）等］向下级机关行文、本机关的部门［比如被授权的办公厅（室）等］向本机关的其他部门行文时，行文权限运用是相对复杂的。

（1）上级机关的部门向下级机关行文。

一般可分为上级机关的办公厅（室）或者行使办公厅（室）职权的综合部门向下级机关行文和上级机关的其他部门向下级机关行文（不得发布指令性公文，也不得提出指令性要求）两种情形。

一是对于前一种情形。《条例》明确规定了"党委、政府的办公厅（室）根据本级党委、政府授权，可以向下级党委、政府行文"。

从行文内容看，该类行文既可以发布指令性公文，也可以发布非指令性公文。在公文处理工作实践中，参与者根据授权并结合工作需要严格执行即可。

需要注意的是： 上级机关的办公厅（室）与下级机关无隶属关系，二者之间行文一般为平行文。但因上级机关明确给予了超出办公厅（室）职权范围的授权，当办公厅（室）据此授权向下级机关行文时，办公厅（室）是在代上级机关向下级机关行文，此时办公厅（室）向下级机关的行文可以看作下行文。

二是对于后一种情形。《条例》明确规定了"其他部门和单位不得向下级党委、政府发布指令性公文或者在公文中向下级党委、政府提出指令性要求"。在公文处理工作实践中，上级机关的其他部门向下级机关发布指令性公文、特别是在公文中向下级机关提出指令性要求的情况时有发生，需要引起发文机关的高度重视。

同时，《条例》规定了"需经政府审批的具体事项，经政府同意后可以由政府职能部门行文，文中须注明已经政府同意"。从本质上看，这种情况下上级机关职能部门是在代上级机关向下级机关行文，此时的行文可以看作下行文。以《工业和信息化部 国家发展和改革委员会 科学技术部 财政部 人力资源和社会保障部 生态环境部 农业农村部 商务部 文化和旅游部 中国人民银行 海关总署 国家税务总局 国家市场监督管理总局 国家统计局 中国银行保险监督管理委员会 中国证券监督管理委员会 国家知识产权局关于健全支持中小企业发展制度的若干意见》（信部联企业〔2020〕108号）为例，该公文首段包含了"已经国务院同意"的内容，其行文机关是工业和信息化部等国务院的部门或机构，其主送机关是各省、自治区、直辖市及计划单列市人民政府和新疆生产建设兵团等国务院下级机关。

需要注意的是：除上述两种情况外，上级机关的部门可以向下级机关发布非指令性公文一般都属于平行文。

（2）本机关的部门向本机关的其他部门行文。

从公文处理工作实践看，本机关的部门向本机关的其他部门行文可以分为本机关的部门经本机关授权或本机关（含本机关负责人）同意向本机关的其他部门行文和本机关的部门在职权范围内向本机关的其他部门行文（平行文）两种情形。

一是对于前一种情形。在经本机关授权或本机关（含本机关负责人）同意情况下，本机关的部门本质上是在代本机关向本机关的其他部门行文，此时的行文可以看作下行文。以《国务院办公厅关于同意调整完善职业病防治工作部际联席会议制度的函》（国办函〔2020〕55号）为例，该公文首段包含了"经国务院同意"的内容，其行文机关是国务院办公厅，其主送机关是卫生健康委（国务院组成部门）。再以《国务院办公厅关于同意成立2023年亚足联亚洲杯中国组委会的函》（国办函〔2020〕83号）为例，该公文首段包含"经国务院领导同志同意"的内容，其行文机关是国务院办公厅，其主送机关是体育总局（国务院直属机构）。

二是于后一种情形。因后一种情形属于平行文，故此处不再展开阐释。

此外，关于联合下行文行文权限运用，将在下文关于联合行文规则中统一阐释。

※需要特别提醒的是：

相比于《条例》(1996版)及《办法》(2000版)，《条例》在承接以往规定的同时，紧密结合新情况新问题，在下行文规则方面进行了优化。《条例》关于向上级机关向受双重领导的下级机关行文是否应抄送该下级机关的另一上级机关、机关的部门向下级机关行文、就涉及多个部门职权范围内的事物向下行文等行文规则的规定在边界上更加清晰、在内容上趋于全面，具体如下。

1.关于向上级机关向受双重领导的下级机关行文是否应抄送该下级机关的另一上级机关的规则

《条例》(1996版)相应部分使用了"应当抄送其另一上级机关"的表述。

《办法》(2000版)相应部分使用了"必要时应当抄送其另一上级机关"的表述。

《条例》相应部分则使用了"必要时抄送该下级机关的另一上级机关"的表述。

相比之下，《条例》将"其另一上级机关"调整为"该下级机关的另一上级机关"，表述更加严谨；同时《条例》统一了抄送该下级机关的另一上级机关的前提条件，即"必要时"，结合实际更紧密、可操作性更强。

2.关于机关的部门向下级机关行文的规则

《条例》(1996版)规定了"党委办公厅(室)根据党委授权，可以向下级党委行文；党委的其他部门，不得对下级党委发布指示性公文"。

《办法》(2000版)规定了政府各部门"除以函的形式商洽工作、询问和答复问题、审批事项外，一般不得向下一级政府正式行文"。

《条例》则规定了"党委、政府的办公厅(室)根据本级党委、政府授权，可以向下级党委、政府行文，其他部门和单位不得向下级党委、政府发布指令性公文或者在公文中向下级党委、政府提出指令性要求"。

相比之下，《条例》除了整合统一了相关表述，还新增了不得在公文中向下级党委、政府提出指令性要求的规定，有效填补了此前行文规则的留白。

3.关于就涉及多个部门职权范围内的事物向下行文的规则

《条例》(1996版)规定了"部门之间对有关问题未经协商一致,不得各自向下行文"。

《办法》(2000版)规定了"部门之间对有关问题未经协商一致,不得各自向下行文。如擅自行文,上级机关应当责令纠正或撤销"。

《条例》则规定了"涉及多个部门职权范围内的事务,部门之间未协商一致的,不得向下行文;擅自行文的,上级机应当责令其纠正或者撤销"。

相比之下,《条例》将"不得各自行向下行文"调整为"不得向下行文",表述更简练且内涵更丰富(包含了各自向下行文和联合向下行文);同时,新增了部门之间协商事宜的具体范畴,使得规则针对性更强,更便于把握。

在公文处理工作实践中,参与者应防止因思维定式或工作习惯而沿用《条例》(1996版)及《办法》(2000版)关于"下行文规则"方面的相关规定,尽力避免各类下行文不规范情况的出现,以确保下行文规则选用准确。

第四节　联合行文、平行文及对外正式行文规则

一、基本规则

《条例》第十七条规定:

同级党政机关、党政机关与其他同级机关必要时可以联合行文。属于党委、政府各自职权范围内的工作,不得联合行文。

党委、政府的部门依据职权可以相互行文。

部门内设机构除办公厅(室)外不得对外正式行文。

二、常见问题

在联合行文、平行文或对外正式行文时,部分公文处理工作参与者把握不准、不严格把握、甚至不把握上述基本规则,导致在联合行文规则、平行文规则、对外正式行文规则等方面产生诸多不规范情况。

（一）联合行文规则把握

主要存在不同级机关联合行文、无必要联合行文等不规范情况。比如：地市级人民政府与省总工会联合行文等。

（二）平行文行文规则把握

主要存在于有隶属关系（领导与被领导、指导与被指导）的机关（部门）之间使用平行文、在无隶属关系机关（部门）之间使用上行文或下行文等不规范的情况。比如：在上下级政府之间行文时使用"函"这一文种，或者在无隶属关系的机关之间行文时使用"请示"这一文种等。

（三）对外正式行文规则把握

主要存在除办公厅（室）外的机关（部门）内设机构对外正式行文等不规范情况，比如：省委组织部干部一处向省政府办公厅正式行文等。

三、实践把握

联合行文，一般是指同级的不同机关因工作需要联合向其他机关行文。

平行文，一般是指机关因工作需要向同其无隶属关系的机关行文。

联合行文、平行文、对外正式行文均属应用较为广泛的行文方式，全面准确地理解和把握联合行文、平行文、对外正式行文的行文规则，对严格行文规范、提升行文质量具有重要作用。在公文处理工作实践中，参与者应从行文主客体确认、行文权限运用、"正式行文"概念认识等三个方面理解和把握联合行文、平行文、对外正式行文的行文规则。

（一）行文主客体确认方面

1. 关于联合行文主客体确认

一方面，在联合行文主体确认时，公文处理工作参与者应把握好"同级"这个关键词，切实防止出现不同级机关联合行文的不规范情况。联合行文主体为两个（含）以上同级机关，既可以是同一系统内的同级机关，比如中共中央组织部与中共中央宣传部、民政部与教育部、中央军委联合参谋部与中央军委政治工作部等；也可以是不同系统的同级机关，比如中共中央与国务院、国务院与中央军委、中共中央办公厅与国务院办公厅、北京市人民政府与财政部、民政部办公厅与教育部办公厅等。

另一方面，联合行文客体确认的具体把握，可根据行文方向从上行文、下行文、平行文的相关规则着力。联合行文客体既可以是上级机关，比如北京市人民政府和河北省人民政府联合向国务院行文、浙江省人民政府和司法部联合向国务院行文等；也可以是下级机关，比如中共中央和国务院联合向中共北京市委和北京市人民政府行文等；还可以是无隶属关系的机关，比如工业和信息化部与财政部联合向相关中央企业行文等。

2. 关于平行文主客体确认

在平行文主客体确认时，公文处理工作参与者应把握好"无隶属关系"这个关键词，即平行文主客体之间不能存在隶属关系，既不能存在领导与被领导的关系，也不能存在指导与被指导（比如中共中央组织部和北京市委组织部等）的关系。平行文主客体既可以是同级的，比如中共中央组织部向中共中央宣传部行文、中共中央办公厅向国务院办公厅行文、科技部向中科院行文、教育部向中央军委政治工作部行文等；也可以是不同级的，比如住房和城乡建设部向遂宁市人民政府行文、中国银保监会向外资银行行文等。

3. 关于对外正式行文主客体确认

对外正式行文主客体确认的规则是相对明确的，公文处理工作参与者应重点把握好"部门内设机构"和"除办公厅（室）外"两个关键。

一方面，部门内设机构不都可以作为行文主体对外正式行文。部门内设办公厅（室）或者是承担办公厅（室）职能的机构一般可以作为行文主体对外正式行文，比如中共中央统战部办公厅、人力资源和社会保障部办公厅、北京市人民政府民政局办公室等；与此同时，部门内设机构[除办公厅（室）或承担办公厅（室）职能的机构外]不可以作为行文主体对外正式行文，比如中共中央统战部政策理论研究室、人力资源和社会保障部规划财务司、北京市人民政府民政局规划建设处等。

另一方面，部门内设机构对外正式行文客体只能是本部门之外的部门或本部门所在机关之外的机关，比如财政部办公厅向国务院国资委行文、教育部办公厅向上海市政府办公厅行文等。

（二）行文权限运用方面

1. 关于联合行文权限运用

属于超出机关职权范围且涉及其他机关或部门职权范围事项的，机关和涉及该事项的其他机关经协商同意可以联合行文；属于机关职权范围内事项的，机关不得与其他机关联合行文。

2. 关于平行文行文权限运用

根据工作需要，机关在职权范围内可以向与其无隶属关系的其他机关行文。

3. 关于对外正式行文权限运用

根据工作需要，机关在其职权范围内或在其上级机关授权下，可以对外正式行文，但部门内设机构［除办公厅（室）或者承担办公厅（室）职能的机构外］不得对外正式行文。

（三）"正式行文"概念认识方面

《条例》提及了"正式行文"的表述，但未给出其相关概念。正式行文是一个相对概念，是相对非正式行文而言的，且其与非正式行文均是相对抽象的概念。在公文处理工作实践中，参与者应切实把握正式行文和非正式行文的异同，防止因概念认识偏差导致行文不规范情况的出现。为准确且全面地理解和把握这个概念，一般可以采用将正式行文和非正式行文进行比较分析的方法，主要从公文格式和适用事项范畴两个方面着手。

一方面，可以从正式行文和非正式行文各自对应的公文格式上着手。正式行文对应的公文格式一般为公文的通用格式、命令（令）格式、纪要格式等，非正式行文对应的公文格式一般为信函格式。从正式行文和非正式行文各自对应的公文格式特征（前文已详细阐释了不同公文格式的特征，此处不再展开）对比中，可以比较直观地体现出正式行文和非正式行文的异同。

另一方面，还可以从正式行文和非正式行文的适用范畴上着手。正式行文一般适用于公布法规规章、请示报告事项、请求指示批准、答复请示事项、汇报工作等，非正式行文一般适用于商洽工作、询问和答复问题、审批事项等。从正式行文和非正式行文的适用范畴对比中，也可以比较直观地体现出正式行文和非正式行文的异同。

※**需要特别提醒的是：**

相比于《条例》(1996版)及《办法》(2000版)，《条例》在承接以往规定的同时，紧密结合新情况新问题，在联合行文规则、平行文规则、对外正式行文规则等方面进行了优化。《条例》关于联合行文、平行文、对外正式行文等行文规则的规定在边界上更加明显、在内容上趋于全面,具体如下。

1. 关于联合行文规则

《条例》(1996版)规定了"同级党的机关、党的机关与其他同级机关之间必要时可以联合行文"。

《办法》(2000版)规定了"同级政府、同级政府各部门、上级政府部门与下一级政府可以联合行文;政府与同级党委和军队机关可以联合行文;政府部门与相应的党组织和军队机关可以联合行文;政府部门与同级人民团体和具有行政职能的事业单位也可以联合行文"和"属于部门职权范围内的事务,应当由部门自行行文或联合行文"。

《条例》则规定了"同级党政机关、党政机关与其他同级机关必要时可以联合行文。属于党委、政府各自职权范围内的工作,不得联合行文"。

相比之下,《条例》相关规则的文字更加精炼,且明确提出了不得联合行文的相关要求。

2. 关于平行文规则

《条例》(1996版)未明确提及党委各部门相互行文规则。

《办法》(2000版)规定了"政府各部门依据部门职权可以相互行文"。

《条例》则规定了"党委、政府的部门依据职权可以相互行文"。

相比之下,《条例》沿用了《办法》(2000版)的相关规定但在文字上更加精炼,补齐了党委各部门相互行文规则的制度留白,扩大了部门相互行文的适用范围。

3. 对外正式行文平行文规则

《条例》(1996版)未明确提及对外正式行文的相关规则。

《办法》(2000版)规定了"部门内设机构除办公厅(室)外不得对外正式行文"。

《条例》则规定了"部门内设机构除办公厅(室)外不得对外正式行文"。

相比之下,《条例》沿用了《办法》(2000版)的相关规定,并补齐了党的部门内设机构对外正式行文规则的制度留白,扩大了不得对外正式行文的适用范围。

在公文处理工作实践中,参与者应防止因思维定式或工作习惯而沿用

《条例》(1996版)及《办法》(2000版)关于"联合行文规则、平行文规则以及对外正式行文规则"的相关规定,尽力避免联合行文规则、平行文规则以及对外正式行文规则等使用不规范情况的出现,以确保联合行文、平行文以及对外正式行文规则使用准确。

第四章　公文拟制

　　基础不牢，地动山摇。作为公文处理工作的重要组成部分，公文拟制不仅是公文处理工作的流程起点，也是公文处理工作质效的基础基石。如果把公文处理工作比作大厦，那么公文拟制就是这座大厦的地基，地基牢则大厦坚，地基松则大厦倾。

　　《条例》规定了"公文处理工作是指公文拟制、办理、管理等一系列相互关联、衔接有序的工作"，同时也规定了"公文拟制包括公文的起草、审核、签发等程序"，并将公文拟制作为独立章节与行文规则、公文办理、公文管理等并行编排。从种属关系看，公文拟制在作为公文处理工作的属概念的同时，也作为公文起草、公文审核、公文签发等的种概念。

　　相对而言，《条例》（1996版）仅提及了"公文拟制"的表述，但未明确其所包括的主要流程，并将公文起草、公文校核、公文签发等作为独立章节与行文规则、公文办理、公文管理等并行编排。《办法》（2000版）未提及"公文拟制"的表述；同时将草拟、审核、签发等程序作为发文办理的组成部分，与复核、缮印、登记、分发等程序统一编排在发文办理的章节。

　　相比之下，《条例》对公文起草、公文审核、公文签发等公文处理工作流程环节进行了重新梳理和划分，并对相关表述进行了调整，使得公文拟制所包含的流程环节之间、公文拟制流程环节与其并行流程环节之间的相互关系更加清晰明确。

　　在公文处理工作实践中，部分参与者对公文拟制相关规定学习不够、认识不深、把握不准，以致在公文拟制的起草、审核、签发等环节出现诸多不规范情况，比如：在起草环节存在公文内容与现行有关公文矛盾等不规范情况，在审核环节存在不严格、走过场等不规范情况，在签发环节存在上行文未经机关主要负责人签发等不规范情况。

　　基于上述考量，该章以《条例》关于"公文拟制"的若干规定为主要依据，结合公文处理工作实践，针对当前公文拟制中存在的短板不足，从公文起草、公文审核、公文签发等方面着手，进一步梳理分析公文拟制相关规定，为公文处理工作参与者更好地理解、把握和运用公文拟制相关规定提供参考。

第一节　公文起草

一、基本规定

《条例》第十九条规定：

公文起草应当做到：

（一）符合党的理论路线方针政策和国家法律法规，完整准确体现发文机关意图，并同现行有关公文相衔接。

（二）一切从实际出发，分析问题实事求是，所提政策措施和办法切实可行。

（三）内容简洁，主题突出，观点鲜明，结构严谨，表述准确，文字精练。

（四）文种正确，格式规范。

（五）深入调查研究，充分进行论证，广泛听取意见。

（六）公文涉及其他地区或者部门职权范围内的事项，起草单位必须征求相关地区或者部门意见，力求达成一致。

（七）机关负责人应当主持、指导重要公文起草工作。

二、常见问题

在公文起草实践中，部分公文处理工作参与者把握不准、不严格把握、甚至不把握上述规定，导致在公文起草方面产生诸多不规范情况。

（一）在行文理据方面

主要存在行文理由不充分（理由不充分具体情况已在行文规则部分进行了较为全面的论述，此处不再详细展开）、行文依据选用错误、行文依据表述不准确等情况。

（二）在相关衔接方面

主要存在不符合党的路线方针政策、不符合国家法律法规、发文机关意图体现不准确或不完整、与现行相关公文发生冲突等情况。

（三）在求实务实方面

主要存在分析问题文过饰非、引述材料脱离实际、政策措施办法缺乏针对性、政策措施办法可操作性弱等情况。

（四）在内容撰写方面

主要存在层层"穿鞋戴帽"、主题不突出、观点不鲜明、结构残缺或混乱、表述不规范或不准确、文字表达"拖泥带水"、内容篇幅冗长等情况。

（五）在文种选用方面

主要存在向上级机关请示事项时选用"报告"文种、向无隶属关系机关请求批准事项时选用"请示"文种、在向无隶属关系机关答复审批事项时选用"批复"文种、就非会议通过事项行文时选用"决议"文种等情况。

（六）在文种格式方面

主要存在公文种类选用错误，公文格式各要素组成及编排不规范，汉字、数字、外文字符、计量单位和标点符号等不规范，公文用纸幅面不规范等情况（公文格式方面存在的不规范情况已在前文中进行了较为全面的论述，此处不再详细展开）。

（七）在调研论证方面

主要存在调查研究不深不实、论证不够充分、征求意见不够广泛等情况。

（八）在行文权限方面

主要存在涉及多机关职权范围内的事项未经协商、未及时协商或未充分协商等情况。

（九）在责任担当方面

主要存在起草人员责任心不强、机关负责人对公文起草重视不够、机关负责人不主持或不指导重要公文起草等情况。

三、实践把握

公文起草是一项涉及多主体、多空间、多时段、跨领域的专业性较高的综合性工作，做好公文起草工作的难度是显而易见的。公文起草不仅是公文拟制的基础环节，也是整个公文处理工作的基础。作为公文处理工作的"第一手工作"，公文起草如果不讲效率、质量不高，势必会影响其后相关公文处理工作的进度、质量和成效。因此，公文处理工作参与者应当切实做好公文起草工作，全面提升公文起草效率和质量。

做好公文起草工作，除了应当强化公文写作基本能力外，还应全面准确地理解和把握公文起草的相关规定。从公文起草实践看，一般可以从相关衔接、求实务实、内容撰写、文种格式、调研论证、行文权限、责任担当等方面着力。

（一）在起草理据方面

"确需起草"是公文起草的潜在逻辑起点，故《条例》公文起草未就起草依据进行规定，但《条例》公文审核部分明确将"行文理由是否充分，行文依据是否准确"作为审核的重点。综上所述，公文起草人员应实施公文起草工作前再次对公文起草理由和依据进行确认。

1.关于行文理由

公文行文理由把握已在前文行文规则部分进行了阐释，此处不再展开。

2.关于行文依据

常见行文依据包括党和国家的方针政策、重大战略部署，上级机关决定要求、任务安排，本机关决策部署，现行制度规定等。在公文行文依据把握上，公文处理工作参与者应注意两点：一是行文依据的选用应当准确，防止出现"衣不合体"或"张冠李戴"的情况。二是行文依据的表述应当准确，不仅包括表意准确，也包括格式规范。以引用《中国共产党章程》为例，一般应使用该法规的全称并用书名号"《》"扩入，防止出现"《党章》""《中国共产党党章》""（中国共产党章程）"等不规范情况。

（二）在相关衔接方面

《条例》从符合党的理论路线方针政策、符合国家法律法规、完整准确体现发文机关意图、同现行有关公文相衔接等方面明确提出了公文起草的相关衔接要求。

1.从符合党的理论路线方针政策看

公文起草还应当坚持正确方向、尤其是政治方向。只有沿着正确方向，才能立足发展全局、把握发展大势，才能够顺势而为、乘势而上，获取更多资源支持，推动自身更好发展。反之，如果在方向上同党的理论路线方针政策出现偏差、甚至背道而驰，就会增加不必要的发展成本、甚至发生根本性错误。以起草地区国民经济和社会发展第十四个五年规划为例，公文内容应深入贯彻习近平新时代中国特色社会主义思想，符合党的基本理论、基本路线、基本方略，以中共中央提出的

"十四五"时期经济社会发展指导方针和主要目标为牵引。

与此同时,在具体把握上公文起草还应符合上级决定要求(尤其是上级机关对党的基本理论、基本路线、基本方略的贯彻落实),只有在此基础上,才能助力上级机关实现其工作目标,同时让本机关最大程度地取得上级机关政策、资源、资金等方面支持,进而更好完成本机关工作任务。

2. 从符合国家法律法规看

不论是党政机关,是立法机关、监察机关、司法机关,还是人民团体、经济组织、其他社会组织,都应当将符合国家法律法规作为一项基本要求,贯彻到公文起草、公文处理工作始终,切实提升公文及公文处理工作合法合规性。如果公文内容不符合国家法律法规,公文效力就会大打折扣,甚至导致公文毫无效力。以起草招标管理办法为例,公文内容应以《中华人民共和国招标投标法》及《中华人民共和国招标投标法实施条例》为准绳,符合国家法律法规相关要求。

与此同时,公文起草也应当符合党内法规。依据"纪严于法、纪在法前"原则,公文内容还应符合《中国共产党章程》《中国共产党问责条例》《中国共产党纪律处分条例》《中国共产党党内监督条例》等党内法规。以起草给予纪律处分及政务处分的决定为例,公文内容不仅应符合《中国共产党纪律处分条例》等党内法规的相关条款,而且应当符合《中华人民共和国监察法》及《中华人民共和国公职人员政务处分法》等国家法律法规的相关条款。

3. 从完整准确体现发文机关意图看

发文机关意图是发文机关依据上级精神要求、结合自身资源禀赋综合考量得出的,是对某项工作力求达到目标的一种打算或预期。一份公文如果不能完整准确体现发文机关意图,即使表述再准确、逻辑再严谨、格式再规范,也算不得一份好公文、甚至是一份失败公文。在公文处理工作实践中,完整准确体现发文机关意图可以从三个方面着手。

(1)在公文起草前。

公文起草人员可将概要梳理发文机关意图要点,并向机关负责人进行汇报确认,以夯实公文起草工作基础。

(2)在公文起草中。

公文起草人员应综合运用理论能力、逻辑能力、表达能力等,将发文机关意图进行具体转化落地,以完整准确体现出发文机关意图。在这个环节中,公文起草人员应做到"无我",始终聚焦和围绕发文机关意图展开撰写,防止根据个人理解对发文机关意图进行随意删减或添加，破坏发文机关意图的完整性和准确性。

（3）在公文起草后、送审前。

公文起草人员应对照发文机关意图对公文内容进行全面审视，以再次确保公文内容完整准确体现发文机关意图。

4.从同现行有关公文相衔接看

在公文起草时，尤其是在一些涉及跨机关、跨领域、跨专业事项的公文起草时，同现行有关公文相衔接是一个极其重要的问题，也是一个绕不开的问题。当前，公文起草主要存在同现行公文脱节和同现行公文矛盾两个方面的衔接问题，不仅影响公文自身质量，更重要的是一旦带着上述问题印发势必对工作造成严重不良后果。做好同现行公文衔接，一般应从纵向和横向两个方面把握。

在纵向上，公文起草要不仅应同上级现行有关公文衔接，还应与上位现行有关公文（制度类公文）衔接。在横向上，公文起草不仅应同本机关相关公文衔接，还应与同级不同领域机关的相关公文相衔接。

上述衔接有时是独立存在的，有时则是同时存在的。以起草落实中央八项规定及其实施细则精神方面的公文为例，不仅应同党中央及上级党组织（如有）相关公文衔接，还应同本机关调研、会议、公文、公车、公务接待、公费出国（境）等行政办公领域相关公文衔接，同领导干部履职待遇等干部人事领域相关公文衔接，同监督检查等纪检监察领域相关公文衔接等。

（三）在求实务实方面

公文源于工作实践，最后还要回归工作实践，落实到指导工作、解决问题、推动发展上。这就要求公文起草必须求实务实，才能夯实公文讲求实效的前提基础。公文起草做到求实务实，一般应从"一总、两重"着手，"一总"是公文起草"一切从实际出发"的总体要求，"两重"是公文起草"分析问题实事求是"和"所提政策措施和办法切实可行"的两个重点。

1.关于"一切从实际出发"

在公文起草中，从行文理据，到破题立意、谋篇布局、素材收集加工使用，再到形势研判、情况分析、政策措施和方法制定、预期效果等公文起草的方方面面，公文起草人员都应做到一切从实际出发。如果做不到这一点，公文起草不从实际出发，结合实际不紧、甚至脱离了实际，就可能会出现超发滥发公文、基本事实不真实不准确、综合分析以偏概全、对策措施不精准不落地等情况。

做到一切从实际出发,不仅要树立实事求是的思想,而且要锤炼实事求是的担当,还要具备实事求是的本领,最基础的是要尽量全面地掌握公文起草所涉及的真实准确的第一手材料。第一手材料不仅包括公文起草所需直接材料,有时还需掌握公文起草所需间接材料;不仅涉及本机关材料,也涉及上级机关材料,有时还涉及下级机关材料。

2. 关于"分析问题实事求是"

如果说第一手材料是公文起草求实务实的基础前提,那么分析问题则是公文起草求实务实的关键所在。从广义上看,这里的"分析问题",不应仅仅理解为分析工作存在的具体问题,也可以拓展至分析工作成绩、分析工作现状、分析工作面临形势、分析工作未来趋势等。在公文起草中,为做到分析问题实事求是,公文起草人员可以从分析问题(狭义)、分析成绩、分析现状、分析形势、分析趋势等五个方面着力。

(1)在分析问题(狭义)上。

公文起草人员应突出把握全面深刻的要求,既要防止讳疾忌医、掩盖问题,也要防止停在面上、浅尝辄止,切实找到问题产生的根源所在、对症下药。

(2)在分析成绩上。

公文起草人员应突出把握总结经验,既要防止蓄意夸大、无限拔高,也要防止只做不说、忽视总结,切实发挥成绩的正面效应、沉淀能力。

(3)在分析现状上。

公文起草人员应突出把握冷静客观,既要防止盲目自大,也要防止妄自菲薄,切实摸清现状的方方面面、行稳致远。

(4)在分析形势上。

公文起草人员应突出把握内外结合,既要防止闭门造车,也要防止盲目跟从,切实研判形势的利弊所在、为我所用。

(5)在分析趋势上

公文起草人员应突出把握长短结合,既要防止只顾眼前,也要防止不切实际,切实掌握趋势的动态变化、定准目标。

3. 关于"所提政策措施和办法切实可行"

政策措施和办法是公文起草的落脚点。在公文起草中,公文起草人员应当做到"对症下药",所拟定政策措施和办法不仅要具备较强针对性,还应具备较强可行性。如果政策措施和办法的针对性和可行性不足、甚至没有针对性和可行性,即使第一手材料掌握再多、分析问题再深刻,也都是无济于事的。提升所提政策措施和办法切实可行，一般应从针对性和可行性两个方面着力。

（1）关于针对性。

针对性主要解决的是"对症"问题。这个问题不仅包括已经出现的问题，也包括潜在的问题。政策措施和办法应带有鲜明的问题导向，切实提高针对性，不仅要针对问题的表层，更应针对问题产生的根源，做到"善除害者察其本，善理疾者绝其源"，防止出现"张冠李戴"等"不对症"情况。

（2）关于可行性。

可行性主要解决的是"下药"问题。这个可行性不仅应包括可操作性，也应包括可检查性和可评测性。在找对"病症"基础上，政策措施和办法应综合考量"病情轻重疾缓"、"病体基本情况""治标治本""病体经济承受能力""药物毒副作用"等因素，合理确定"用药"的时机、配比、药量、时长等内容，切实提升可行性，做到"综合实治"，既"治已病"、也兼顾"治未病"，防止出现政策措施和办法超越现实条件、超越现实阶段、超越承受能力等不切实际的情况。

（四）在内容撰写方面

内容撰写是一个综合运用阅读理解能力、综合分析能力、提出问题和解决问题能力、理论政策能力、逻辑思维能力等，通过语言将发文机关意图全面客观准确呈现出来的复杂过程。作为公文起草最核心部分，内容撰写水平的高低决定着公文起草质量的优劣。

《条例》关于内容撰写的相关规定，既是一个较高目标，公文起草人员在起草过程中应孜孜追求、力求更好；同时也是一项底线要求，公文起草人员在起草过程中应对标对表、不能突破。更好把握内容撰写的相关要求，进一步提升公文内容撰写质量，一般可以从内容简洁、主题突出、观点鲜明、结构严谨、表述准确、文字精练等六个方面着力。

1. 在内容简洁上

公文内容应简明扼要，在阐明意图基础上，提倡短、严控长。

（1）力求简短。

在具体撰写中，公文起草人员应力求用简短的文字将事项说清、说深、说透，做到可写可不写的则避免为长而写、可一带而过写的则避免层层深入展开写、可提纲挈领写的则避免全面铺开写，既要跳出"篇幅越长公文越好"的认识误区，也要避免片面追求"高、全、长"，切实防止空话连篇、言之无物，使得公文言简意赅、表意丰富且深刻。

（2）区分"穿靴戴帽"和当长则长。

在公文起草、特别是在基层机关公文起草中，公文起草人员应避免将所有上级机关就同一事项的要求进行层层罗列，出现"穿多双靴、戴多个帽"的情况。与此同时，公文起草人员应将需要在重要公文中反复强调的关于党和国家工作全局的总体性要求与"穿靴戴帽"区分开来。

对于上述总体性要求，公文起草人员不应在引述或阐释上做减法。当需要在公文中引述或阐释这些要求时，公文篇幅当长则长，相关内容该全面写的应全面写、该详细些的应详细些、该深入写的应深入写。以《中共中央关于制定国民经济和经济社会发展第十四个五年规划和二〇三五年远景目标的建议》为例，该文用了较多篇幅去阐释"'十四五'时期经济社会发展指导思想"和"'十四五'时期经济社会发展必须遵循的原则"两个总体性要求，为全党全国更好理解把握"十四五"时期经济社会发展指导方针提供了有力抓手，十分必要。

2. 在主题突出上

公文主题即公文中心思想，是发文机关意图的集中体现，是公文内容的核心要义。在一份公文中，发文机关想传达的意思可能有很多，但其所要表达的主题是相对唯一的。做到主题突出，公文起草人员一般可以从阐释方式、表达方式、突出方式等三个方面着力。

（1）在阐释方式上。

公文起草人员应坚持直接表述，做到直截了当，既要防止出现表述主题"九曲十八弯"或"若隐若现"的情况，也要防止出现形聚神散或形散神散的情况，降低公文受理机关领会公文主题的难度和成本，尽量使公文受理机关可以直接从字面意思领会公文主题。

（2）在表达方式上。

公文起草人员坚持连贯表述，做到一贯到底，既要防止出现东一榔头、西一棒子的情况，也要防止出现前一个意思、后一个意思的情况，使主题表达更加清晰完整，确保公文受理机关领会主题不偏差、不误读。

（3）在突出方式上。

公文起草人员应坚持多措并举，做到灵活把握，切实防止出现公文主题相比于其他内容缺少标志或特点的情况，在实践中可以采用将公文主题放在文首位置、将提示性词汇或短语加在公文主题之前、将体现公文主题的文字加粗等方式，尽量使公文主题易于辨识、乃至一目了然。

3. 在观点鲜明上

公文观点一般是指发文机关就公文涉及事项所持的态度或看法，一般可划分为总观点和分观点，通常被用于支撑公文主题。在公文起草中，公文主题有时会被作为公文总观点。做到观点鲜明，一般可以从总分一致和态度明确两个方面着力。

（1）总分一致。

在公文起草中，公文起草人员应保持总观点和分观点的一致性，切实防止在总分观点之间出现衔接不畅、甚至相悖的情况。以起草"意见"公文为例，公文起草人员应始终注意保持其总体意见和具体意见之间的承接性和一致性。

（2）态度明确。

在公文起草、尤其是起草指令性公文中，公文起草人员应确保公文观点态度明确，切实防止出现似是而非的观点、甚至是自相矛盾的观点。以起草"批复"公文为例，公文起草人员应就下级机关的请示事项阐明态度，或同意，或部分同意，或完全不同意，不同意的一般应给出合理依据，切不可写出模棱两可的观点，让下级机关无所适从。

4. 在结构严谨上

结构严谨不仅包括格式方面的结构严谨，比如公文中有无标题、有无主送机关、有无附件说明、有无成文日期等；同时也涉及逻辑方面的结构严谨。做到格式结构严谨，一般按照公文格式要求执行即可（前文已在公文格式部分阐释，此处不再展开）。做到逻辑结构严谨，公文起草人员一般应把握基本逻辑和其他逻辑（如时间逻辑、空间逻辑等）。

（1）就基本逻辑而言。

基本逻辑主要是指"是什么、为什么、怎么办"，是公文起草的底层逻辑架构，或显性或隐性的存在于所有公文之中（后文将专门阐释公文写作逻辑问题，此处不再展开）。以就起草活动方案为例，其内容一般均包含"是什么、为什么、怎么办"的基本逻辑，比如撰写活动的目的意义是在阐释为什么组织该活动，撰写活动的规模预算、内容设置、阶段划分等是在阐释该活动是什么，撰写活动的组织领导、责任分工、推动举措、落实要求等是在阐释该活动怎么办。

（2）就其他逻辑而言。

公文起草其他逻辑一般包括时间逻辑和空间逻辑（后文将专门阐释公文写作逻辑问题，此处不再展开），往往和基本逻辑结合使用。运用其他逻辑一般采用重点选用的方式，不需要面面俱到。以《中共中央关于制定国民经济和社会发展第十四个五年规划和二〇三五年远景目标的建议》为例，该文由 15 个部分、三大板块组成，其中第一板块为总论，内含了时间逻辑（一是过去：决胜全面建成小康社会取得决定性成就；二是现在：我国发展环境面临深刻复杂变化；三是未来：到 2035 年基本实现社会主义现代化远景目标）。第二板块为分论，分领域阐述"十四五"时期经济社会发展和改革开放的重点任务，这些领域内含了包括"五位一体"及"四个全面"在内的社会空间逻辑。

5.在表述准确上

表述准确是公文起草的重要要求，也是公文起草的基本要求。在公文起草实践中，一旦公文内容表述准确性出现问题，公文的质量就会大打折扣，发文机关的工作能力、工作态度以及对外形象都会受到负面影响。因此，公文起草人员必须重视并确保公文内容表述的准确性。做到表述准确，公文起草人员一般应从表述正确和表述恰当两个方面着手。

（1）关于表述准确。

在公文起草中，公文起草人员应确保人名、地名、时间、数字、段落顺序、引文等内容表述正确，防止出现因人名错误、地名错误、时间错误等低级问题导致公文权威性受到质疑、甚至直接影响相关工作开展的情况。以起草人员处分决定为例，如果被处分人员姓名的表述错误，受理机关就无法依此公文对被处分人员进行处分，同时处分结果也可能会受到被处分人员的质疑。

（2）关于表述恰当。

在公文起草中，公文起草人员应结合事项基本事实、形势政策要求、发文机关地位（对上对下无隶属关系）等因素，对公文内容进行恰当表述。

从事项基本事实看，公文起草人员应坚持客观表述，在内容表述上既不能刻意夸大、也不能有意贬低。以表述参与人员数量为例，当参与人员数量为 99 时，一般可使用"近百人"的表述，但不可使用"百人"或"百余人"的表述。

从形势政策要求看，公文起草人员应坚持守正创新，在内容表述上既不能随意调整、也不能过度追求个性化。以表述重要名词为例，"新常态"是专用于经济领域的，是一个经济学概念，不能随意改变其适用领域，使用"政治新常态""文化新常态""社会新常态"等不恰当表述。

从发文机关地位看，公文起草人员应坚持对标对表，根据行文方向和隶属关系进行恰当表述，在内容表述上既不能自抬"身份"、也不能自降"身价"。以副词使用为例,"必须""应""要"等词一般可用在上级机关对下级机关的行文当中,而不用在下级机关对上级机关、无隶属关系的机关之间的行文当中。

6. 在文字精练上

文字精练一般是指运用较强文字能力精简不必要文字使得公文内容更加简练扼要的过程,同时既是一种公文起草重要能力、也是一项公文起草重要要求,需要公文起草人员在公文起草中把握落实。相对于内容简洁的要求,文字精练更加微观、更有难度,主要集中在用字、遣词、造句等方面的精练。

在公文起草中,公文起草人员应反对形式主义,摆脱"以长为美""以长为优""以长为能"等错误认识,坚持实事求是,说简短且有用的话,切实防止"无话凑话""直话绕说""短话长说"等情况的出现。做到文字精练,公文起草人员应坚持直截了当,做到意尽言止,不仅应落实"简单的话简单说、复杂的话清楚的说"的基本要求,还应追求"删繁就简三秋树、文章不写半句空"的更高标准。

以起草政府工作报告为例,1975年,邓小平同志负责起草周恩来总理在四届全国人大一次会议上的报告,只用了五千字。后来谈到这件事的时候,邓小平同志说:"五千字,不是也很管用吗?"

(五)在文种格式方面

关于文种和格式的相关要求已在前文公文种类和公文格式两部分分别进行了详细阐释,此处不再展开。

(六)在调研论证方面

这里所述调研论证是广义的,一般包括调查研究、进行论证、听取意见三个方面内容。尽管调查研究、进行论证、听取意见三者各有特点,但不能就此将上述三者割裂开看。在公文处理工作实践中,上述三者时常是你中有我、我中有你。在公文起草中,基本情况掌握全面不全面、问题现状分析深透不深透、任务目标确立务实不务实、对策措施制定精准不精准,一般都会受到调查研究是否深入、进行论证是否充分、听取意见是否广泛等因素的综合影响。可以说,一份高质量公文的产生,往往离不开深入调查研究、充分进行论证、广泛听取意见等举措的有力支撑。做好调研论证,各级各类机关一般可以在"真""实""新"等三个字上下功夫、花力气。

1. 在"真"上

围绕公文意图,各级各类机关还应锚定调查研究、进行论证、听取意见的认识起点，坚持真调查真研究、真进行论证、真听取意见，切实防止忽视调研论证价值、对调研论证结果搁置不用或对意见建议征而不用等情况的发生，做到真信调查研究、进行论证、听取意见的价值作用，真做调查研究、进行论证、听取意见的相关事宜，真用调查研究、进行论证、听取意见的成果结论。

以《中共中央关于制定国民经济和社会发展第十四个五年规划和二〇三五年远景目标的建议》的起草为例，文件起草组广泛听取意见，对各方面意见和建议进行逐条分析，"做到了能吸收的尽量吸收，对建议稿增写、改写、精简文字共计366处，覆盖各方面意见和建议546条，反馈意见的吸收率达21.88%"。

2. 在"实"上

形式主义既是调研论证容易出现的问题，也是调研论证需要防范的大忌。各类各级机关开展调研论证要在"实"上下功夫，脱虚向实、避虚就实，既要坚克服"作秀式"调研、"钦差式"调研、"蜻蜓点水式"调研、"演戏式"论证、"机械式"论证等显性形式主义表现，也要坚决克服"调""研"脱节、只"调"不"研"、重"调"轻"研"、只"论"不"证"、只"听"不"纳"等隐性形式主义表现。同时，应在调研论证事前准备、事中推进、事后总结的全流程中求实务实落实，采用闭环管理、强化结果运用，做到务虚要实、务实更要实。

以《中共中央关于制定国民经济和社会发展第十四个五年规划和二〇三五年远景目标的建议》的起草为例，在十九届五中全会期间，自2020年10月26日始，经过两天半的充分讨论，文件起草组根据与会代表提出的290余条修改意见，对建议稿作出31处修改；28日晚上，中央政治局常委会会议审议建议修改稿；29日上午，文件起草组吸收在全会讨论中与会代表新的意见建议，又对建议稿作出修改并最终形成建议表决稿；29日下午，全会正式审议通过了这份建议。从上述细节不难看出，在会议内容如此充实、日程安排如此紧凑情况下，文件起草组仍坚持做到了求实务实落实，通过在每一个环节、每一个流程上的落实到位，才能确保一份高质量高水平的规划建议的最终呈现。

3. 在"新"上

时代在发展，理念在更新，技术在进步，调研论证也需要随之创新，以更好满足公文起草的现实要求。调研论证的"新"，更多的是在传统模式基础上的融合创新。

在理念上，基于移动互联已融入工作学习生活的方方面面的基本事实，各类各级机关应推动调研论证传统理念与互联网理念的融合创新，在调研论证上秉持更加包容开放的态度。

在技术和模式上，基于大数据、云计算、人工智能等新技术的广泛应用，相对于传统模式，现代模式在信息采集、分析、处理、输出等方面的速度实现了指数级增长，极大提升了调研论证的效率，同时使得定性分析论证的基础更广泛、定量分析论证的数据更精准。各类各级机关应推动调研论证传统模式和现代模式的融合创新、传统方式和现代方式的交互使用，不断丰富调研论证参与形式、拓展调研论证参与范围、增加调研论证参与人数。

以《中共中央关于制定国民经济和社会发展第十四个五年规划和二〇三五年远景目标的建议》的起草为例，文件起草组除组织多场线下座谈会征求意见、建议稿下发党内一定范围征求意见等传统方式外，在我国五年计划和规划编制史上还首次通过互联网向社会征求意见建议，有关方面从 100 多万条留言中整理出 1000 余条建议，其中不乏被采纳的建议。比如：一位网民在就农村养老问题的留言中提及了"互助性养老"的表述，文件起草组高度重视这条建议并在文件中吸收了网民建议，明确纳入"互助性养老"的提法。

（七）在行文权限方面

发文机关是否具备行文权限，是影响公文效力的重要因素。在公文起草中、尤其在一些基层机关公文起草中，不时出现的超权限情况极大削弱了公文效力、甚至导致公文失效。

1. 就职权范围内的事项行文时

相关要求较为容易把握，发文机关根据自身工作需要行文即可。

2. 就职权范围外的事项行文时

相关公文起草要求把握难度相对较大，发文机关除了根据自身工作需要外，还要就超出职权范围的事项取得相关机关的同意或授权，且应做到应征尽征、充分征求，在此基础上可区分不同意见并结合行文方向去把握相关行文要求。

当征求意见结果为同意时，主办机关可以向上级机关、下级机关或无隶属关系机关行文；同时，可以单独行文（此时应在公文内容中明确已征得相关机关同意），也可以联合行文。

当征求意见结果为不同意时，主办机关可以向上行文（此时需在公文内容中明确相关机关的不同意见），但不得向下行文；同时，单独行文，还是联合行文，主办机关可根据与相关机关的协商情况确定。

（八）在责任担当方面

公文起草质量高低受多种因素影响，就主观影响因素而言，除了取决于公文起草人员的政治素养、理论修养、政策水平、逻辑思维、文字表达、实践历练等外，还有赖于公文起草人员的责任担当，故公文起草者应当履职尽责、强化担当，重视每一份公文的起草工作，守住"文经我手无差错"的底线，力求写出更多更好的精品公文。

1. 责任担当的正向作用

公文起草人员责任担当强，不一定就能直接提升公文起草质量，但在一定程度上能够激发其他因素的潜能或者弥补其他因素存在的不足，对公文起草质量起到正向推动作用。

以《中共中央关于制定国民经济和社会发展第十四个五年规划和二〇三五年远景目标的建议》的起草为例，该公文的高质量完成，与文件起草组高度的责任担当紧密相关。在近200天文件起草过程中，全体文件起草组成员夙兴夜寐、孜孜不倦，全身心投入到文件起草工作中，工作场所的灯光常常彻夜不熄。其间，仅学习整理的文字材料就达数百万字之多，且材料上写了密密麻麻的笔记、贴满了便签与索引。

2. 缺乏责任担当的影响

公文起草人员责任担当不强、甚至缺乏责任担当，其他因素的效能也会受到影响或制约，公文质量势必会有所降低。在公文起草实践中，因公文起草人员缺乏责任心导致"一字之差、谬以千里"的情况屡见不鲜，比如：在违规违纪人员相关处理通报中，公文起草人员因缺乏基本的责任担当，在描述违规违纪人员相关事实时将"不严格遵守制度规定"写成"严格遵守制度规定"，直接导致处理结果的不成立，极大削弱了公文起草机关的形象和威信。

特别要强调的是，对于重要公文的起草工作，机关负责人的支持和指导，不仅会产生带动示范效应、促使具体起草者更加重视，而且会对呈现发文机关意图、破题立意谋篇布局、把方向定目标解任务等公文起草的具体工作产生关键作用，进而提升重要公文起草工作质量和效率。

重要公文往往事关机关改革发展稳定等方面的重要事项，其重要性不言而喻。其起草质量如何，往往会对机关重要事项的贯彻执行产生直接影响。在重要公文起草工作实践中，少许机关负责人对起草公文思想上不重视、责任上不明确、工作中借口忙，对起草工作的参与不够、甚至不参与，出现"放任不管""当甩手掌柜""当挂名指导"等现象，严重影响和制约重要公文起草工作的质效提升。因此，无论从重要公文自身重要性看，是从重要公文起草工作存在问题看，还是从重要公文起草相关规定看，机关负责人都应当主持、指导其重要公文起草工作。

以《中共中央关于制定国民经济和社会发展第十四个五年规划和二〇三五年远景目标的建议》的起草为例，在该公文起草过程中，习近平总书记亲自担任组长，2次主持召开文件起草组全体会，亲自主持召开了7场专题座谈会，网上意见征求活动后专门作出重要指示；先后3次主持召开中央政治局常委会会议、2次主持召开中央政治局会议审议建议送审稿；十九届五中全会期间，于28日晚主持召开中央政治局常委会会议审议建议修改稿。由此可见，习近平总书记对重要公文的重视程度。正如古人所言，"子帅以正，孰敢不正"。习近平总书记在日理万机的情况下依然重视重要公文起草工作，并就主持、指导重要公文起草工作躬亲垂范，其他各类各级机关负责人更应高度重视重要公文起草工作，做到亲自支持、亲自指导、亲自参与。

※需要特别提醒的是：

相比于《条例》（1996版）及《办法》（2000版），《条例》在承接以往规定的同时，紧密结合新情况新问题，对公文起草相关要求进行了调整和优化，重点从相关衔接、切实务实、内容撰写、文种格式、调研论证、行文权限、责任担当等方面明确了公文起草的相关要求，为做好公文起草工作提供了制度遵循。

1. 关于相关衔接的规定

《条例》（1996版）规定了"符合党的路线、方针、政策和国家的法律、法规及上级机关的指示，完整、准确地体现发文机关的意图，并同现行有关公文相衔接"。

《办法》（2000版）规定了"符合国家的法律、法规及其他有关规定"。

《条例》则规定了"符合党的理论路线方针政策和国家法律法规，完整准确体现发文机关意图，并同现行有关公文相衔接"。

相比之下，《条例》以《条例》（1996版）中的相关规定为基础，调减了"上级机关的指示"的内容（《条例》已不再将"指示"列为法定文种），精简了相关标点符号和助词，其相关规定在内容上更合新规、在文字上更加精炼。

2. 关于求实务实的规定

《条例》（1996版）规定了"全面、准确地反映客观实际情况，提出的政策、措施切实可行"。

《办法》（2000版）规定了"如提出新的政策、规定等，要切实可行并加以说明"以及"情况确实"。

《条例》则规定了"一切从实际出发，分析问题实事求是，所提政策措施和办法切实可行"。

相比之下，《条例》在提出"一切从实际出发"的总体性要求基础上，重点从分析问题、制定政策措施和办法两个方面分别提出要求，其相关规定在内容上更加丰富、在覆盖面上更加广泛、在相关文字上也更加精练，在原则性、逻辑性、指导性、针对性等方面也更强。

3. 关于内容撰写的规定

《条例》（1996版）规定了"观点明确，条理清晰，内容充实，结构严谨，表述准确""开门见山，文字精练，用语准确，篇幅简短，文风端正""杜绝形式主义和繁琐哲学"。

《办法》（2000版）规定了"情况确实，观点明确，表述准确，结构严谨，条理清楚，直述不曲，字词规范，标点正确，篇幅力求简短"。

《条例》则规定了"内容简洁，主题突出，观点鲜明，结构严谨，表述准确，文字精练"。

相比之下，《条例》根据自身条款划分标准，同时为避免就同一事项进行重复规定或要求，对《条例》（1996版）和《办法》（2000版）中的相关规定删减或整合，其相关规定在表意上更加清晰、在文字上更加精练。

4. 关于文种格式的规定

《条例》（1996版）规定了"人名、地名、时间、数字、引文准确。公文中汉字和标点符号的用法符合国家发布的标准方案，计量单位和数字用法符合国家主管部门的规定"以及"文种、格式使用正确"。

《办法》（2000版）在文种、紧急程度、信息准确、引文规范、结构层次序数、计量单位、简称、数字用法等方面对文种格式作出相关规定。

《条例》则规定了"文种正确，格式规范"。

相比之下，《条例》第三章（公文格式）以及《格式》第2条和第9条已对公文中汉字、数字、外文字符、计量单位、标点符号等的用法作出了相关要求，故在公文起草相关要求部分未进行重复要求，而是采用了"格式规范"的表述对相关内容进行了概括性表述，在文字上高度精练、在表意上简单明了。

此外,《办法》(2000版)规定了"引用公文应当先引标题,后引发文字号",但该办法已经废止,随之其相关规定也就不再具备法定强制性;与此同时,《条例》未就"引用公文"作出相关要求,仅在其公文审核部分提及"引文等是否准确"且未给出具体判定标准。因此,在公文起草中,如需引用公文,判定引用公文是否准确的基本标准应为所引公文标题是否准确,是否有其他判定标准应结合发文机关公文处理工作相关制度中相关规定进行分析和把握。公文起草人员切不可"先入为主",仅依据《办法》(2000版)就直接判定"引用公文只引标题"或者"先引发文字号,后引公文标题"为不规范情况。

5. 关于调研论证的规定

《条例》(1996版)规定了"起草重要公文应当由领导人亲自动手或亲自主持、指导,进行调查研究和充分论证,征求有关部门意见"。

《办法》(2000版)未就公文起草的调研论证作出明确具体规定。

《条例》则规定了"深入调查研究,充分进行论证,广泛听取意见"。

相比之下,《条例》填补了《办法》(2000版)中关于调研论证方面的制度留白;同时,在《条例》(1996版)相关规定基础上进行了拓展和明确,更加凸显了调研、论证以及听取意见对做好公文起草工作的重要作用。

(1)《条例》相关规定在适用范围上更广。

《条例》(1996版)相关规定是针对起草重要公文提出的,而《条例》相关规定的适用对象或范围并未被限定;同时,《条例》(1996版)相关规定仅要求"征求有关部门意见",而《条例》相关规定则未限定征求意见的对象或范围。

(2)《条例》相关规定在要求上更明确更务实。

《条例》在"调查研究"前增加限定词"深入",进一步明确调研的程度,防止调研走过场或者浮在面上;同时,《条例》在"听取意见"前增加了限定词"广泛",进一步明确了听取意见的范围,防止听取意见覆盖面过窄。

6. 关于行文权限的规定

《条例》(1996版)规定了"起草重要公文应当由领导人亲自动手或亲自主持、指导,进行调查研究和充分论证,征求有关部门意见"。

《办法》(2000版)规定了"拟制公文,对涉及其他部门职权范围内的事项，主办部门应当主动与有关部门协商，取得一致意见后方可行文；如有分歧，主办部门的主要负责人应当出面协调，仍不能取得一致时，主办部门可以列明各方理据，提出建设性意见，并与有关部门会签后报请上级机关协调或裁定"。

《条例》则规定了"公文涉及其他地区或者部门职权范围内的事项，起草单位必须征求相关地区或者部门意见，力求达成一致（不是必须一致）"。

相比之下，《条例》已在行文规则部分就"涉及多个部门职权范围内的事务"行文作出相关要求，故在此处仅就"涉及其他地区或者部门职权范围内的事项"征求意见相关事宜作出要求，明确了必须征求意见的适用事项、征求意见的结果目标（即"力求达成一致"），其中：征求意见本身是一个强制性要求，而结果目标则是一个开放式要求，在公文起草实践中应区分把握。

7. 关于责任担当的规定

《条例》（1996版）规定了"起草重要公文应当由领导人亲自动手或亲自主持、指导"。

《办法》（2000版）未就公文起草中机关负责人的责任担当作出明确规定。

《条例》则规定了"机关负责人应当主持、指导重要公文起草工作"。

相比之下，《条例》填补了《办法》（2000版）中关于公文起草责任担当方面的制度留白；同时，在《条例》（1996版）相关规定基础上，《条例》从称谓、句式、内容等方面均进行了调整优化。一是将"领导人"调整为"机关负责人"；二是规定内容的主语由"起草重要公文"调整为"机关负责人"，更加凸显机关负责人对起草重要公文所担负的责任；三是删去了"亲自"和"动手"两个词汇，但保留了"主持"和"指导"两个词汇，在文字上更加精练，在内容要求上更贴近实际（即机关负责人应当主持、指导重要公文起草工作，但不一定要亲自执笔撰写重要公文）。

在公文处理工作实践中，参与者应防止因思维定式或工作习惯而沿用《条例》（1996版）及《办法》（2000版）关于"公文起草"方面的相关规定，尽力避免各类公文起草不规范情况的出现，以确保公文起草合规高效。

第二节 公文审核

一、基本规定

《条例》第二十条规定：公文文稿签发前，应当由发文机关办公厅（室）进行审核。审核的重点是：

（一）行文理由是否充分，行文依据是否准确。

（二）内容是否符合党的理论路线方针政策和国家法律法规；是否完整准确体现发文机关意图；是否同现行有关公文相衔接；所提政策措施和办法是否切实可行。

（三）涉及有关地区或者部门职权范围内的事项是否经过充分协商并达成一致意见。

（四）文种是否正确，格式是否规范；人名、地名、时间、数字、段落顺序、引文等是否准确；文字、数字、计量单位和标点符号等用法是否规范。

（五）其他内容是否符合公文起草的有关要求。

需要发文机关审议的重要公文文稿，审议前由发文机关办公厅（室）进行初核。

二、常见问题

在公文审核实践中，部分公文处理工作参与者把握不准、不严格把握、甚至不把握上述基本规定，导致在公文审核方面产生诸多不规范情况。

（一）在审核概念方面

主要存在对审核的内涵要义理解不深、对审核的价值作用认识不够等情况，导致出现混淆审核、复核、校核、校对等概念，以及只审不核、只核不审等后果。

（二）在审核主体方面

主要存在审核实施主体不规范等情况，导致出现审核无效的后果。比如，在发文机关设有办公厅（室）或设有承担办公厅（室）职能的综合机构情况下，公文文稿由该机关内设其他部门进行审核，其审核是没有效力的。

（三）在审核内容方面

主要存在审核内容缺项漏项、审核内容重点不突出等情况，导致出现审核有留白、审核效率低、审核质量差等后果。

（四）在审核落实方面

主要存在审核不敢把关、审核把关不严、结果运用不到位等情况，导致出现审核质量不高、审核价值不彰、审核权威削弱等后果。比如，在审核由监督执纪部门或者"实权"部门送审的公文时，可能会出现审核人员因心存顾虑而畏首畏尾的情况。

（五）在审核能力方面

主要存在公文审核人员学习深度浅、学习范围窄、审核实践少、经验梳理少等情况，导致出现公文审核人员专业知识不够专、知识储备不够用、政策水平不够高、审核能力不够强、审核经验不够足等后果。

三、实践把握

作为公文拟制的中间环节，公文审核是一个刚性要求，绝不是可有可无的，而是必不可少的，对于确保公文质量发挥着极其重要的作用。做好公文审核工作，公文审核人员除应具备极端负责的工作态度和全面精湛的业务素质外，还离不开对公文审核相关规定的准确理解和灵活把握。只有准确理解和把握公文审核相关规定，公文审核人员才能搞清楚什么时机审核、谁来实施审核、审核内容是什么、审核结果如何运用等问题，才能做到依规审核、审核合规，从而夯实公文审核的质量基础和效力基础。从公文审核实践看，为更好理解和把握公文审核的相关规定，公文审核人员一般可以在审核概念、审核主体、审核内容、审核能力、审核落实等方面着力。

（一）在审核概念方面

公文审核是依据公文起草相关要求对公文文稿进行全面严格的审查核实并提出审核意见的把关过程，是公文拟制过程中必不可少的关键环节，旨在发现公文文稿差错、完善公文文稿不足、提高公文文稿质量。公文审核不是可选项而是必选项，既不能因公文起草者水平高就不审核，也不能因公文紧急程度高就不审核，还不能因机关负责人打招呼就不审核，更不能因嫌麻烦就不审核，公文审核人员应当做到凡发文必审核，把好公文拟制的质量关。

此外，在公文拟制实践中，公文审核人员还应把握审核与初核、复核、初审、复审、校核、校对等概念的区别联系，防止因概念混淆导致工作落实出现偏差。《条例》在其相关规定中提及了审核、初核、复核、初审、复审等5个词汇（这5个词汇均作为公文处理工作的环节出现），但并未提及校核和校对两个词汇。

1. 初核

初核是公文拟制过程中的一个特殊环节，是针对特殊公文进行的初步审核，是针对需要发文机关审议的重要公文文稿而言的，且在审议后还需对根据发文机关审议意见调整完善后的公文文稿进行审核。初核是审核的重要补充，与审核并不冲突。

2. 复核

复核是发文办理过程中的一个重要环节，是在公文签批后、印发前对公文文稿进行的再次审核。复核是审核的延续，在开展时机和内容上侧重与审核存在明显区别。一是复核开展时机与审核开展时机明显不同，与审核分属公文处理工作的两个不同过程；二是复核内容以公文的审批手续、内容、文种、格式等为重点，与审核内容（前文已进行详细阐释，此处不再展开）在侧重上有着明显区别。

3. 初审

初审是收文办理过程中的一个重要环节，是对所收公文进行的初步审核，初审重点包括是否应当有本机关办理、是否符合行文规则、格式是否符合要求等内容，是防止公文带"病"进入办理环节的首要关口。初审不同于初核，二者所处公文处理工作阶段不同，内涵及作用也不相同。

4. 复审

复审是对已经签发公文文稿的再次的审批签发，是在复核环节基础上衍生出的一个重要流程。当需对已签发公文文稿作出实质性修改时，在修改后应报该公文文稿的原签批人复审。复审的要求、流程同首次签发的要求及流程是一致的，既不能降低要求，也不能简化流程。

5. 校核

校核（公文校核）是《条例》（1996版）中使用的一个表述，处于公文起草与公文签发两个环节之间，其内容主要涉及报批程序、行文依据、相关衔接、行文权限、求实务实、公文格式等方面。校核同《条例》中所述审核相比，在所处阶段环节、主要内容上大致相同。

6. 校对

校对是指依据相关标准或者原稿对带印刷品、抄件或付印样张进行核对，是印刷行业的术语，是出版工作中的一道工序。《条例》《条例》(1996版)《办法》(2000版)等3个公文处理工作法规均未提及校对一词。因此，校对同《条例》中所述的审核相比，在所处阶段环节、主要内容上均存在较大差别。

（二）在审核主体方面

公文审核主体是公文审核的实施者，公文审核主体正确与否直接影响公文审核行为的合规性，公文审核主体的工作成效直接影响着公文审核作用价值体现。根据《条例》规定，公文文稿签发前应对公文进行审核，此时公文审核的主体为办公厅（室）。在公文处理工作实践中，不设办公厅（室）的机关，公文文稿签发前应由发文机关承担办公厅（室）职能的部门进行审核。

需要注意的是，从公文起草到公文核发，公文文稿可能需要部分或者全部经历送审稿、讨论稿、修改稿、表决稿等不同阶段，公文在这些阶段均离不开审核或初核。此时，审核或初核主体可能就不会局限于发文机关办公厅（室）或者承担办公厅（室）职能的部门了。

此外，在公文起草后至公文送审前，发文机关负责起草公文的部门一般都会对公文文稿进行内部"审核"（或自我"审核"），此时就会产生一种比较特殊的"审核"主体（即发文机关负责公文起草的部门），但该主体与审核主体还是不同的，在公文处理工作实践中应加以区分。

（三）在审核内容方面

公文审核内容涉及方方面面。公文审核人员不仅需要审核公文起草是否符合行文规则、还需要审核公文文稿是否符合公文起草的相关要求，不仅要关注公文审核的重点内容、还要关注到公文审核的一般内容。公文审核内容具体包括行文理由是否充分、行文依据是否准确、相关衔接是否契合、行文权限是否得当、政策措施和办法是否务实、文中是否正确、格式是否规范、是否符合公文起草的其他要求等内容。

在公文处理工作实践中，实施公文审核应结合公文内容区分轻重缓急，突出重点、兼顾一般，急用先审、缓用稳审，切不可"眉毛胡子一把抓"。公文行文的相关规则、公文起草的相关要求已在前文行文规则部分和公文起草部分展开，此处不再详细阐释。

需要指出的是，公文审核主体和公文起草主体应承担起各自责任，共同努力提升公文文稿质量。公文审核主体应严格审核，防止公文文稿带着问题流转到公文签发环节；公文起草主体应提高"第一手工作"质量，尽力做到公文文稿不带问题送审。不能因为公文审核内容基本覆盖了公文起草的相关要求，公文审核主体或者公文起草主体就分别淡化各自责任、放松各自要求、降低各自标准。

此外，对于在办理流程上有特殊环节要求的公文，在公文审核时，除了审核上述内容外，还应审核其是否落实了特殊环节要求。如未落实，则不得行文。比如，制定或修订规章制度一般需要经历规章制度公示这一环节，如在公文审核时发现其未经公示，则不能让其通过审核，需及时退回起草机关并要求其按规定补齐相关流程。

（四）在审核能力方面

公文审核是专业性很强的工作，没有过硬的公文审核能力是做不好公文审核工作的。与公文起草应当具备的能力相比，公文审核能力的要求更高、涉及面也更广。做好公文审核工作，不仅需要具备阅读理解、提出问题和分析问题能力、文字表达能力、政策理论能力、公文格式运用能力等基本能力，还应当具备综合业务能力、专业审核能力、经验积累运用能力等重要附加能力。

1. 综合业务能力

综合业务能力主要是指对发文机关全业务知识的掌握能力，公文审核人员一般应对发文机关重点业务做到深入了解，对发文机关一般业务做到全面了解。在审核业务类公文文稿时，审核者应当做到不懂就问，切不可不懂装懂。

2. 专业审核能力

专业审核能力主要是指对审核符号（即校对符号）掌握和运用的能力，这种能力主要适用于纸质公文文稿审核，既可以用规范的审核图文体现出审核具体意见，同时也审核者专业能力的直接体现。对于电子公文文稿审核而言，不再需要审核者亲自标注审核符号，而是通过系统的审核（审阅）功能就可以记录并呈现审阅的详细过程。

3. 经验积累运用能力

经验积累运用能力主要是指对审核实践的进行梳理分析提炼转化的能力，这种能力对于提升公文审核效率具有直接作用，这也是机关要求专（兼）文秘人员队伍保持相对稳定的原因之一；这种能力一般包括显性能力和隐性能力两类，显性能力主要是指审核技巧（比如：易错常错的点位等），隐性能力主要是指审阅语感（这种能力则需要一定的时间积累才能形成）。

此外，公文审核人员应不断提升审核能力，不能仅仅满足于在文种正确、格式规范、信息准确等基础方面进行一般性审核并查漏补缺，还应力争在行文内在逻辑、表述准确凝练、问题分析深刻到位、政策措施和办法切实可行等方面进行深入性审核并提出更好意见，进一步提升公文拟制质量。

（五）在审核落实方面

在完成公文文稿内容审核后，公文处理工作相关参与者应区分不同审核意见抓好公文审核落实工作。

1. 对于不宜发文的公文文稿

对于不宜发文的公文文稿，公文审核人员应摒弃外部干扰、做到坚决把关，及时将公文文稿退回公文起草部门并说明理由，切实提升公文审核实效，既要防止公文"带病"向下一环节流转，更要防止出现超发滥发公文的情况。

为更好辨识不宜发文的公文文稿，公文审核人员一般应熟悉掌握不宜发文的几种常见情况，包括上级机关明令不得发文的、行文理由不充分的（包括可行文也可不行文的）、不符合党的理论路线方针政策和国家法律法规的、与现行有关公文冲突的、未就超出职权范围内的事项同相关机关（部门）进行协商的等。

此外，对于不宜发文的公文文稿，除了作出退回处理外，公文审核人员还应防止公文起草部门通过"改头换面"等方式重新就上述退回公文文稿涉及事项进行再次发文。

2. 对于符合发文条件但内容需作出进一步研究和修改的公文文稿

对于符合发文条件但内容需作出进一步研究和修改的公文文稿，公文审核人员应将审核意见及时全面详细告知公文起草部门，经由公文起草部门根据审议意见修改后重新报送。

需要指出的是，当公文内容需要进行实质性修改时，公文审核人员一般不可代替公文起草部门对公文文稿内容作出实质性修改；同时，公文起草部门根据审核意见对公文文稿作出调整后，仍需按照规定程序送公文审核部门审核，切不可直接送相关机关负责人进行审批签发。当公文内容需要进行一般性修改（如格式不规范、标点不准确、错别字等）时，公文审核人员经与公文起草部门沟通后可直接对公文文稿存在问题进行调整，公文起草部门自行调整后不再需要重新报送，进而大幅提升公文流转效率。

此外，对于公文起草部门重新报送审核的公文文稿，公文审核人员不仅应重点关注首次审核指出的需要进一步研究或修改的部分，还应按照公文审核内容的基本要求对其他部分进行再次审核。在再次审核实践中，公文审核人员切不可因出于信任或者嫌麻烦就不再对之前审阅过的相关部分内容进行审核，一方面通过再次审核对首次审核中可能存在疏漏进行"查漏补缺"，另一方面防止出现公文起草部门有意或无意对相关内容作出修改的情况。

※需要特别提醒的是：

《条例》重点从审核时机（含初核时机）、审核主体、审核内容、审核落实等方面明确了公文审核的相关要求，为做好公文审核工作提供了制度遵循。相比于《条例》(1996版)及《办法》(2000版)，《条例》在承接以往规定的同时，紧密结合新情况新问题，并随着公文起草要求的变化对公文审核相关要求进行了调整和优化，具体如下。

1. 关于审核时机和审核主体的规定

《条例》(1996版)规定了"公文文稿送领导人审批之前，应当由办公厅（室）进行校核"。

《办法》(2000版)规定了"公文送负责人签发前，应当由办公厅（室）进行审核"。

《条例》则规定了"公文文稿签发前，应当由发文机关办公厅（室）进行审核"以及"需要发文机关审议的重要公文文稿，审议前由发文机关办公厅（室）进行初核"。

相比之下，《条例》增加了一个审核时机（即初核时机），使得审核时机覆盖更加广泛；同时《条例》表述审核主体时，在"办公厅（室）"前增加了"发文机关"作为限定，一方面统一上下文相关表述，另一方面对审核主体的界定更加明确。

2. 关于审核内容的规定

《条例》(1996版)规定了"公文校核的内容是：(一)报批程序是否符合规定；(二)是否确需行文；(三)内容是否符合党的路线、方针、政策和国家的法律、法规及上级机关的指示精神，是否完整、准确地体现发文机关的意图，并同现行有关公文相衔接；(四)涉及有关部门业务的事项是否经过协调并取得一致意见；(五)所提措施和办法是否切实可行；(六)人名、地名、时间、数字、引文和文字表述、密级、印发传达范围、主题词是否准确、恰当，汉字、标点符号、计量单位、数字的用法及文种使用、公文格式是否符合本条例的规定"。

《办法》(2000版)规定了"审核的重点是：是否确需行文，行文方式是否妥当，是否符合行文规则和拟制公文的有关要求，公文格式是否符合本办法的规定等"。

《条例》则规定了"审核的重点是：(一)行文理由是否充分，行文依据是否准确。……(五)其他内容是否符合公文起草的有关要求"。

相比之下，《条例》以《条例》(1996版)中的相关规定为主要基础，调减了"上报批程序是否符合规定"的内容，但明确了审核的重点内容；同时，新增了兜底性审核规定(即"其他内容是否符合公文起草的有关要求")，实现了审核内容的全覆盖。

3. 关于审核落实的规定

《条例》(1996版)规定了"文稿如需作较大修改，应当与原起草部门协商或请其修改"。

《办法》(2000版)未就公文审核落实(除复核外)作出明确具体的规定。

《条例》则规定了"经审核不宜发文的公文文稿，应当退回起草单位并说明理由；符合发文条件但内容需作进一步研究和修改的，由起草单位修改后重新报送"。

相比之下，《条例》区分不宜发文以及符合发文条件但内容需作进一步研究和修改两种情况对审核落实提出了明确要求，明确应由公文起草部门负责涉及公文文稿内容修改的工作，同时还明确修改后需由起草部门重新报送审核，其在审核落实情况上更加精分、在审核落实主体上更加明确。

在公文处理工作实践中，参与者应防止因思维定式或工作习惯而沿用《条例》(1996版)及《办法》(2000版)关于"公文审核"方面的相关规定，尽力避免各类公文审核不规范情况的出现，以确保公文审核合规高效。

第三节 公文签发

一、基本规定

《条例》第二十二条规定：

公文应当经本机关负责人审批签发。重要公文和上行文由机关主要负责人签发。党委、政府的办公厅（室）根据党委、政府授权制发的公文，由受权机关主要负责人签发或者按照有关规定签发。签发人签发公文，应当签署意见、姓名和完整日期；圈阅或者签名的，视为同意。联合发文由所有联署机关的负责人会签。

二、常见问题

在公文签发实践中，部分公文处理工作参与者把握不准、不严格把握、甚至不把握上述基本规定，导致在公文签发方面产生诸多不规范情况。

（一）在签发主体方面

主要存在所有公文均由机关主要负责人签发、应由机关主要负责人签发的公文却由机关其他负责人签发、应由受权机关（部门）负责人签发的公文却由授权机关负责人签发等不规范情况。

（二）在签发责任方面

主要存在只签不审等不规范情况。

（三）在签署意见方面

主要存在签发意见内容自相矛盾、签发意见表意模棱两可等不规范情况。

（四）在签发会签方面

主要存在会签未覆盖所有联署机关、会签流程不规范、会签手续不齐备、会签办理不及时等不规范情况。

三、实践把握

作为公文拟制的末端环节，公文签发是赋予公文效力的重要过程，是公文生效的重要标志。除特殊情况外，公文处理工作参与者一般不可再对已经签发的公文文稿内容作出实质性修改。做好公文签发工作，离不开公文处理工作参与者对公文签发相关规定的准确理解和灵活把握。只有准确理解和把握公文签发相关规定，才能搞清楚谁来签发、签署什么、如何会签等问题，才能确保公文文稿签发的合规性，从而夯实公文签发的质量基础和效力基础。从公文签发实践看，为更好理解和把握公文会签的相关规定，公文处理工作参与者一般从签发主体、签署意见、签发会签等方面着力。

此外，公文处理工作参与者还应跳出"只有当公文文稿需经本机关负责人审批同意时，才需要实施公文签发"的认识误区，对公文签发适用范围有一个较为全面的认识，即：不论是应经会议审议通过还是负责人审批通过的公文文稿，当需要以公文形式印发时，公文文稿就不能缺失签发环节，且公文签发应由本机关负责人实施。

（一）在签发主体方面

公文签发主体是公文签发的实施者，公文签发主体正确与否直接影响公文签发行为的合规性，公文签发主体的工作成效直接影响着公文签发作用价值体现。公文签发主体一般为发文机关负责人，特殊情况（授权制发公文）从其特殊规定。

在公文签发实践中，公文处理工作参与者应把握机关负责人与机关主要负责人的区别联系及各自适用情况，有效防止签发主体确认错误等不规范情况的出现。首先，机关负责人一般包括机关主要负责人和机关其他负责人。其次，机关主要负责人一般是指机关正职负责人或者机关主持工作的其他负责人。再次，当起草重要公文（可以是上行文、下行文、平行文）和上行文时，公文文稿应由机关主要负责人签发；当受权机关的部门起草上级机关授权制发的公文时，一般由受权机关主要负责人签发，有特别规定时从其规定。

（二）在签发责任方面

《条例》明确规定了"公文应当经本机关负责人审批签发"。从中不难看出，作为签发人不仅应履行签发责任，还应履行审批（审查批示）责任。在公文签发实践中，由于对公文签发责任了解不够清晰或全面，签发人有时可能存在不重视、甚至忽视履行审批责任的情况，以致在公文签发后公文文稿仍存在需修改内容，既会增加工作成本、也会影响工作推进。此外，在确保公文签发质量前提下，签发人应提升公文签发效率，切实防止待签发公文文稿积压情况的出现。

（三）在签署意见方面

一般情况下，签发人应签署意见、姓名和完整日期，且所签署意见应清晰明确；特殊情况下，签发人可采用圈阅或签名方式实施公文签发，采用上述方式的视同签发意见为同意。此外，上述两种情况通常是针对公文文稿以纸质公文形式签发而言的，当需签发的公文文稿为电子公文形式时，姓名和完整日期两个要素一般会由电子公文系统自动生成。

（四）在签发会签方面

联合行文时，需要所有联署机关的负责人进行签发会签。

1. 关于签发会签主体确认

在签发会签过程中，机关负责人的选择（主要负责人或其他负责人）一般应按照签发主体确认相关规定并结合机关工作实际进行确定。在联合行文中，因机关负责人是作为对应机关的代表出现的，一般建议由各联署机关的主要负责人实施公文签发会签。

2. 关于签发会签责任落实

联合行文公文签发责任从单一机关行文时的相关规定，一般建议由主办机关负责人首先签署意见，协办机关按照一定顺序依次进行签发会签。在签发会签过程中，各签发人不仅应做到既审又签，也应做到及时迅速。

3. 关于签发会签意见内容

联合行文公文签发意见内容从单一机关行文时的相关规定，签署意见应态度明确、表意清晰。

此外，在公文起草阶段，当涉及其他机关（部门）职权范围事项时，公文处理工作参与者需征求相关机关（部门）意见。这个征求意见的过程有时会被称为"会签"。在公文处理工作实践中，参与者应防止将公文起草阶段"会签"混同于联合行文的公文签发阶段的会签，误认为后者无存在必要的错误认识。

※ 需要特别提醒的是：

　　《条例》重点从公文签发的签发主体及责任、签发意见内容、签发会签等方面明确了公文签发的相关要求，为做好公文签发工作提供了制度遵循。相比于《条例》（1996版）及《办法》（2000版），《条例》在承接以往规定的同时，紧密结合新情况新问题，对公文签发相关要求进行了调整和优化，具体如下。

　　1. 关于签发主体及责任的规定

　　《条例》（1996版）规定了"公文须经本机关领导人审批签发。重要公文应当由机关主要领导人签发。党委办公厅（室）根据党委授权发布的公文,由被授权者签发或者按照有关规定签发"。

《办法》(2000版)规定了"以本机关名义制发的上行文,由主要负责人或者主持工作的负责人签发;以本机关名义制发的下行文或平行文,由主要负责人或者由主要负责人授权的其他负责人签发"。

《条例》则规定了"公文应当经本机关负责人审批签发。重要公文和上行文由机关主要负责人签发。党委、政府的办公厅(室)根据党委、政府授权制发的公文,由受权机关主要负责人签发或者按照有关规定签发"。

相比之下,《条例》在签发主体及其责任方面的规定更加全面、详细和严谨,其主要沿用了《条例》(1996版)相关规定,同时明确了关于受权发文时公文签发方面和签发人履行"审批"职责方面相关规定,明确了"被授权者"为受权机关主要负责人,并对将"领导人"的表述调整为"负责人"或"签发人"。

2.关于签发意见内容的规定

《条例》(1996版)规定了"领导人签发公文,应当明确签署意见,并写上姓名和时间。若圈阅,则视为同意"。

《办法》(2000版)未就签发意见内容作出明确具体的规定。

《条例》则规定了"签发人签发公文,应当签署意见、姓名和完整日期;圈阅或者签名的,视为同意"。

相比之下,《条例》在签发意见内容方面的规定更加严谨全面,其主要沿用了《条例》(1996版)相关规定,并将关于"时间"的表述调整为"完整日期",还明确了当签署内容仅为"签名"时签发意见把握的相关规定。

3.关于签发会签的规定

《条例》(1996版)规定了"联合发文,须经所有联署机关的领导人会签",《办法》(2000版)未就签发会签作出明确具体的规定,《条例》则规定了"联合发文由所有联署机关的负责人会签"。

相比之下,《条例》主要沿用了《条例》(1996版)相关规定,在文字上更加精练。

在公文处理工作实践中,参与者应防止因思维定式或工作习惯而沿用《条例》(1996版)及《办法》(2000版)关于"公文签发"方面的相关规定,尽力避免各类公文签发不规范情况的出现,以确保公文签发合规高效。

第五章　公文办理

　　大鹏之动，非一羽之轻也；骐骥之速，非一足之力也。作为公文处理工作的重要组成部分，公文办理涉及方面广、流程环节多、参与主体众，在协同协作、细节枝节、效率效果等方面的要求更显著、更具体、更直接。在公文办理过程中，任何一个流程环节的掣肘、纰漏、迟滞乃至敷衍都会对公文办理整体成效产生直接影响。因此，做好公文办理工作，应当树立辩证思维和系统思维，在关注重点流程环节工作推进的同时也应关注一般流程环节工作推进，在关注各流程环节内部工作推进的同时也应关注各流程环节之间工作推进，在关注前端和中段程序环节的同时也应关注末端程序环节，在关注母流程环节的同时也应关注子流程环节。

　　《条例》规定了"公文处理工作是指公文拟制、办理、管理等一系列相互关联、衔接有序的工作"，同时规定了"公文办理包括收文办理、发文办理和整理归档"，并将公文办理作为独立章节与行文规则、公文拟制、公文管理等并行编排。从种属关系看，公文办理在作为公文处理工作的属概念同时，也作为收文办理、发文办理、整理归档等的种概念。相对而言，《条例》（1996版）仅规定"公文办理分为收文办理和发文办理"，未将公文整理归档相关事宜纳入公文办理的相关规定中；同时将"公文办理的传递"作为独立章节与公文格式、行文规则、公文管理等并行编排。《办法》（2000版）在其"总则"关于"公文处理"定义部分提及了"公文的办理"，但未明确"公文的办理"所包括的主要流程环节；在其"收文办理"及"公文归档"部分提及了"公文办理"（该"公文办理"主要是指收文的公文办理）的表述；同时将"公文归档"作为独立章节与公文格式、行文规则、公文管理等并行编排。相比之下，《条例》对收文办理、发文办理、公文整理归档等公文处理工作流程环节进行了重新梳理和划分，并对相关表述进行了调整，使得公文办理所包含的流程环节之间、公文办理流程环节与其并行流程环节之间的相互关系关系更加清晰明确。

　　在公文办理实践中，部分参与者对公文办理相关规定学习不够、认识不深、把握不准，导致在公文办理的收文办理、发文办理、整理归档、涉密公文传递传输等环节不同程度出现不规范情况。比如：在收文办理环节存在因签收时未按规定逐件清点导致收到公文数量与应收公文数量不一致的情况，在发文办理环节存在因核发时未按规定对公文印刷质量进行检查导致将印刷质量不合格的公文分发至相关收文机关的情况，在整理归档环节存在因未及时收集公文及有关材料导致应归档材料收集不齐全的情况，在涉密公文传递传输环节存在因未按规定对涉密公文进行密传导致密电明传的情况，等等。

基于上述考量，该节以《条例》关于"公文办理"的若干规定为主要依据，结合公文处理工作实践，针对当前公文办理中存在的短板不足，从收文管理、发文管理、整理归档、涉密公文传递传输等方面着手，进一步梳理分析公文办理相关规定，为公文处理工作参与者更好地理解、把握和运用公文办理相关规定提供参考。

第一节　收文办理

一、基本规定

《条例》第二十四条规定：

收文办理主要程序是：

（一）签收。对收到的公文应当逐件清点，核对无误后签字或者盖章，并注明签收时间。

（二）登记。对公文的主要信息和办理情况应当详细记载。

（三）初审。对收到的公文应当进行初审。初审的重点是：是否应当由本机关办理，是否符合行文规则，文种、格式是否符合要求，涉及其他地区或者部门职权范围内的事项是否已经协商、会签，是否符合公文起草的其他要求。经初审不符合规定的公文，应当及时退回来文单位并说明理由。

（四）承办。阅知性公文应当根据公文内容、要求和工作需要确定范围后分送。批办性公文应当提出拟办意见报本机关负责人批示或者转有关部门办理；需要两个以上部门办理的，应当明确主办部门。紧急公文应当明确办理时限。承办部门对交办的公文应当及时办理，有明确办理时限要求的应当在规定时限内办理完毕。

（五）传阅。根据领导批示和工作需要将公文及时送传阅对象阅知或者批示。办理公文传阅应当随时掌握公文去向，不得漏传、误传、延误。

（六）催办。及时了解掌握公文的办理进展情况，督促承办部门按期办结。紧急公文或者重要公文应当由专人负责催办。

（七）答复。公文的办理结果应当及时答复来文单位，并根据需要告知相关单位。

二、常见问题

在收文办理实践中，部分公文处理工作参与者把握不准、不严格把握、甚至不把握上述基本规定，导致在收文办理方面产生诸多不规范情况。

（一）在签收方面

主要存在未进行清点直接签字、清点不认真就签字、未注明签收时间（该点是针对纸质公文签收而言，电子公文签收时间一般由系统自动生成）、签收时间不准确等情况。

（二）在登记方面

主要存在标题、密级、紧急程度等基本信息登记不全不准不及时，不登记办理情况，办理情况登记不全不准不及时等情况。

（三）在初审方面

主要存在不经审核直接承办、只审核下级机关上报的公文不审核上级机关下发的公文或平行机关传递的公文、未及时退回初审不符合规定的公文、退回从初审不符合规定的公文时未说明理由等情况。

（四）在承办方面

主要存在将阅知性公文作为批办性公文处理、未提出拟办意见就将批办性公文报本机关负责人批示、未明确需要两个以上部门办理的公文的主办部门、未明确紧急公文的办理时限、承办部门对交办的公文处理不及时等情况。

（五）在传阅方面

主要存在漏传公文、误传公文、延传公文，不掌握公文传阅去向，片面认为传阅对象只能阅知不能批示等情况。

（六）在催办方面

主要存在不掌握公文办理进展情况、未安排专人催办紧急公文或重要公文、片面认为公文流转至承办部门后不再需要催办等情况。

（七）在答复方面

主要存在不答复来文机关（特别是无隶属关系的机关）公文办理结果、不及时答复来文机关（特别是无隶属关系的机关）公文办理结果、未根据需要将公文办理结果告知相关机关等情况。

三、实践把握

收文办理一般是指对所收公文的办理过程，同时也是一个有始有终的闭环管理过程，通常呈现出环节多、要求多、特情多等特点。这些特点就决定着做好收文办理绝非易事。

作为公文办理的重要组成部分，收文办理既是对公文质量的再次审验，也是对公文实效的直接检验，还是对机关素养的重要考验。同时，作为公文处理工作的落脚点，收文办理是公文发挥作用、体现价值的关键所在，是公文指导实践、解决问题、推动工作的实现路径和生动过程。

如果不讲效率、不求质量，收文办理势必会直接影响公文处理工作的整体成效。因此，公文处理工作参与者应当切实做好收文办理，全面提升收文办理效率和质量。做好收文办理，公文处理工作参与者除了应积累收文办理经验、总结收文办理规律外，还应全面准确地理解和把握收文办理的相关规定。从收文办理实践看，为更好理解和把握收文办理的相关规定，公文处理工作参与者一般可以从签收、登记、初审、承办、传阅、催办、答复等方面着力。

（一）在签收方面

签收作为收文办理的第一环节，不仅标志着收文办理流程的开始，而且是确认收到公文的重要凭证，其作用十分重要。在签收实践中，部分公文处理工作参与者时常出现清点核对不认真、签字盖章不规范、签收时间不精准等情况，一定程度上削弱了签收的价值作用。导致上述情况出现的原因是多方面的，除思想不够重视等因素外，一个比较重要且直接的因素就是对签收的相关规定学习不够、把握不准、使用不当等。为全面准确地理解和把握签收相关规定，更好完成签收工作，公文处理工作参与者一般可以从清点核对、签字盖章、签收时间等方面着力。

1. 从清点核对看

清点公文应当"一视同仁"，切不可简单将公文行文方向作为是否需要清点的依据。不论是收到下级机关上报的公文，是收到无隶属关系的机关送达的公文，还是收到上级机关下发的公文，公文处理工作参与者都应按照规定进行清点。在清点公文时，公文处理工作参与者不仅应关注公文数量，也应关注公文标题，并分别进行核对。在清点公文数量时，公文处理工作参与者应做到逐件清点，不仅应清点公文数量，还应清点公文附件（如有附件，下同）数量，确保公文及其附件数量无误，防止出现少收或多收公文及其附件的情况。在核对公文标题时，公文处理工作参与者不仅应核对公文标题，还应核对公文附件标题，确保公文及其附件标题无误，防止出现错发公文及其附件（如有附件）的情况。

2. 从签字盖章看

在对所收公文逐件清点并核对无误后，公文处理工作参与者才能签字或盖章。一旦签字或盖章，就意味着收文机关在公文数量及标题方面对所收公文已经认可。如果清点核对不认真就签字或盖章，一旦在收文办理的后续环节发现公文数量或标题存在问题，就会直接影响收文办理质量和效率。特别是涉密公文和重要公文的签收处理上，如果出现上述问题，其影响和后果势必更大更严重。

3. 从签收时间看

签收时间是收文办理的时间起点。只有签收时间准确，才能夯实衡量收文办理过程中相关参与主体的工作效率和所负责任的基础。注明签收时间也应当"一视同仁"，公文处理工作参与者切不可简单将公文紧急程度作为是否需要注明签收时间的直接依据。不论签收标注紧急程度的公文，还是签收未标注紧急程度的公文，公文处理工作参与者均应在签字或者盖章的同时，注明签收时间。在签收实践中，公文处理工作参与者应切实防止出现不注明签收时间的情况，也应防止出现注明签收时间不准确的情况。需要注意的是，签收时间不准确问题一般主要出现在纸质公文签收办理过程中；因电子公文签收时间一般由系统自动生成，故电子公文签收办理过程中发生上述问题的概率较小。

（二）在登记方面

登记是对公文的主要信息和办理情况的详细记载，为查阅公文、了解公文办理情况提供了直接依据，其作用十分重要。在登记实践中，部分公文处理工作参与者时常出现主要信息登记不准、办理情况登记不全、登记详略把握不当等情况，在一定程度上削弱了登记的价值作用。导致上述情况出现的原因是多方面的，除思想不重视等因素外，一个比较重要且直接的因素就是对登记的相关规定学习不够、把握不准、使用不当等。为全面准确地理解和把握登记相关规定，更好完成登记工作，公文处理工作参与者一般可以从主要信息、办理情况、详细记载等方面着力。

1. 从主要信息看

公文主要信息一般包括公文标题、份数份号、密级及保密期限、紧急程度、发文字号、发文机关、成文日期等内容。对于主送机关、抄送机关、印发日期、页码等公文其他要素信息，公文处理工作参与者可根据各机关工作需要和相关管理制度，自行确定是否需要进行登记。

2. 从办理情况看

做好办理情况记载工作，公文处理工作参与者应围绕收文办理的主要流程，做到应记尽记，既要记载收文办理过程中的常规或一般情况，也要记载收文办理过程中的突发或特殊情况。登记内容应当覆盖签收、初审、承办、传阅、催办、答复等收文办理主要流程的方方面面，公文处理工作参与者切不可因登记是作为收文办理的第二个环节出现的，就不去记载签收环节（收文办理的第一个环节）的相关信息（如收文日期等）。

3. 从详细记载看

不论是主要信息的记载，还是办理情况的记载，在做到全面记载基础上，公文处理工作参与者应落实详细记载的要求。记载的信息、尤其是关键性信息，应能够体现出收文办理过程的相关细节。以催办信息记载为例，登记信息一般应包括催办人、被催办部门或人员、催办时间、催办方式、催办次数、催办落实、催办结果等内容。以时间信息记载为例，就纸质公文收文办理而言，一般建议具体到分钟；就电子公文收文办理而言，系统设定的时间一般可以具体到秒。

此外，在登记实践中，公文处理工作参与者还应注意记载的合规性问题。以登记涉密公文主要信息和办理情况为例，公文处理工作参与者应与非密公文收文办理登记工作加以区分，在登记内容、登记载体、登记场所等方面严格遵从涉密公文相关管理规定。同时，公文处理工作参与者还应注意记载的规范性问题。以登记公文主要信息为例，登记内容应与公文相关信息保持一致，格式规范应符合相关要求。

（三）在初审方面

初审是收文办理不可缺失的重要环节，是对公文拟制质量、乃至发文办理质量的再次检验和把关，对所收公文是否可以进入承办环节起到决定性作用。在初审实践中，部分公文处理工作参与者时常出现概念理解混淆不清、初审内容不准不全、初审能力不足不强、结果运用效果不佳等情况，在一定程度上削弱了初审的价值作用。导致上述情况出现的原因是多方面的，除思想不重视等因素外，一个比较重要且直接的因素就是对初审的相关规定学习不够、把握不准、使用不当等。为全面准确的理解和把握初审相关规定，更好完成初审工作，公文处理工作参与者一般可以从概念内涵、思想认识、初审内容、初审能力、结果运用、特殊价值等方面着力。

1. 从概念内涵看

初审是公文办理中收文办理的主要流程之一，其作用对象为已经签发并分发的公文；初核则是公文拟制阶段中公文审核的一种特殊情况，其作用对象为待审议的重要公文文稿。尽管初审同初核仅有一字之差，且字面意思也有相似之处，但初审同初核在所处流程节点、主要作用对象上均不相同，在公文处理工作实践中公文处理工作参与者应防止将二者混淆。

2. 从思想认识看

初审作为收文办理的主要程序之一出现，其存在价值不言而喻。人无完人，金无足赤。一方面，发文机关应虚心看待收文机关的初审；另一方面，收文机关应高度重视并充分发挥初审的价值作用。收文机关不初审或不认真初审，既是对自身职责不担当的表现，也是对发文机关不负责的表现。

在初审实践中，因过度信任发文机关、自身不够重视、碍于情面权威等因素，收文机关不初审或初审不认真，以致公文"带病"进入承办环节的情况时有发生。收文机关对这一情况应足够重视，并加以预防。因此，不论公文是来自无隶属关系的机关，是来自下级机关，还是来自上级机关，收文机关对任何一份所收公文都应坚持"一视同仁"，严格按照相关规定要求实施初审，切不可区分隶属关系"下菜碟"，以确保将不合规定公文挡在承办环节之外，让符合规定公文尽快进入承办流程。

3. 从初审内容看

初审的重点一般涉及承办机关确认、行文规则、文种格式、职权范围、签发会签、公文起草等方面内容。相对于审核的重点而言，初审的重点更加广泛，初审的任务更重，初审的要求更高。为更好把握初审的重点，公文处理工作参与者可将上文关于行文规则、公文种类、公文格式、公文起草等方面相关规定的阐释作为参照。

4. 从初审能力看

初审能力需求一般是由初审内容决定的。初审能力强弱直接决定着初审质量优劣。在公文起草能力基础上，初审能力增加了对承办机关确认和行文规则两方面的理解和把控能力。前文已对行文规则和审核能力进行了阐释，此处不再展开。

关于承办机关的确认，公文处理工作参与者一般应结合职权范围和公文需要来综合判定。对于公文涉及事项明确属于收文机关职权范围的公文，公文处理工作参与者应按规定进行办理；对于公文涉及事项明确不属于收文机关职权范围但工作需要的，公文处理工作参与者应及时同来文机关沟通确认后，按规定进行办理；对于公文涉及事项明确不属于收文机关职权范围的公文且无工作需要的，公文处理工作参与者应及时将相关公文退回来文机关并说明理由。

5. 从结果运用看

为提升公文初审效果，公文处理工作参与者应强化初审结果运用。

（1）对于经初审符合规定的公文。

公文处理工作参与者应及时将经初审符合规定的公文流转至承办环节。

（2）对于经初审不符合规定的公文。

公文处理工作参与者应及时将经初审不符合规定的公文退回来文机关并说明理由。

其一，不论收文是来自下级机关或无隶属关系的机关，还是来自上级机关，只要经初审不合规定，公文处理工作参与者均应作退回处理。在初审实践中，公文处理工作参与者应切实防止不敢将来自上级机关的不符合规定的收文作退回处理的情况发生，更应防止将其搁置不办或将其流转到承办环节的情况发生，以致造成更大的影响或后果。

其二，对于经初审不符合规定的公文，公文处理工作参与者切不可认为"事不关己"就"高高挂起"，应在初步判定收文不符合规定时就及时同发文机关进行沟通并及时作退文处理，以便于收发双方尽快落实相关工作，防止造成发文机关的相关工作陷入更加被动的局面。

其三，对不符合规定的收文作退回处理时，公文处理工作参与者应说明理由且理据充分。在这个过程中，公文处理工作参与者应慎之又慎、严之又严，初审结果一定要经得起发文机关的推敲质证。

6. 从特殊价值看

收文办理中的"初审"环节还有一项重要的特殊价值，即为统一各类各级机关在公文种类、公文格式、行文规则、公文拟制、公文办理等方面的相关规定提供了有力支撑。

党政机关公文办理的收文流程中设置了"初审"这一环节，初审对象不仅包括来自党政机关拟制的公文、也包括其他机关和单位拟制的公文，"初审"程序要求从承办机关确认、行文规则、文种格式、职权范围、签发会签、公文起草等方面对收文是否符合《条例》相关规定进行审核，并对经"初审"不符合规定的公文做退回处理。以上内容在客观上要求其他机关和单位（包括军队机关、人大机关、政协机关、监察机关、司法机关、人民团体机关、民主党派中央机关和企事业单位等）向各级党和国家机关行文时应符合《条例》相关规定的要求，进而扩大了《条例》适用范围。

与此同时，其他机关和单位如果不参照或按照《条例》开展公文处理工作，而是自行制定本机关和单位的公文处理工作管理规定，那么在向党政机关行文时势必面临公文被退回的风险，进而影响相关工作推进；如果其他机关和单位根据受理机关不同，同时运行两套不同的公文处理工作管理规定，势必增加管理成本、降低管理效率。

综上所述，无论是从自身工作推进角度考量，还是从管理成本和管理效率考量，其他机关和单位均宜参照或按照《条例》开展公文处理工作。

（四）在承办方面

承办是收文办理流程的核心环节，其涉及的易混概念多、关联主体多、时限类型多、承办方式多、特殊情况多，往往直接决定着收文办理质量和效率。在承办实践中，部分公文处理工作参与者时常出现承办概念理解模糊、承办主体责任不清、承办方式选用不准、承办意见质量不高、承办实现把握不严等情况，一定程度上削弱了承办的价值作用。导致上述情况出现的原因是多方面的，除任务交织繁重等因素外，一个比较重要且直接的因素就是对承办的相关规定学习不够、把握不准、使用不当等。为全面准确地理解和把握承办相关规定，更好完成承办工作，公文处理工作参与者一般可以从承办概念、承办主体、承办方式、承办意见、承办时限、特殊事项等方面着力。

1. 从承办概念看

相对于《条例》(1996版)及《办法》(2000版)中关于"承办"的概念而言,《条例》中"承办"的概念更加宽泛,其内涵由原来单一指代承办部门的办理工作拓展为涉及多部门的分送、拟办、批示、办理等诸多方面工作,成为一个总体性、包容性概念。在认知承办概念和落实承办工作中,公文处理工作参与者应切实把握承办概念的变化,厘清承办工作边界,防止出现因概念认知不清导致工作出现偏差的情况。

2. 从承办主体看

承办内涵拓展之后,承办主体便会随之进行相应调整。承办主体由原来的承办(办理)部门调整为文秘部门(或者承担文秘职能的部门,下同)、机关负责人、承办部门等诸多主体。承办主体的调整,势必会引起承办责任的同步调整。在承办实践中,各责任主体既应各司其职、各负其责,又应相互配合、紧密协同,进而完成好承办环节的各项工作。

以拟办工作为例,作为拟办责任部门,文秘部门应担当尽责,提高履行拟办工作职责的综合能力,善于站在全局高度、领导视角统筹考量相关工作,把问题想在前、工作做在前,为机关负责人批示工作提供合理的拟办意见和必要的信息支撑,切实担负起发挥好参谋助手作用的使命责任。比如:在处理批办性公文的拟办时,文秘部门一般应依据收文内容要求和工作需要,在了解收文所涉及工作的背景材料、业务流程、以往办理方式等情况基础上,并在根据需要同可能涉及的承办部门进行充分沟通后,及时提出有针对性的承办意见呈报机关负责人批示,进而切实提高拟办工作质量。

文秘部门切不可将自身仅局限于承办工作"二传手",仅满足于提出普适性拟办意见(比如:请×××领导阅示等),把本应由文秘部门做好的辅助性工作交由机关负责人去承担,变相将工作责任上推,客观上增加机关负责人不必要的工作量,在一定程度上会对机关负责人集中精力抓发展产生不利影响。

3. 从承办方式看

公文类型不同,其对应的承办方式也往往不同。《条例》区分阅知性公文和批办性公文两种类型,就其分别对应的承办方式作出了较为明确的规定。

在公文处理工作实践中,阅知性公文一般是指仅需收文机关知晓公文内容的公文,常见的阅知性公文有人事任免类公文、领导分工类公文、工作情况类公文、表彰批评类公文、制度印发类公文等。批办性公文一般是指仅需收文机关批复、答复或者执行公文内容的公文，常见的批办性公文有请示类公文、商请类公文、任务部署类公文等。

（1）对于阅知性公文而言。

文秘部门应根据公文内容、要求和工作需要确定范围后分送，分发前一般无需本机关负责人就其分发事宜进行批示

一是对于公文内容未明确传达阅知范围的。

文秘部门可以综合考量公文内容、要求和工作需要等因素确定分送范围，然后直接进行分发。

二是对于公文内容已明确传达阅知范围的。

文秘部门一般应按照收文要求的范围进行分发；但当文秘部门或者本机关负责人认为确需突破收文要求的范围时，收文机关应在得到发文机关的同意后扩大分发范围，切不可自行或在发文机关明确表示不同意的情况下扩大分发范围。

（2）对于批办性公文而言。

文秘部门应首先提出拟办意见，然后呈报本机关负责人批示；或者将收文直接转有关部门办理。

一是针对前一种处理方式。

文秘部门还应区分能够提出明确拟办意见和不能提出明确拟办意见两种情况进行处理。

对于能够提出明确拟办意见的，诸如公文所含工作事项办理边界较为清晰的、公文所含工作事项已有处理惯例的、公文所含工作事项为本机关日常事务的等，文秘部门应当提出明确拟办意见呈报本机关负责人批示，减少本机关负责人不必要的工作量，提高该环节工作效率。

对于不能提出明确拟办意见的，诸如公文所含工作事项为全局性全新性重大性且需本机关负责人酌定承办意见的、公文所含工作事项存在职权范围交叉且就拟办意见与相关部门未能协商一致的等，文秘部门一般可提出通用型拟办意见（如"请×××机关负责人阅示"等），同时应为本机关负责人提供就收文承办意见作出决策的充足支撑信息。

二是针对后一种处理方式。

文秘部门应统筹考量相关授权、工作惯例、职权范围等因素，通过综合研判方可确定将收文直接转有关部门办理。采用这种处理方式时，公文不需再经本机关负责人进行批示，既减少了本机关负责人的绝对工作量，又加快了收文进入实质性办

理过程的速度，极大地提高了承办工作效率。

4. 从承办意见看

不同的承办方式，一般都对应着不同的承办意见。与阅知性公文和批办性公文对应的一般为办理意见和拟办意见。拟制承办意见、尤其是拟办意见，往往是决定收文办理质量和效率的关键一环。

（1）对于阅知性公文。

对于阅知性公文，一般先由文秘部门负责人直接提出办理意见，后由文秘部门根据办理意见分发即可，无需提出拟办意见并呈报本机关负责人批示。阅知性公文的办理意见一般由意见内容、拟制人姓名、拟制时间等要素组成，常见办理意见内容有"请××部门、××部门、××部门阅知""请各部门阅悉""请××机关负责人阅，请××部门、××部门、××部门负责人阅"等。

（2）对于批办性公文。

一般先由文秘部门负责人提出拟办意见呈报本机关负责人批示，后由文秘部门根据本机关负责人批示要求请相关部门或人员办理。批办性公文的拟办意见一般由意见内容（由拟办意见内容和呈批用语组成）、拟制人姓名、拟制时间等要素组成，常见意见内容有"拟请××部门（人员）阅处，请××本机关负责人批示""拟请××部门阅办，尽快提出落实方案；请××本机关负责人阅示""拟请××部门酌处，依照相关规定予以答复；请××本机关负责人阅批"等。与此同时，在不宜直接提出明确拟办意见的特殊情况下（该情况已在上文承办方式部分进行了阐释，此处不再展开），批办性公文的拟办意见内容可仅由呈批用语组成，比如："请×××（本机关负责人）批示""请×××（本机关负责人）阅示""请×××（本机关负责人）阅批"等。

拟制拟办意见主要受到涉及职权范围、事项紧急程度、收发文机关隶属关系、机关负责人工作习惯等诸多因素的影响。一份高质量的拟办意见，不仅会被本机关负责人采纳，直接降低本机关负责人进行批示的时间成本；而且会为承办部门提供直接支撑，使得收文办理在具体落实过程中有据可依，避免或者减少不必要的沟通协调工作。反之，则会增加各方工作成本，降低各方工作效率。为提高拟办意见的撰写质量，公文处理工作参与者一般可以从语言表达、办理时限、特殊情况等方面着力。

一是关于语言表达。拟制拟办意见应做到表意清晰、文字精练，严谨规范、符合身份，边界明晰、逻辑顺畅。在拟制拟办意见实践中，为提高拟办意见质量，拟制人员应重点从常用词汇、机关名称、机关负责人职务三个方面着手。

其一，关于常用词汇使用。在撰写拟办意见时，拟制人员除了应根据工作需要使用各相关业务术语外，还需要使用一些频繁出现且相对位置固定的词汇，一般将其称为拟办意见中的常用词汇。拟办意见中的常用词汇主要包括拟请、请、阅、牵头、主办、配合、会同、协商、阅知、阅悉、阅办、阅处、酌处、阅研、研办、批示、阅示、阅批等，往往会对拟办意见撰写质量产生重要影响。

准确选用上述词汇需要拟制人员结合收文内容、职权范围、隶属关系、机关负责人工作习惯等因素进行综合判定。以需要贯彻执行的收文为例，在拟制拟办意见时，拟制人员一般应选用阅办、阅处、酌处、研办等执行性词汇，而不应仅仅选用阅、阅知、阅悉等知晓性词汇。

其二，关于机关名称使用。在拟办意见中使用机关名称时，拟制人员应注意用语的规范性和统一性，一般应使用机关全称、规范化简称或者规范化统称。如果机关名称不规范或者前后不统一，不仅会影响拟办意见的准确性和严肃性，也会影响拟办意见的落实执行。

其三，是关于机关负责人职务使用。在使用机关负责人职务时，拟制人员也应注意用语的规范性和统一性。在拟制拟办意见实践中，可区分情况，按需采用职务、姓名加职务、姓氏加职务、名字加职务、姓名加同志、名字加同志等不同表述方式。

当职务在领导班子中具有唯一性时，拟制人员可直接使用负责人职务，比如："请书记阅示""请省长阅示""请部长阅示""请军长阅示""请行长阅示"等。

当领导班子中存在姓名相同的负责人时，拟制人员一般可采用在名字后加备注的方式加以区分。备注内容可从领导排序、分管领域、性别、年龄等方面入手，制定出备选方案，在征得本人同意后方可确定，比如：请××副省长（农业）和××副省长（金融）等。

当领导班子中存在姓氏相同或者名字相同时，拟制人员一般不应使用姓氏加职务或者名字加职务的表述方式，防止出现因不便区分导致呈报对象或分送对象错误的情况。特别需要提醒的是，机关负责人如果是副职的，在表述其职务时，应当加上"副"字，不仅有利于维护职务严肃性，也有助于防止混淆。

当机关负责人兼任其他职务时，拟制人员一般可根据收文渠道和收文内容确定职务的选用。以人民政府市长为例，其一般兼任同级党委副书记和市政府党组书记。当对同级党委收文提出拟办意见时，一般应当使用姓名加副书记、名字加副书记或者姓名加同志、名字加同志等表述方式。

二是关于办理时限。在撰写拟办意见实践中，紧急公文应当明确办理时限；根据工作需要，非紧急公文也可以明确办理时限。

一方面，判定紧急公文的依据是多维的，一般可以从紧急程度、内容明确要求、工作紧迫程度等方面着手。首先，当公文版头部分标注紧急程度时，拟制人员可以通过公文版头部分紧急程度的内容进行判定；其次，当公文版头部分未标注紧急程度时，拟制人员可以通过公文内容是否含有紧急时限要求进行判定；再次，当公文版头部分未标注紧急程度且公文内容未含有紧急时限要求时，拟制人员可以通过公文内容涉及事项本身的紧急程度进行判定。

另一方面，具体时限要求的确定相对也比较复杂。对于收文内容中有具体时限要求的，拟制人员可以将上述具体时限要求作为拟办意见中的办理时限依据。对收文内容中无具体时限要求但公文标注紧急程度的，拟制人员可以根据紧急程度确定拟办意见中的办理时限，具体标准可从各机关公文处理工作制度规定的相关要求。对于收文内容中无具体时限要求且公文未标注紧急程度的，但公文内容涉及事项本身急迫的，可根据工作需要确定拟办意见中的办理时限。

需要注意的是，对于收文而言，无论是紧急公文还是非紧急公文，无论是在拟办意见中提出明确办理时限、还是在拟办意见中未提出明确办理时限，承办部门均应及时办理，且有明确办理时限要求的应在规定时限内办理完毕。

三是关于特殊情况。

其一，关于收文办理需要跨部门或者跨机关职权范围的。当收文需要两个及以上机关（部门）办理时，在撰写拟办意见时，拟制人员应明确主办机关（部门）。比如："拟请××部主办、××部协办，请××书记批示""拟请××××司商××××司酌处，请×××副部长批示""拟请××局牵头、会同××局阅办，请×××副市长批示"等。

当收文需要本机关内设部门和下级机关共同办理时，在撰写拟办意见时，拟制人员应明确主办部门或机关。比如"拟请××部（市委）主办、××县（区）委协办，请××书记批示""拟请××司商××××中心阅办，请×××副部长批示""拟请××局牵头、会同××县（区）人民政府阅办，请×××副市长批示"等。

当应明确未明确主办部门或机关时，承办机关（部门）一般应按照"谁在前谁主办"的原则，视拟办意见中列在前面的机关（部门）为主办机关（部门）。

其二，是关于收文办理存在阅办（或阅处、研办、酌处等）和阅知（或阅、阅悉等）交织的。在收文办理实践中，公文处理工作参与者应切实防止陷入阅知性公文只能"阅"不能"办"、批办性公文只能"办"不能"阅"的认知误区，以免影响相关工作落实。

当收文既需要有关机关（部门）办理又需要其他机关（部门）知晓时，在同一份收文的拟办意见中可以同时出现"阅"和"办"两种意见。比如："拟请××司阅处、其他司阅知，请×××副部长批示"等。

当收文已进入承办部门办理环节或者传阅环节，根据相关批示和工作需要，阅知性公文还可以被分送下一层级机关（部门）或人员阅办或阅知，批办性公文也可以被分送下一层级机关（部门）或人员阅知或阅办。

（五）在传阅方面

作为收文办理的重要组成部分，传阅发挥着重要作用，确保需要知晓或者办理公文内容及时有效的送至相关部门或机关，推进相关工作落实落地。在传阅实践中，部分公文处理工作参与者时常出现漏传、误传、延误等情况，一定程度上削弱了传阅的价值作用。导致上述情况出现的原因是多方面的，除任务交织繁重或对传阅工作重视不够等因素外，一个比较重要且直接的因素就是对传阅的相关规定学习不够、把握不准、使用不当等。为全面准确地理解和把握传阅相关规定，更好地完成传阅工作，公文处理工作参与者一般可以从传阅依据、传阅时效、传阅处理、传阅掌握等四个方面着力。

1. 关于传阅依据

传阅依据一般包括公文内容要求、工作需要、领导批示等。当拟传阅范围超出公文规定印发传达范围时，收文机关应经发文机关同意，方可扩大传阅范围。

公文内容要求和领导批示是进行传阅处理的直接依据，是明确且容易把握的。在公文内容或领导批示中如有传阅要求，公文处理工作参与者依照要求传阅即可。

工作需要作为传阅依据是相对模糊且不容易把握的。公文处理工作参与者需在客观实践基础上进行综合研判，这是对文秘部门收文办理能力的综合考验。

需要注意的是，在传阅实践中，待传阅公文可以是阅知性公文，也可以是批办性公文，公文处理工作参与者不应简单地将阅知性公文和批办性公文作为判定是否应当传阅的直接依据。

2. 关于传阅时效

公文具有较强的时效性，紧急公文尤为如此。公文处理工作的任何流程环节都应当提高效率、保证时效，传阅环节也概莫能外。一旦超出公文时效，传阅工作就会失去基本作用。因此，及时传阅既是传阅环节工作的基本要求，也是确保传阅环节工作质量的内在需要。各相关主体应重视传阅环节工作，不断提高传阅时效。

一般而言，公文载体或者传阅渠道不同，提高传阅时效的方法途径也就不同。对于纸质公文而言，公文处理工作参与者一般应根据批示中传阅对象顺序，如无批示或者无明确顺序要求的则应根据编制序列顺序并结合传阅对象在位情况及工作安排，对传阅工作做好提前谋划，善于"挤时间""抓空档"，提升现有时间利用效率，以确保传阅时效。对于电子公文而言，与纸质公文传阅方式显著不同，电子公文系统具备实现一份公文多路并行、同时传阅的功能，公文处理工作参与者可以借助技术手段极大提升公文传阅时效。

3. 关于传阅处理

在传阅实践中，部分公文处理工作参与者对收文在传阅环节的处理方式把握不准，片面地认为该情况下传阅对象仅能对公文进行阅知，陷入了传阅公文只能"阅"、不能"办"的认知误区，以致影响传阅环节作用价值的充分发挥。

根据《条例》关于公文传阅的相关规定，对于处在传阅环节的公文而言，传阅对象不仅能够对其进行阅知，而且能够对其进行批示，并通过批示可对公文进行再传阅或者办理。需要注意的是，在对处在传阅环节的公文进行批示时，如确需扩大印发传达范围，收文机关应按规定征得发文机关同意，切不可随意扩大印发传达范围。

4. 关于传阅掌握

传阅掌握关乎传阅环节工作的质量和效率。当公文进入传阅环节后，部分公文处理工作参与者对传阅环节的重视不够，出现公文传阅"一'传'了之"、前掌握后不掌握、时掌握时不掌握等情况，导致传阅不到位、传阅不及时、传阅超范围等后果，严重影响了公文传阅工作落实质效。因此，文秘部门或者传阅承办人员应随时掌握公文的传阅情况，不仅要关注公文去向，而且要关注公文传阅具体情况。

在传阅实践中，公文处理工作参与者还应区分是否涉密、载体形式、紧急程度等不同情况进行综合性传阅管理，以实现对公文传阅全流程全要素的掌握。以传阅涉密公文为例，除了要掌握公文传阅去向等一般情况，公文处理工作参与者还应重点关注在传阅途径、阅件场所、摘录要求、保管条件等相关传阅工作是否符合保密法规制度，在做好传阅工作同时确保保密安全。以传阅电子公文为例，相比纸质公文，电子公文传阅方式发生变化，从面对面调整为键对键，导致电子公文传阅时更容易出现"一'传'了之"的情况。为防止这一情况发生，在将电子公文送达传阅对象后，公文处理工作参与者一般应通过公文办理状态功能模块随时掌握公文传阅情况，对未按时阅知的传阅对象进行提醒督促。

（六）在催办方面

作为收文办理的重要组成部分，催办不仅是文秘部门的基本职责，而且是确保收文按期办结的重要手段。因此，在承办部门强化履行自身收文办理职责的同时，为确保收文按期办结，文秘部门（或承担文秘职能的其他部门，下同）也应履行好收文办理的催办职责；同时，对于紧急公文和重要公文，文秘部门应安排专人负责催办。

在催办实践中，部分公文处理工作参与者时常出现公文搁置不办、不催不办、催一催办一办、办理逾期等情况，致使公文的作用价值得不到充分体现。导致上述情况出现的原因是多方面的，除承办部门任务交织繁重或对公文重视不够、文秘部门对承办部门盲目信任或者过度信任、"与己无关、放任自流"的工作态度、"碍于情面不愿催办、畏惧职权不敢催办"的畏难情绪等因素外，一个比较重要且直接的因素就是部分文秘部门或人员对催办的相关规定学习不够、把握不准、使用不当等。为全面准确地理解和把握催办相关规定，更好完成催办工作，公文处理工作参与者一般可以从催办依据、催办目的、催办落实等三个方面着力。

1. 关于催办依据

催办不仅仅是一种推进收文办理的工作方法和工作惯例，也是文秘部门推进收文办理的基本义务和基本职责。对于党政机关而言，催办还是《条例》赋予的一种法定职责。综上所述，文秘部门在落实催办工作时，既要担当起应该担当的责任，务必摆脱"事不关己"的错误认识，履行好催办职责；又要理字为先、敢字当头，勇于克服各种畏难情绪，依照法规或者制度落实好催办职责。与此同时，对待文秘部门的催办，承办部门应充分理解、积极支持，加快推进收文办理工作，确保公文按期办结。

2. 关于催办目的

从《条例》相关规定看，催办的主要目的包括两个方面。一方面，通过催办，文秘部门可以了解掌握公文的办理进展情况，以备收文机关负责人或者发文机关询问了解收文办理情况。另一方面，通过催办，文秘部门可以主动参与收文办理过程，以便把握收文办理的总体进度，提醒和督促承办部门按期办结，切实防止出现搁置不办、办理缓慢、办理逾期等情况发生。

3.关于催办落实

做好催办落实工作，文秘部门一般可以从催办制度、催办方法、催办过程等三个方面着力。

（1）关于催办制度。

文秘部门应强化制度意识、依规实施催办，区分公文类型、细化制度颗粒，强化制度执行、维护制度刚性，既要充分发挥催办制度的效用，也要切实防止随意催办、过度催办等情况发生，以免对承办部门正常工作安排造成干扰。

（2）关于催办办法。

文秘部门应不断总结经验，借助新技术，引进新理念，在继承优良传统基础上，不断创新催办方式方法，降低催办人工成本，提高催办工作效率。比如：在电子公文系统基础上，文秘部门借助大数据和人工智能技术，通过平台实现系统动态催办（根据距离办结时限的不同确定催办频次和方法等）、催办途径融合（短信、邮件、语音等催办途径）、提供催办情况分析（聚焦催办次数、催办间隔、催办效果等方面数据）等功能。

（3）关于催办过程。

文秘部门应树立过程思维，将催办工作贯穿与承办工作全过程，切实防止出现"起始段催办、中后段不催办""想起来催办、想不起来不催办""有询问才催办、无询问不催办"等情况。

（七）在答复方面

作为收文办理的重要组成部分，答复既是收文办理实现闭环管理的题中应有之义，也是收文机关应当履行的基本职责。在收文办理实践中，部分公文处理工作参与者时常出现不答复、不及时答复、答复方式不规范、答复对象不齐全等情况。导致上述情况出现的原因是多方面的，除承办部门任务交织繁重或对答复工作重视不够等因素外，一个比较重要且直接的因素就是文秘部门或人员对答复的相关规定学习不够、把握不准、使用不当等。为全面准确地理解和把握答复相关规定，更好地完成答复工作，公文处理工作参与者一般可以从答复时机、答复方式、答复对象等三个方面着力。

1. 关于答复时机

公文办理结果一般包括阶段性办理结果和最终办理结果，且应及时答复发文机关。确定具体答复时机的主要依据一般为发文机关要求和收文机关工作需要。对于发文机关有明确时限要求的，收文机关一般主要依据其具体要求，及时向其答复公文的阶段性办理结果或者最终办理结果。对于发文机关无明确时限要求的，收文机关一般应结合自身工作需要，适时向其答复公文的阶段性办理结果，及时向其答复最终办理结果。

2. 关于答复方式

公文办理结果的答复方式是多样的，一般主要包括书面形式和口头形式，具体包括公文、邮件、短信、电话等不同渠道。确定具体答复方式的主要依据一般为公文种类、发文机关要求、工作需要等。以公文种类为例，当收到下级机关上报的"请示"时，上级机关在答复公文办理结果时仅能使用公文形式且公文种类应为"批复"。

3. 关于答复对象

公文办理结果的答复对象一般包括来文机关和相关机关两类。

（1）就来文机关而言。

当来文机关为单一机关时，公文办理结果向单一机关答复即可；当来文机关为两个及以上机关时，公文办理结果是向主办机关答复还是向所有来文机关答复，应根据公文内容要求或同来文机关沟通结果进行确定。

（2）就相关机关而言。

收文机关应根据工作需要，将公文办理结果告知相关机关。此处的相关机关一般主要是指公文办理结果会对其产生直接或间接影响的机关（来文机关除外）。以受双重领导的机关为例，当来文机关仅为其一个上级机关时，收文机关在答复公文办理结果时可根据工作需要告知其另一个上级机关。

※需要特别提醒的是：

《条例》重点从签收、登记、初审、承办、传阅、催办、答复等方面明确了收文办理的相关要求，为做好收文办理工作提供了制度遵循。相比于《条例》（1996版）及《办法》（2000版），《条例》在承接以往规定的同时，紧密结合新情况新问题，对收文办理相关要求进行了调整和优化，具体如下：

1. 关于签收的规定

《条例》(1996版)规定了"收文办理包括公文的签收、登记、拟办、请办、分发、传阅、承办和催办等程序""收到有关公文并以签字或盖章的方式给发文方以凭据(签收)。签收公文应当逐件清点,如发现问题,应当及时向发文机关查询,并采取相应的处理措施。急件应当注明签收的具体时间"。

《办法》(2000版)规定了"收文办理指对收到公文的办理过程,包括签收、登记、审核、拟办、批办、承办、催办等程序",未就签收作出明确具体的规定。

《条例》则规定了"对收到的公文应当逐件清点,核对无误后签字或者盖章,并注明签收时间"。

相比之下,《条例》以《条例》(1996版)中的相关规定为主要基础,明确了签字或者盖章的前提条件为"核对无误后";同时,不再将应当注明签收时间的对象限定为急件,而是规定"对收到的公文应当逐件清点……并注明签收时间"(即不论收文是否属于急件,一律应当注明签收时间),扩大了注明签收时间的对象范围,实现了注明签收时间对象范围的全覆盖。

2. 关于登记的规定

《条例》(1996版)规定了"公文办理过程中就公文的特征和办理情况进行记载。登记应当将公文标题、密级、发文字号、发文机关、成文日期、主送机关、份数、收发文日期及办理情况逐项填写清楚"。

《办法》(2000版)未就"登记"作出明确具体的规定。

《条例》则规定了"对公文的主要信息和办理情况应当详细记载"。

相比之下,《条例》以《条例》(1996版)中的相关规定为主要基础,将"公文的特征"的表述调整为"公文的主要信息",并在"记载"前增加了"详细"这一限定词,不仅对公文主要信息、办理情况的记载提出了更明确的要求,同时为省略"公文标题、密级、发文字号……"等"公文的特征"具体内容的表述提供了必要支撑。

3. 关于初审的规定

《条例》(1996版)未明确就"初审"或"审核"作出明确具体的规定。

《办法》(2000版)规定了"收到下级机关上报的需要办理的公文,文秘部门应当进行审核。审核的重点是:是否应由本机关办理;是否符合行文规则；内容是否符合国家法律、法规及其他有关规定；涉及其他部门或地区职权的事项是否已协商、会签；文种使用、公文格式是否规范""经审核，对符合本办法规定的公文，文秘部门应当……。对不符合本办法规定的公文，经办公厅（室）负责人批准后，可以退回呈报单位并说明理由"。

《条例》则规定了"对收到的公文应当进行初审。初审的重点是：是否应当由本机关办理，是否符合行文规则，文种、格式是否符合要求，涉及其他地区或者部门职权范围内的事项是否已经协商、会签，是否符合公文起草的其他要求。经初审不符合规定的公文，应当及时退回来文单位并说明理由"。

相比之下，《条例》以《办法》（2000版）中的相关规定为基础，一是将"审核"的表述调整为"初审"，对初审的重点所含具体内容的排列顺序进行了部分调整，增加了"是否符合公文起草的其他要求"这一兜底性规定；二是不再将应当进行初审的对象限定于"下级机关上报的需要办理的公文"，而是规定"对收到的公文应当进行初审"（即：不论发文机关与收文机关隶属关系如何，收文一律应当进行初审），扩大了初审对象的范围，实现了收文初审范围的全覆盖；三是明确了"退回"处理的时限要求，即"及时"，确保发文机关作出相关调整的时间更加充足；四是不再将"经办公厅（室）负责人批准后"作为"退回"处理的前提条件，减少不必要环节，提高初审工作效率，进一步降低工作成本。

4. 关于承办的规定

《条例》（1996版）规定了"主管部门对需要办理的公文进行办理。凡属承办部门职权范围内可以答复的事项，承办部门应当直接答复呈文机关；凡涉及其他部门业务范围的事项，承办部门应当主动与有关部门协商办理；凡须报请上级机关审批的事项，承办部门应当提出处理意见并代拟文稿，一并送请上级机关审批（承办）""秘书部门对需要办理的公文提出办理意见，并提供必要的背景材料，送领导人批示（拟办）""办公厅（室）根据授权或有关规定将需要办理的公文注请主管领导人批示或者主管部门研办。对需要两个以上部门办理的，应当指明主办部门（请办）""秘书部门根据有关规定或者领导人批示将公文分送有关领导人和部门（分发）"。

《办法》（2000版）规定了"承办部门收到交办的公文后应当及时办理，不得延误、推诿。紧急公文应当按时限要求办理，确有困难的，应当及时予以说明。对不属于本单位职权范围或者不宜由本单位办理的,应当及时退回交办的文秘部门并说明理由(承办)""公文办理中遇有涉及其他部门职权的事项,主办部门应当主动与有关部门协商;如有分歧,主办部门主要负责人要出面协调,如仍不能取得一致,可以报请上级机关协调或裁定(承办)""经审核,对符合本办法规定的公文,文秘部门应当及时提出拟办意见送负责人批示或者交有关部门办理,需要两个以上部门办理的应当明确主办部门。紧急公文,应当明确办理时限。对不符合本办法规定的公文,经办公厅(室)负责人批准后,可以退回呈报单位并说明理由(拟办和批办)""收到上级机关下发或交办的公文,由文秘部门提出拟办意见,送负责人批示后办理(拟办和批办)""审批公文时,对有具体请示事项的,主批人应当明确签署意见、姓名和审批日期,其他审批人圈阅视为同意;没有请示事项的,圈阅表示已阅知(批办)"。

《条例》则规定了"阅知性公文应当根据公文内容、要求和工作需要确定范围后分送。批办性公文应当提出拟办意见报本机关负责人批示或者转有关部门办理;需要两个以上部门办理的,应当明确主办部门。紧急公文应当明确办理时限。承办部门对交办的公文应当及时办理,有明确办理时限要求的应当在规定时限内办理完毕"。

相比之下,《条例》中"承办"的内涵更加广泛,在原"承办"基础上吸收整合了《条例》(1996版)及《办法》(2000版)相关规定中"拟办""请办""分发"等工作内容,且在相关规定中不再提及"拟办""请办""分发"等表述,客观上有助于防止在该部分规定理解和把握上出现概念混淆的情况;同时,承办主体也在承办部门基础上增加了文秘部门和机关负责人。《条例》依据公文类型的不同对应规定了不同的承办方式,其系统性、逻辑性、针对性、可操作性更强,且表述清晰凝练,客观上降低了理解和把握该部分规定的难度。

5.关于传阅的规定

《条例》(1996版)规定了"秘书部门根据领导人批示或者授权,按照一定的程序将公文送有关领导人阅知或者指示。处理公文传阅应当随时掌握公文去向,避免漏传、误传和延误"。

《办法》(2000版)未就"传阅"作出明确具体的规定。

《条例》则规定了"根据领导批示和工作需要将公文及时送传阅对象阅知

或者批示。办理公文传阅应当随时掌握公文去向,不得漏传、误传、延误"。

相比之下,《条例》以《条例》(1996版)中的相关规定为基础,对传阅的主要依据和传阅对象的范围进行了部分调整。一方面,在领导批示或者授权的基础上,增加"工作需要"作为传阅依据,提高了传阅依据的覆盖面,与收文处理实践结合更加紧密,对文秘部门适度赋权的同时相应减少机关负责人不必要的工作量;另一方面,不再将传阅对象限定于"有关领导人",而是规定"送传阅对象阅知或批示"(即:在允许传阅范围内,不论传阅对象身份职位如何,只要根据领导批示和工作需要均可将公文送其传阅),扩大了传阅对象的覆盖范围。与此同时,《条例》调整了相关表述,将"避免"调整为"不得",措辞上更加严格,凸显了"漏传、误传、延误"后果的严重性,进一步说明做好传阅工作的重要性。

6. 关于催办的规定

《条例》(1996版)规定了"秘书部门对公文的承办情况进行督促检查。催办贯彻穿于公文处理的各个环节。对紧急或者重要公文应当及时催办,对一般公文应当定期催办,并随时或者定期向领导人反馈办理情况"。

《办法》(2000版)规定了"送负责人批示或者交有关部门办理的公文,文秘部门要负责催办,做到紧急公文跟踪催办,重要公文重点催办,一般公文定期催办"。

《条例》则规定了"及时了解掌握公文的办理进展情况,督促承办部门按期办结。紧急公文或者重要公文应当由专人负责催办"。

相比之下,《条例》中"公文的办理"不仅包括批办性公文的办理,也包括阅知性公文的办理,使得催办的覆盖面更加全面。同时,在紧急公文和重要公文催办方面,在文秘部门负责催办的基础上,《条例》明确"由专人负责催办",使催办工作的责任更加明确、落实更有抓手。此外,因催办已作为收文办理的重要环节出现,故《条例》未再提及"催办贯穿于公文处理的各个环节"。

7. 关于答复的规定

《条例》(1996版)未就"答复"单独列项作出相关规定,但在承办有关规定中提及了"答复"相关事宜(即"凡属承办部门职权范围内可以答复的事项,承办部门应当直接答复呈文机关")。

《办法》(2000版)未就"答复"作出明确具体的规定。

《条例》则规定了"公文的办理结果应当及时答复来文单位，并根据需要告知相关单位"。

相比之下，《条例》在收文办理流程中明确增加了"答复"这一环节，使得收文办理形成管理闭环，不仅是解决收文办理中存在问题短板的有力举措，也是促进提升收文办理质量和效率的关键一招。

在公文处理工作实践中，参与者应防止因思维定式或工作习惯而沿用《条例》(1996版)及《办法》(2000版)关于"收文办理"方面的相关规定，尽力避免各类收文办理不规范情况的出现，以确保公文办理合规高效。

第二节　发文办理

一、基本规定

《条例》第二十五条规定：

发文办理主要程序是：

（一）复核。已经发文机关负责人签批的公文，印发前应当对公文的审批手续、内容、文种、格式等进行复核；需作实质性修改的，应当报原签批人复审。

（二）登记。对复核后的公文，应当确定发文字号、分送范围和印制份数并详细记载。

（三）印制。公文印制必须确保质量和时效。涉密公文应当在符合保密要求的场所印制。

（四）核发。公文印制完毕，应当对公文的文字、格式和印刷质量进行检查后分发。

二、常见问题

在发文办理实践中，部分公文处理工作参与者把握不准、不严格把握，甚至不把握上述基本规定，导致在发文办理方面产生诸多不规范情况。

（一）在复核方面

主要存在印制前未对审批手续进行复核、否认公文印发前应对内容文种格式等进行复核的必要性、作出实质性修改的未经原签批人复审等情况。

（二）在登记方面

主要存在未经复核进行登记、发文字号出现跳号、分送范围与发文机关需求存在偏差、漏写印制份数等情况。

（三）在印制方面

主要存在字迹不清楚有断划、页码未套正且两面误差超过 2mm、坏钉漏钉重钉、在不符合保密要求场所印制涉密公文等情况。

（四）在核发方面

主要存在认为核发无必要、核发不认真、将带有错误的公文进行分发等情况。

三、实践把握

作为公文办理的重要组成部分，发文办理发挥着承上启下的重要作用，既是公文拟制的流程延续，也是收文办理的前提条件。发文办理一般是指从公文复核到公文核发的办理过程，主要包括复核、登记、印制、核发等程序，具备涉及主体多、环节步骤多、细节要求多等特点。这些特点就决定着做好发文办理绝非易事。

发文办理质量不仅涉及公文内容文种格式质量，而且还涉及公文印刷质量。如果不求质量、不讲效率，发文办理势必会影响公文处理工作整体成效。因此，公文处理工作参与者应切实做好发文办理，全面提升发文办理质量和效率。做好发文办理，除了应积累发文办理经验、总结发文办理规律外，还应全面准确地理解和把握发文办理的相关规定。从发文办理实践看，为更好理解和把握发文办理的相关规定，公文处理工作参与者一般可以在复核、登记、印制、核发等方面着力。

（一）在复核方面

作为发文办理的首要程序，复核既是发文办理的一个基本环节，也是发文办理的一个刚性要求，在确保公文质量上发挥着极其重要的作用。在复核实践中，存在的基本概念混淆、复核内容缺项、复核重点不突出、复核把关不严、复核价值不彰等诸多情况，很大程度上应归因于部分公文处理工作参与者对审核相关规定的理解和把握不到位。

做好复核工作，除了应具备极端负责的工作态度和全面精湛的业务素质外，还离不开对复核相关规定的准确理解和灵活把握。只有准确理解和把握复核相关规定，才能搞清楚什么时机复核、谁来实施复核、复核内容是什么、复核结果如何运用等问题，才能做到依规复核、复核合规，从而夯实复核的质量基础和效力基础。从复核实践看，为更好理解和把握复核的相关规定，公文处理工作参与者一般可以主要在复核概念、复核主体、复核内容、复核能力、复核落实等五个方面着力。

1. 从复核概念看

依据《条例》相关规定，复核是发文办理过程中的首要程序，是公文处理工作参与者在公文签批后、印发前对公文文稿进行的再次审核。

一方面，公文处理工作参与者应区分复核与审核、初核、初审、复审、校核、校对等概念的区别联系（相关内容已在前文"审核"部分进行有关阐释，此处不再展开论述），切实防止因概念混淆导致复核落实偏差的情况发生。

另一方面，公文处理工作参与者应高度重视复核的作用价值，发挥好发文办理首要程序的首要作用，切实防止因重视不够导致该复核不复核、复核不认真不严格的情况发生。

2. 从复核主体看

复核主体是复核的实施者，复核主体正确与否直接影响复核行为的合规性，复核主体的工作成效直接影响着复核作用价值体现。根据《条例》规定，公文印发前应当进行复核，复核主体一般为办公厅（室）。在复核实践中，不设办公厅（室）的机关，复核一般由承担办公厅（室）职能的部门实施。

3. 从复核内容看

根据《条例》规定，在公文印发前，公文处理工作参与者应当对公文的审批手续、内容、文种、格式等进行复核。

关于内容、文种、格式的复核要求与相应的审核要求大致相同，因相关内容已在前文"审核"部分进行了阐释，此处不再展开论述。

关于公文审批手续的复核，对于一般性公文而言，公文处理工作参与者应复核其起草部门的内部审批手续、与相关部门的协商手续、文秘部门的审批手续、机关负责人的审批手续等方面内容；对于特殊公文而言，公文处理工作参与者除应复核一般性公文应复核的内容外，还应复核其特殊的审批手续，比如规章制度类公文的公示相关手续、涉及"三重一大"事项公文的会议审议相关手续等。

4. 从复核能力看

复核是专业性很强的工作，没有过硬的复核能力是做不好复核工作的。做好复核工作，不仅需要具备阅读理解、提出问题和分析问题能力、文字表达能力、政策理论能力、公文格式运用能力等基本能力，还应当具备综合业务能力、复核专业能力、复核经验积累运用能力等重要附加能力。复核能力与审核能力大致相同，因相关内容已在前文"审核"部分进行了阐释，此处不再展开论述。

5. 从复核落实看

在完成复核工作后，公文处理工作参与者应区分不同复核意见抓好复核落实工作。

（1）对于经复核不宜印发的公文。

公文处理工作参与者应摒弃外部干扰、做到坚决把关，及时将公文退回公文起草部门并说明理由，切实防止公文带"病"印发。不宜印发的常见情况可以参考前文"审核"部分关于不宜发文的常见情况，此处不再展开论述。

（2）对于经复核可以印发的公文。

公文处理工作参与者按规定将该公文流转到登记环节即可。

（3）对于经复核可以印发但在审批手续、内容、格式或文种等方面需作出相关补充或调整的公文。

公文处理工作参与者应按规定及时将复核意见反馈至公文起草部门，且应详细列述需作出进一步补充或调整的具体内容，以便公文起草部门对照落实。

对审批手续不完整的，一般应由公文起草部门补齐相关审批手续后再次报请复核。

对于内容需要作出调整的，如果调整的是非实质性内容，一般应由公文起草部门作出相应调整后再次报请复核；如果调整的是实质性内容，经由公文起草部门作出相应调整后应报原签批人复审。

对于文种格式不规范的，在同公文起草部门协商一致的基础上，一般可由文秘部门或者公文起草部门对不规范的部门进行调整；如果是公文起草部门负责调整的，在调整后需再次进行复核。

此外，对公文起草部门重新报送复审的公文，公文处理工作参与者不仅应重点关注首次复核反馈的需要进一步补充或调整的部分，也应按照复核内容的基本要求对其他部分进行再次复核。在再次复核实践中，公文处理工作参与者切不可因出于信任或者嫌麻烦就不再对之前复核过的相关部分内容进行复核或者认真复核，通过再次复核对首次复核中可能存在疏漏进行"查漏补缺"，同时可以防止出现公文起草部门有意或无意对相关内容作出修改的情况。

（二）在登记方面

作为发文办理的重要组成部分，登记发挥着十分重要的作用，对其后印制和核发两个环节都有着直接的影响。登记不仅是印制环节相关信息和数据的重要来源，而且是核发环节的分发公文的直接依据。在登记实践中，存在的发文字号出现重号或跳号、分送范围过大或过小、印制份数过多或过少、相关信息记载不全或不准等诸多情况，很大程度上应归因于部分公文处理工作参与者对登记相关规定的理解和把握不到位。只有准确理解和把握登记相关规定，才能做到依规登记、登记合规，从而夯实登记工作质量基础。从登记实践看，为更好理解和把握登记的相关规定，公文处理工作参与者一般可以在登记基本概念、确定记载内容、具体记载要求等三个方面着力。

1. 从登记基本概念看

依据《条例》相关规定，作为发文办理主要程序，登记是确定发文字号、分送范围和印制份数并对上述信息进行详细记载的过程。登记不单是对发文相关信息的详细记载，还是对发文相关信息的先行确定。

需要注意的是，尽管在收文办理和发完办理两个流程中均存在"登记"环节，但这两个"登记"在所处阶段、基本内容和作用价值等方面存在明显差异，在实践中公文处理工作参与者应切实防止将上述两个概念混淆。首先，二者分处于公文办理的两个不同流程。其次，二者记载的具体内容类别不同，且发文办理中登记的内容是需要先行进行确定的，而收文办理中登记的内容是现有公文汇中摘录的。再次，二者的作用价值不尽相同，发文办理中的登记除了具备凭证作用外，还是对发文字号等公文关键信息的厘定，而收文办理中登记的主要所用则是凭证。

2. 从确定记载内容看

依据《条例》相关规定，登记的内容范围是确定的，具体包括发文字号、分送范围和印制份数等三项内容。首先，在确定发文字号时，除了应符合《条例》及《格式》中关于发文字号的公文格式要求外，公文处理工作参与者还应根据不同工作需求选取对应的发文机关代字，更应保持严谨细致的工作态度，切实防止出现发文字号中发文机关代字选用不准确、发文字号重号、发文字号跳号等情况。其次，在确定分送范围时，公文处理工作参与者应以遵循行文规则为基础，紧密结合工作需要进行把握，切实防止出现超分送范围过大或过小的情况。再次，确定印制份数主要依据分送范围的大小，其具体数量一般应大于分送对象的数量。

3. 从具体记载要求看

依据《条例》相关规定，公文处理工作参与者应对应登记内容进行详细记载。如果相关信息记载不详细，就会失去判断已印发公文中发文字号、主送机关、抄送机关、公文印制份数等是否准确的直接依据。如果相关信息记载不准确，就可能会直接导致公文印制和核发的错误。以发文字号为例，在发文机关代字、年份、发文顺序号等要素中，任何一个要素出现记载错误，都会直接导致所印制公文中发文字号的错误。

（三）在印制方面

作为发文办理重要组成部分的同时，印制本身也是一个复杂的系统工程，不仅包括印刷这个主要方面，还涉及印刷用纸、制版、装订、用印等重要方面。在印制实践中，存在的印刷用纸主要技术指标不符合要求、用纸幅面尺寸不符合要求、制版不符合要求、印刷不符合要求、装订不符合要求、用印不符合要求等诸多情况，很多大程度上应归因于部分公文处理工作参与者对印制相关规定的理解和把握不到位。只有准确理解和把握印制相关规定，才能做到依规印制、印制合规，从而夯实印制工作质量和时效基础。从印制实践看，为更好理解和把握印制的相关规定，一般可以在印制质量、印制时效、印制涉密公文等三个方面着力。

1. 从印制质量看

依据《条例》相关规定，公文印制必须确保质量。在印制实践中，部分公文处理工作参与者混淆了印制和印刷的概念，片面地将印制质量当成了印刷质量，认为印刷质量好就是印制质量好，实则不然。公文印制质量不仅受到印刷质量的影响，而且还受到用纸质量、制版质量、装订质量、用印质量等因素的制约。

尽管《条例》未给出公文印制质量的明确标准，但《格式》从公文用纸主要技术指标、公文用纸幅面尺寸及版面、制版、印刷、装订等方面给出了具体的标准要求。在印制实践中，公文处理工作参与者只要严格按照《格式》相关标准实施，即可确保公文印制质量。此外，加盖印章（或签名章）的公文，除了应符合《条例》及《格式》中关于印章（或签名章）标注要求外，还应确保印章的字迹、图案、轮廓等要素不花、不断，用印效果清晰分明。

2. 从印制时效看

依据《条例》相关规定，公文印制必须确保时效。时效性是公文的基本特点，同时也是公文处理工作的基本要求。时效要求贯穿于公文处理工作的各方面和全流程，公文印制也概莫能外。一般情况下，在符合、登记、印制、核发等发文办理主要流程中，完成印制环节工作所需时间相对较长。确保印制时效有助于提升发文办理的总体时效，从而加快公文从生效到产生实效的进程。

在印制实践中，部分公文处理工作参与者对印制时效重视不够或者缺乏提升实效措施，导致出现一些印制效率不高、甚至迟滞的情况，极大影响了发文办理整体效率的提升。确保公文印制时效，公文处理工作参与者一般可以从思想、计划、特情、实效等四个方面着手。

首先，在思想上应重视确保公文印制时效的作用价值，提升确保公文印制时效的思想和行动自觉。其次，应增强公文印制工作计划性，区分轻重缓解，合理制定印制计划，正排工序、倒排工期，做到忙而不乱、有条不紊，通过有序工作确保公文印制时效。再次，应适应工作突发性，针对突发性、临时性公文印制需求，想在前、谋在前，做到有预案有准备，切实防止出现措手不及打乱仗的情况。最后，应强化跟踪问效，针对送印公文、尤其是重要公文和紧急公文，跟踪印制情况，及时提醒督促，加快推进相关公文印制工作。

3.从印制涉密公文看

依据《条例》相关规定，印制涉密公文应在符合保密要求的场所进行。保密要求是印制涉密公文的底线要求，事关涉密公文所含的国家秘密的安全问题，应贯穿于印制涉密公文的各方面和全过程。

在印制实践中，存在的印制场所不符合保密要求、将手机等电子设备带入涉密公文印制场所、印制涉密公文过程资料管理无序等情况，给确保印制涉密公文保密安全带来不同程度的安全隐患。为确保印制涉密公文符合保密要求，公文处理工作参与者一般可以从场所设施设备、场所管理制度、人员教育监管等方面着力。

首先，印制涉密公文场所应经保密行政管理部门审查合格后，方可投入使用。其次，应建立印制涉密公文场所日常管理制度，严格依规管理。再次，应重点加强对进出印制涉密公文场所人员和资料的检查和管控，不该带入的不得带入、不该带出的不得带出。此外，对于印制涉密公文过程中形成的相关材料，根据是否需要归档等情况，应分别依规作出归档或者销毁处理。

（四）在核发方面

作为发文办理主要程序中的最后一个程序，核发一般由检查和分发两部分内容组成，且检查是分发的前置流程。在核发实践中，存在的因只"发"不"核"或者不认真"核"导致公文带着印制质量问题分发、因分发不认真导致公文漏发、误发或延发等情况，很多大程度上应归因于部分公文处理工作参与者对印制相关规定的理解和把握不到位。只有准确理解和把握核发相关规定，才能做到依规核发、核发合规，从而夯实核发工作质量基础。从核发实践看，为更好理解和把握核发的相关规定，公文处理工作参与者一般可以在检查必要性、检查内容、分发实施公文等三个方面着力。

1. 从检查必要性看

尽管在进入发文办理阶段之前公文文稿已经审核和审批，且在发文办理中公文已经复核，但因审核或检查的内容侧重和作用价值不同，故在发文办理的核发程序中对公文的文字等方面进行检查仍然是十分重要且必要的。

以文字为例，"一字之差，谬以千里"。如果在公文印制完毕后，公文中还存在错别字或者出现印刷不清晰的情况，不仅会直接降低公文质量，也会对公文办理造成不利影响。

2. 从检查内容看

依据《条例》相关规定，核发阶段检查内容的范围是确定的，具体包括文字、格式、印刷质量等三个方面，其检查标准从《条例》及《格式》相关规定即可；同时，核发阶段不再对公文内容、文种、审批程序、行文规则、行文理由、行文依据等内容进行检查。

除公文格式外，同发文办理的复核、收文办理的初审、公文拟制的审核等流程环节中所要审核或检查的重点内容相比，核发阶段的检查内容的重点则进行了调整。在检查实践中，部分公文处理工作参与者不掌握上述检查内容的变与不变，也就谈不上区分把握了，以致出现检查内容不准不全的情况，导致检查效率降低或检查质量下降。

3. 从分发实施看

在核发阶段，经对公文的文字、格式和印刷质量检查无误后，公文处理工作参与者方可实施分发。做好公文分发工作，公文处理工作参与者一般可以从分发依据和工作态度两个方面着力。

一方面，分发依据是分发工作的前提基础。分发依据一般是指分送范围信息或者主送和抄送机关信息。同时，公文处理工作参与者应强化分发依据运用，切不可嫌麻烦而不去对照依据，也不能仅凭经验或者印象进行分发，以致出现漏发、误发的情况。

另一方面，编筐织篓，全在收口。公文处理工作参与者切不可因分发是发文办理的最后一个程序且操作相对简单，就降低工作标准、放松工作要求。做好公文分发工作，公文处理工作参与者应保持严谨工作态度，逐一分发到位，把收尾工作做好、把简单工作做好。

※需要特别提醒的是：

《条例》重点从复核、登记、印制、核发等方面明确了发文办理的相关要求，为做好发文办理工作提供了制度遵循。相比于《条例》（1996版）及《办法》（2000版），《条例》在承接以往规定的同时，紧密结合新情况新问题，对发文办理相关要求进行了调整和优化，具体如下。

1. 关于复核的规定

《条例》（1996版）规定了"发文办理包括公文的核发、登记、印制和分发等程序"和"秘书部门在公文正式印发前，对公文的审批手续、文种、格式等进行复核（核发）"。

《办法》（2000版）规定了"发文办理指以本机关名义制发公文的过程，包括草拟、审核、签发、复核、缮印、用印、登记、分发等程序"和"公文正式印制前，文秘部门应当进行复核，重点是：审批、签发手续是否完备，附件材料是否齐全，格式是否统一、规范等。经复核需要对文稿进行实质性修改的，应按程序复审"。

《条例》则规定了"已经发文机关负责人签批的公文，印发前应当对公文的审批手续、内容、文种、格式等进行复核；需作实质性修改的，应当报原签批人复审"。

相比之下，《条例》借鉴了《条例》（1996版）及《办法》（2000版）中的相关规定，一是进一步明确了进入复核程序公文的条件，即"已经发文机关负责人签批的公文"；二是进一步扩大了复核内容范围，将公文的内容纳入复核内容范围当中；三是进一步明确复审责任，即"应当报原签批人复审"。

此外，对发文办理流程中一些关键流程的表述进行了调整，表述的调整带来了其对应内涵作用的变化。在发文办理实践中，公文处理工作参与者应把握其区别，防止出现概念混淆。比如：同是作为发文办理主要程序中的首个程序，《条例》中称其为"复核"，而《条例》（1996版）中称其为"核发"，尽管二者表述不同，但二者内涵作用大致相同；与此同时，尽管

《条例》(1996版)中的"核发"与《条例》中的"核发"(其作为发文办理主要程序的最后一个程序)的表述一致,但从前文分析可知,二者在内涵作用上是截然不同的。

2. 关于登记的规定

《条例》(1996版)规定了"发文办理包括公文的核发、登记、印制和分发等程序"和"确定发文字号、分送单位和印制份数(核发)",但未就"登记"作出明确具体的规定。

《办法》(2000版)规定了"发文办理指以本机关名义制发公文的过程,包括草拟、审核、签发、复核、缮印、用印、登记、分发等程序",但未就"登记"作出明确具体的规定。

《条例》规定了"对复核后的公文,应当确定发文字号、分送范围和印制份数并详细记载"。

相比之下,《条例》在借鉴《条例》(1996版)中关于核发的相关规定(即"确定发文字号、分送单位和印制份数")的基础上,将"登记"作为独立条款作出明确具体的规定。其规定的针对性和可操作性更强,既凸显了"登记"这一流程的重要作用,也为做好"登记"工作提供了具体遵循。

3. 关于印制的规定

《条例》(1996版)规定了"应当做到准确、及时、规范、安全、保密。秘密公文应当在机要印刷厂(或一般印刷厂的保密车间)印制"。

《办法》(2000版)规定了"发文办理指以本机关名义制发公文的过程,包括草拟、审核、签发、复核、缮印、用印、登记、分发等程序",但未就"缮印"作出明确具体的规定。

《条例》规定了"公文印制必须确保质量和时效。涉密公文应当在符合保密要求的场所印制"。

相比之下,《条例》在借鉴《条例》(1996版)中关于印制的相关规定的基础上,一是对公文印制总体要求的内容进行了调整,将"准确、及时、规范、安全、保密"调整为"质量和时效",使得文字更加精练;二是对涉及国家秘密公文的表述进行了调整,变"秘密公文"为"涉密工作",使得表述更加严谨,一方面同《中华人民共和国保守国家秘密法》(2010版)相关表述方式保持一致(比如:涉密信息、涉密岗位、涉密人员),另一方面防止将"秘密公文"混淆为"秘密级公文";三是对涉及国家秘密公文印制场所范围进行了调整,印制场所不再局限于机要印刷厂或一般印刷厂的保密车间,而是拓展为"符合保密要求的场所",与实践结合更加紧密,在符合保密要求前提下增加了印制场所选择的多样性。

4. 关于核发的规定

《条例》(1996版)规定了"发文办理包括公文的核发、登记、印制和分发等程序",但未就"分发"作出明确具体的规定。

《办法》(2000版)规定了"发文办理指以本机关名义制发公文的过程,包括草拟、审核、签发、复核、缮印、用印、登记、分发等程序",但未就"分发"作出明确具体的规定。

《条例》规定了"公文印制完毕,应当对公文的文字、格式和印刷质量进行检查后分发"。

相比之下,同是作为发文办理主要程序中的最后一个程序,《条例》中称其为"核发",而《条例》(1996版)及《办法》(2000版)中称其为"分发"。尽管二者所处阶段相同,但从前文分析可知,"核发"的内涵作用范围更广。从《条例》关于"核发"的规定中,可以看出"核发"包括对公文进行检查和分发两个方面。

在发文办理实践中,公文处理工作参与者应把握"核发"与"分发"的区别,以防止出现概念混淆。此外,《条例》将"核发"作为独立条款作出明确具体的规定。其规定的针对性和可操作性更强,既凸显了"核发"这一流程的重要作用,另也为做好"核发"工作提供了具体遵循。

在公文处理工作实践中,参与者应防止因思维定式或工作习惯而沿用《条例》(1996版)及《办法》(2000版)关于"发文办理"方面的相关规定,尽力避免各类发文办理不规范情况的出现,以确保发文办理合规高效。

第三节　整理归档

一、基本规定

《条例》第二十七条规定:

需要归档的公文及有关材料,应当根据有关档案法律法规、机关档案管理规定,及时收集齐全、整理归档。两个以上机关联合办理的公文，原件由主办机关归档，相关机关保存复制件。机关负责人兼任其他机关职务的，在履行所兼职务过程中形成的公文，由其兼职机关归档。

二、常见问题

在公文整理归档实践中，部分公文处理工作参与者把握不准、不严格把握、甚至不把握上述基本规定，导致在整理归档方面产生诸多不规范情况。

（一）在归档依据方面

主要存在同有关档案法规相违背、颗粒度过粗导致指导性和可操作性较差、贯彻执行不到位等情况。

（二）在归档要求方面

主要存在整理归档不及时、整理归档公文及有关材料不齐全、整理归档范围划定过大、个人保存应整理归档的公文及有关材料等情况。

（三）在特殊情况处理方面

主要存在主办机关未整理归档由其和其他机关联合办理的公文的原件、本机关整理归档本机关负责人在履行其在其他机关兼任职务过程中形成的公文等情况。

三、实践把握

整理归档是公文办理的收尾环节，不仅是公文处理工作的构成要素，也是档案管理工作的基本要求。整理归档工作，具有显著的直接凭证价值和史料资源价值，在为相关工作提供直接凭证材料的同时，也进一步丰富了档案资源、为相关工作的系统化研究提供保障。因此，各类各级机关都应重视并切实做好整理归档工作，全面提升整理归档质量和效率。做好整理归档工作，除了应当强化工作责任外，公文处理工作参与者还应全面准确地理解和把握公文归档的相关规定。从整理归档实践看，为更好理解和把握整理归档的相关规定，公文处理工作参与者一般可以在整理归档依据、整理归档要求、特殊情况处理等三个方面着力。

（一）在整理归档依据方面

整理归档依据就是整理归档工作的总体规矩，是做好整理归档工作的基本遵循。从《条例》相关规定可知，整理归档依据为有关档案法律法规和本机关档案管理规定。有关档案法律规定只要是指《中华人民共和国档案法》和《中华人民共和国档案法实施办法》等，本机关档案管理规定一般是指紧密结合本机关实际制定的具有较强针对性和实操性的档案管理制度。

在整理归档实践中，各类各级机关一般不会就公文整理归档工作专门制定管理制度，通常是将公文整理归档工作管理制度作为组成部分纳入综合性档案管理制度当中，或者纳入本机关公文处理工作管理制度当中。

针对实践中存在的无章可循或有规不依的情况，各类各级机关一般可以从制度建设和制度执行两个方面着手。一是加强公文处理工作及档案管理工作制度建设，补齐公文整理归档的制度短板并持续优化，做到有章可循，逐步形成公文整理归档的系统化制度支撑；二是加强公文整理归档相关法规制度宣贯、执行、监督，做到依规行事，逐步提高公文整理归档相关制度效能。

（二）在整理归档要求方面

整理归档要求是整理归档工作的抓手，是做好整理归档工作的主要着力点。如果将整理归档依据比作做好整理归档工作的基本原则，整理归档要求就是做好整理归档工作的具体指引。从落实整理归档要求实践看，解决整理归档不及时、归档公文及有关材料不齐全、归档范围划定过大等情况，公文处理工作参与者一般可以在及时、齐全、整理、移交等四个方面着力。

1. 从及时的要求看

时效性是公文处理工作的基本要求，作为公文办理的组成部分，整理归档也要讲求时效性。在整理归档实践中，公文处理工作参与者切不可因整理归档是公文办理的收尾工作就放松时限要求。确需延迟整理归档的，公文处理工作参与者应按照相关程序报批，切不可私自延迟整理归档时间。此外，电子公文逻辑归档时间一般应实时进行，其物理归档时间应与相关纸质公文及有关材料的归档时间保持一致。

2. 从齐全的要求看

整理归档应根据事先厘定的公文及有关材料归档范围实施。整理归档不是一个"筐"，不能什么都往里"装"，不能随意扩大整理归档的范围；与此同时，整理归档范围是个硬指标，属于厘定的整理归档范围的公文及有关材料都应按规定整理归档，确保归档档案的完整性。

在整理归档实践中，公文处理工作参与者既不应仅仅归档公文、不归档同公文有关的材料，也不应对所有的公文及有关材料均作归档处理。厘定归档范围主要是看公文及有关材料是否具有保存价值。

3. 从整理的要求看

对于需要归档的公文及有关材料，公文处理工作参与者一般应先行按照一定的分类原则和分类方法进行整理，并且按照相关要求编制待归档公文及有关材料的清单，切实防止出现只"归档"不"整理"的情况，以减少对后续工作的干扰，更有利于需归档公文及有关材料的移交、保管和利用。

4. 从移交的要求看

向档案馆或档案管理部门移交公文及有关材料时，应编制移交清单（一般为一式二份），交接双方应认真核对待移交公文及有关材料（纸质或电子）与移交清单内容是否相符，在检查清点无误后方可履行签字手续。交接清单一般由档案馆或档案管理部门接收人员和移交人员各保存一份，以备查考。

（三）在特殊情况处理方面

在整理归档实践中，归档由两个以上机关联合办理的公文和归档本机关负责人在履行其在其他机关兼任职务过程中形成的公文，属于整理归档的两种特殊情况。

1. 关于归档由两个以上机关联合办理的公文

依据《条例》相关规定，该类公文的原件由主办机关归档，相关机关保存复制件。

2. 关于归档本机关负责人在履行其在其他机关兼任职务过程中形成的公文

依据《条例》相关规定，该类公文由其兼职机关进行归档。

此外，需要整理归档的公文及有关材料一般为一式一份，但重要的、利用频繁的、有专门需要的，公文处理工作参与者可酌情增加整理归档份数。

※**需要特别提醒的是：**

《条例》重点从整理归档依据、整理归档要求、特殊情况处理等方面明确了公文及有关资料整理归档的相关要求，为做好公文及有关材料整理归档工作提供了制度遵循。相比于《条例》(1996版）及《办法》(2000版），《条例》在承接以往规定的同时，紧密结合新情况新问题，对整理归档相关要求进行了调整和优化，具体如下：

1. 关于整理归档依据的规定

《条例》(1996版)规定了"公文办理完毕后,秘书部门应当按照有关规定将公文的定稿、正本和有关材料收集齐全,进行立卷归档"。

《办法》(2000版)规定了"公文办理完毕后,应当根据《中华人民共和国档案法》和其他有关规定,及时整理(立卷)、归档"。

《条例》则规定了"需要归档的公文及有关材料,应当根据有关档案法律法规、机关档案管理规定,及时收集齐全、整理归档"。

相比之下,《条例》在融合《条例》(1996版)及《办法》(2000版)关于整理归档依据的相关规定基础上,进一步明确了整理归档依据所包括有关档案法律法规和机关档案管理规定两个层次类别,其内容更加明确、更加包容,其可操作性更强、灵活度更高。

2. 关于整理归档要求的规定

《条例》(1996版)规定了"将公文的定稿、正本和有关材料收集齐全,进行立卷归档。个人不得保存应当归档的公文"。

《办法》(2000版)规定了"及时整理(立卷)、归档。个人不得保存应当归档的公文""归档范围内的公文,应当根据其相互联系、特征和保存价值等整理(立卷),要保证归档公文的齐全、完整,能正确反映本机关的主要工作情况,便于保管和利用""归档范围内的公文应当确定保管期限,按照有关规定定期向档案部门移交"等。

《条例》则规定了"及时收集齐全、整理归档"。

相比之下,《条例》在融合《条例》(1996版)及《办法》(2000版)关于整理归档要求的相关规定基础上,在文字上和表述上作出调整。一是在确保表意准确前提下,文字更加精练。二是统一了需要整理归档公文材料的表述,将《条例》(1996版)中"公文的定稿、正本和有关材料"和《办法》(2000版)中"归档范围内的公文"统一调整为"需要归档的公文及有关材料"。

3. 关于特殊情况处理的规定

《条例》(1996版)规定了"两个以上机关联合办理的公文,原件由主办机关立卷归档,相关机关保存复制件。机关领导人兼任其他机关职务的,在履行其所兼职务过程中形成的公文,由其兼职的机关立卷归档"。

《办法》(2000版)规定了"联合办理的公文,原件由主办机关整理(立卷)、归档,其他机关保存复制件或其他形式的公文副本"和"本机关负责人兼任其他机关职务,在履行所兼职务职责过程中形成的公文,由其兼职机关整理(立卷)、归档"。

《条例》则规定了"两个以上机关联合办理的公文,原件由主办机关归档,相关机关保存复制件。机关负责人兼任其他机关职务的,在履行所兼职务过程中形成的公文,由其兼职机关归档"。

相比之下,除对个别表述进行调整外,《条例》基本沿用了《条例》(1996版)及《办法》(2000版)关于特殊情况处理的规定。其所调整的表述主要包括:一是将《条例》(1996版)中"机关领导人"调整为"机关负责人";二是将《条例》(1996版)中"立卷归档"及《办法》(2000版)中"整理(立卷)、归档"统一调整为"归档"。

在公文处理工作实践中,参与者应防止因思维定式或工作习惯而沿用《条例》(1996版)及《办法》(2000版)关于"整理归档"方面的相关规定,尽力避免各类整理归档不规范情况的出现,以确保整理归档合规高效。

第四节　涉密公文传递传输

一、基本规定

《条例》第二十六条规定:

涉密公文应当通过机要交通、邮政机要通信、城市机要文件交换站或者收发件机关机要收发人员进行传递,通过密码电报或者符合国家保密规定的计算机信息系统进行传输。

二、常见问题

在涉密公文传递传输实践中,部分公文处理工作参与者把握不准、不严格把握、甚至不把握上述基本规定,导致在涉密公文传递传输方面产生诸多不规范情况。比如:通过普通邮政等无保密措施的渠道传涉密公文、非密公文通过机要交通等方式进行传递、密电明传、明电密电混用等。

三、实践把握

涉密公文传递传输贯穿于收文办理、发文办理和整理归档等公文办理的各个阶段，是一项涉及规定极严、要求极高的专业性工作，关乎国家利益和国家安全。确保涉密公文传递传输合规安全，既是公文处理工作不得突破的底线要求，也是公文处理工作不可触碰的红线要求。一旦涉密公文传递传输工作出现不规范情况，轻则会影响工作合规性，给确保涉密公文安全埋下隐患；重则会导致国家秘密泄露，直接侵害国家安全和国家利益。因此，公文处理工作参与者应切实做好涉密公文传递传输工作，全面提升涉密公文传递传输质量和效率。

做好涉密公文传递传输工作，除了应具备严谨细致的工作作风和高度负责的工作态度外，公文处理工作参与者还应全面准确地理解和把握涉密公文传递传输的相关规定。从涉密公文传递传输实践看，为更好理解和把握涉密公文传递传输的相关规定，公文处理工作参与者一般可以在传递途径、传输途径、制度落地等三个方面着力。

（一）在传递途径方面

传递是涉密公文流转的主要途径，从《条例》相关规定可知，涉密公文的传递途径主要包括机要交通、邮政机要通信、城市机要文件交换站或者机要收发人员等。在涉密公文传递实践中，各类各级机关可以根据涉密公文的特点、传递途径现实状况以及工作需要，在上述方式中择优选择，并依照相关规定进行传递，切实防止通过普通邮政等无保密措施的渠道传涉密公文等情况发生，以确保涉密公文传递安全、提升传递效率。

（二）在传输途径方面

从《条例》相关规定可知，涉密公文的传输途径主要包括密码电报或者符合国家保密规定的计算机信息系统。作为涉密公文流转的重要途径，同传递途径相比，传输途径的把握相对简单。在涉密公文传输实践中，各类各级机关可以根据涉密公文的特点、传输途径现实状况以及工作需要，在上述方式中择优选择，并依照相关规定进行传输，切实防止密电明传等情况发生，以确保涉密公文传输安全、提升传输效率。

（三）在制度落地方面

《条例》明确了涉密公文传递途径和传输途径两种方式，并给出了两种途径的具体方式,但未对每种具体方式的实施作出具体规定。在涉密公文传输传递实践中,各类各级机关应根据《条例》《保密法》《保密法实施条例》等相关法规制度,紧密结合机关公文处理工作、特别是涉密公文传递传输工作实际,突出针对性和可操作性要求,制定本机关涉密公文传递传输管理制度,打通涉及公文传递传输法律法规落地实施的"最后一公里",并强化相关法律法规及管理制度的宣传、执行及监督,进一步发挥涉密公文传递传输管理法律法规及管理制度的治理效能。

※**需要特别提醒的是:**

《条例》(1996版)规定了"秘密公文应当通过机要交通(或机要通信)传递、密电传输或者计算机网络加密传输,不得密电明传、明电密电混用"。

《办法》(2000版)规定了"密码电报的使用和管理,按照有关规定执行",但未就"涉密公文"作出明确具体的规定。

《条例》则规定了"涉密公文应当通过机要交通、邮政机要通信、城市机要文件交换站或者收发件机关机要收发人员进行传递,通过密码电报或者符合国家保密规定的计算机信息系统进行传输"。

相比之下,随着《中华人民共和国保守国家秘密法(2010修订)》实施,《条例》在承接《条例》(1996版)相关规定基础上,结合涉密公文特点以及传递传输基本保障条件的发展变化,丰富了传输传递途径方式,为实施涉密公文传递传输提供了更多选择可能,有利于涉密公文传递传输工作的开展。

在公文处理工作实践中,参与者应防止因思维定式或工作习惯而沿用《条例》(1996版)及《办法》(2000版)关于"涉密公文传递传输"方面的相关规定,尽力避免各类涉密公文传递传输不规范情况的出现,以确保涉密公文传递传输合规高效。

第六章　公文管理

慎易以避难，敬细以远大。作为公文处理工作的重要组成部分，公文管理涉及公文制度管理、基本保障管理、涉密公文管理、印发传达管理、复制汇编管理、撤销废止管理、清退销毁管理、合并移交管理、发文立户管理等诸多方面，具体管理工作十分繁杂琐碎。如果公文拟制和公文办理共同构成了公文处理工作全流程中的主流程，那么公文管理就是公文处理工作全流程中的支流程。

《条例》规定了"公文处理工作是指公文拟制、办理、管理等一系列相互关联、衔接有序的工作"，并将公文管理作为独立章节与行文规则、公文拟制、公文办理等并行编排。从包含关系看，公文管理作为属概念，包含于公文处理工作；同时，其也作为种概念，包括了公文制度管理、基本保障管理、涉密公文管理等诸多具体管理事项。

尽管公文管理对于公文处理工作的作用价值不像公文拟制和公文办理那么直接和凸显，但其对做好公文处理工作同样发挥着极其重要的作用。因此，在公文处理工作实践中，各类各级机关应高度重视公文管理工作。做好公文管理工作，首要的是在思想上重视，做到抓住小事、把握细节；关键的是在管理上合规行事，做到严格遵循制度、严格管理权限；基础的是在落实上把握规定，做到准确理解、灵活运用。

在公文管理实践中，部分公文处理工作参与者对公文管理相关规定学习不够、认识不深、把握不准，导致在落实公文管理各类具体事宜中不同程度存在不规范情况，比如：公文管理制度不健全、公文确定密级前未按照拟定密级采取保密措施、未经发文机关批准擅自变更印发传达范围、未将复制的公文视同原件管理、个人私自留存涉密公文、工作人员离职时未将其暂存的公文清退等。

基于上述考量，本章以《条例》关于"公文管理"的若干规定为主要依据，结合公文处理工作实践，针对当前公文管理中存在的短板不足，从公文制度管理、基本保障管理、公文定密管理、印发传达管理、复制汇编管理、撤销废止管理、清退销毁管理、合并移交管理、发文立户管理等方面着手，进一步梳理、分析和阐释公文管理相关规定，为公文处理工作参与者更好地理解、把握和运用公文管理相关规定提供参考。

第一节 公文制度管理

一、基本规定

《条例》第二十八条规定：

各级党政机关应当建立健全本机关公文管理制度，确保管理严格规范，充分发挥公文效用。

二、常见问题

在公文制度管理实践中，部分公文处理工作参与者把握不准、不严格把握，甚至不把握上述基本规定，导致在公文制度管理方面产生诸多不规范情况。

（一）在制度健全方面

主要存在制定依据不准确、征求意见走过场、结合实际不紧密、修订完善不及时等情况。

（二）在制度宣传方面

主要存在宣传工作缺失、宣传方法单一、宣传效果不佳等情况。

（三）在制度贯彻方面

主要存在有章不循、有规不依、执行制度不严格、监督检查缺位、制度效能不彰等情况。

三、实践把握

作为公文管理的重要组成部分，公文制度管理是一项重要的基础性工作。依靠制度进行管理，不仅是提升公文处理工作管理质量的有效方式，也是降低公文处理工作管理成本的直接方式。加强公文制度管理，既十分重要，又极其必要。

公文制度管理不单是一项或一套静态的公文管理制度，更是一个动态的制度管理过程；不仅包括公文管理制度制定，还涉及公文管理制度的宣传工作、贯彻执行工作、监督检查工作、评估评价工作、优化迭代工作等方面；不仅需要公文处理工作业务知识，还需要法律制度管理、保密管理、档案管理等方面的知识储备。因此，做好公文制度管理工作是有一定难度的。

如果公文制度管理工作质量不高，不仅会对公文处理工作的管理工作产生不利影响，还会对公文处理工作、特别是公文本身的质量和效率产生不利影响。因此，公文处理工作参与者应当切实做好公文制度管理工作，全面提升公文管理制度的建设质量和价值效能。

做好公文制度管理工作，除了应从思想上高度重视外，公文处理工作参与者还应全面准确地理解和把握公文制度管理的相关规定。从公文制度管理实践看，为更好理解和把握公文制度管理的相关规定，公文处理工作参与者一般可以从责任主体、基本要求、目标任务等三个方面着力。

（一）在责任主体方面

公文制度管理责任主体是推进公文制度管理工作的关键所在，既决定着公文制度管理的资源力量配置，也决定着公文制度建设的合力形成，还决定着其所制定制度的层级效力，具有十分重要的作用。

从《条例》相关规定可知，公文制度管理责任主体为各级机关。在公文制度管理实践中，尽管公文制度管理的具体事务工作通常由各级机关的文秘部门（或者承担文秘职能的部门）承担，但不能据此将各级机关的文秘部门（或者承担文秘职能的部门）当作公文制度管理责任主体。作为公文制度管理责任主体，各级机关应明确自身责任，切实落实主体责任，统筹推进本机关公文制度管理工作。

（二）在基本要求方面

公文制度管理基本要求决定着公文制度管理的方向、进程和水平，贯穿于管理制度的立、改、废、释等全寿命周期。

从《条例》相关规定可知，公文制度管理基本要求是建立健全公文管理制度。从公文制度管理实践看，破解公文管理制度缺失、结合实际不紧密、修订不及时等情况，公文处理工作参与者一般可以在建设依据、结合实际、征求意见等三个方面着力。

1. 从建设依据看

公文制度建设依据一般为《条例》、上级机关公文管理规定及相关要求、本机关公文制度管理需求及制度建设规划计划等。

在公文制度管理实践中，公文处理工作参与者既要防止公文管理制度缺失，也要防止公文管理制度细分类型或层次过多，应在确保公文处理工作有章可循、有规可依的同时，力求降低管理成本。

2. 从结合实际看

公文管理制度是用来指导具体的公文处理工作的，理应具备较强的实效性。

在公文制度管理实践中，在承接《条例》及上级机关有关公文管理制度基础上，公文处理工作参与者应紧密结合本机关工作实际、尤其是公文处理工作实际，提升制度的可行性、针对性、可操作性以及可检查可评估性。

3. 从征求意见看

作为公文制度建设的重要一环，征求意见是提升公文制度建设质量的重要举措。在公文制度建设实践中，破解不征求意见、征求意见不充分、"征"而不用等情况，公文处理工作参与者一般可以从覆盖范围、征求方式、征求时长、意见方向、意见运用等五个方面着力。

（1）在覆盖范围上。

公文处理工作参与者应确保公文制度征求意见的基本覆盖面，做到应"征"尽"征"，覆盖到公文处理工作的各类主体和人员，切不可因嫌麻烦而缩减征求范围。

（2）在征求方式上。

公文处理工作参与者应确保公文制度征求意见的触达途径丰富，可以采用线下方式，也可以采用线上方式（符合保密要求），切不可因不敢不愿试新而局限于单一方式。

（3）在征求时长上。

公文处理工作参与者应确保公文制度征求意见的基本时间，切不可因急于求成而缩减时间。

（4）在意见方向上。

公文处理工作参与者应确保公文制度征求意见突出重点、兼顾全面，不仅要聚焦于公文、保密、档案等业务领域，也要关注文字表达、文种格式、行文理据等方面。

（5）在意见运用上。

公文处理工作参与者应确保公文制度征求意见形成闭环，及时吸收有益的意见建议，切不可"走过场"或"征而不用"。

（三）在目标任务方面

公文制度管理目标任务是公文制度管理的意义所在。从《条例》相关规定可知，公文制度管理目标任务主要是通过建立健全本机关公文管理制度，确保公文管理严格规范，充分发挥公文效用。为实现上述目标任务，公文处理工作参与者一般可以从宣传宣讲、贯彻执行、评估修订等三个方面着力。

1. 在宣传宣讲上

在公文管理制度印发后，一方面，公文处理工作参与者应当加强制度宣传，丰富宣传方式和渠道，营造学习制度、贯彻制度的良好氛围，强化依照制度管理公文处理工作的意识。另一方面，公文处理工作参与者应加强制度宣讲，说明制度的目标任务、具体的条款释义、实践把握、特殊情况处理等，使得公文处理工作参与者在知规明规基础上做到守规用规。

2. 在贯彻执行上

公文管理制度的目标任务和作用价值是通过贯彻执行体现出来的。离开贯彻执行，公文管理制度就会失去生命力。一方面，公文处理工作参与者应自觉遵守和执行公文管理制度，用制度规范公文处理工作，提高公文处理工作合规性，确保公文处理工作基本效力。另一方面，各机关办公厅（室）或承担办公厅（室）职能的部门应当加强对公文管理制度贯彻执行的检查监督，定期通报公文管理制度落实情况，督促和倒逼公文处理工作参与者严格执行公文管理制度。

3. 在评估修订上

公文制度建设不是一蹴而就的，也不是一劳永逸的。公文管理制度应当根据相关法律法规、上级有关规定、本机关工作实际等因素的变化进行调整。同时，制度制定者能力水平存在差异，导致公文管理制度本身存在不足，这也要求各级机关应对公文管理制度适时进行修订。

在公文制度管理实践中，公文处理工作参与者应综合考量上述因素，加强制度评估工作，定期梳理公文制度问题短板、优化完善意见建议，该新建的新建、该修订的修订、该废止的废止、该撤销的撤销，持续做好公文制度管理工作，为公文处理工作提供优质的制度保障。

※**需要特别提醒的是：**

《条例》重点从制度建设责任主体、制度建设总体要求、制度建设目标任务等方面明确了公文制度管理的相关要求，为做好公文制度管理工作提供了制度遵循。相比于《条例》(1996版)及《办法》(2000版),《条例》在承接以往规定的同时，紧密结合新情况新问题，对公文制度管理相关要求进行了调整和优化，具体如下。

《条例》(1996版)未就"公文制度管理"作出明确具体的规定。

《办法》(2000版)规定了"文秘部门应当建立健全本机关公文处理的有关制度"。

《条例》则规定了"各级党政机关应当建立健全本机关公文管理制度，确保管理严格规范，充分发挥公文效用"。

相比之下,《条例》将各级机关明确为本机关公文制度管理的责任主体，责任主体的"升格"[《办法》(2000版)中相应责任主体是"文秘部门"]，有助于公文制度管理的统筹协调和贯彻落实；同时,《条例》还明确了公文制度建设的目标任务，其对公文制度管理的牵引作用更加显著。

在公文处理工作实践中，参与者应防止因思维定式或工作习惯而沿用《条例》(1996版)及《办法》(2000版)关于"公文制度管理"方面的相关规定，尽力避免各类公文制度管理不规范情况的出现，以确保公文制度管理合规高效。

第二节　基本保障管理

一、基本规定

《条例》第二十九条规定：

党政机关公文由文秘部门或者专人统一管理。设立党委（党组）的县级以上单位应当建立机要保密室和机要阅文室，并按照有关保密规定配备工作人员和必要的安全保密设施设备。

二、常见问题

在基本保障管理实践中，部分公文处理工作参与者把握不准、不严格把握、甚至不把握上述基本规定，导致在基本保障管理方面产生诸多不规范情况。比如：公文管理混乱、未按要求建立机要保密室和机要阅文室、安全保密设施设备配置不合规等。

三、实践把握

作为公文管理的重要组成部分，基本保障管理是一项重要的基础性工作，涉及公文管理部门、公文管理人员、公文管理方式、公文管理场地、公文管理设施设备等诸多方面。做好基本保障管理，不仅可以为公文管理提供必要的物质保障，而且有助于确保公文处理工作的合规、安全、质量以及效率。

在公文处理工作实践中，公文处理工作参与者应切实做好基本保障管理工作，全面提升基本保障管理质量和水平。做好基本保障管理工作工作，除了应从思想上高度重视外，公文处理工作参与者还应全面准确地理解和把握基本保障管理的相关规定。从基本保障管理实践看，为更好理解和把握基本保障管理的相关规定，公文处理工作参与者一般可以从统一管理、场地场所、设施设备等三个方面着力。

（一）在统一管理方面

一旦脱离统一管理或统一管理不善，就可能导致收发文字号使用混乱、公文质量参差不齐、发文数量过多、公文管理效率低下、公文管理相互扯皮等不规范情况的发生，影响和制约公文价值作用的充分发挥。因此，对于公文而言，不论是收文还是发文，不仅需要管理，而且需要统一管理。

公文统一管理一般由文秘部门（或承担文秘职能的部门）或专人负责实施。在公文管理实践中，公文处理工作参与者应切实防止根据机关各部门职能分工将公文分散于各部门进行管理以及频繁更换公文管理人员情况的发生，更好为公文管理相关责任和具体工作落实提供支撑。具备条件的，各级机关应设立专门部门（文秘部门或者承担文秘职能的部门）并配备专人（可专职也可兼职）对本机关公文实施统一管理；不具备条件的，各级机关也应将公文管理职责明确到具体部门并安排专兼职人员对本机关公文实施统一管理。

（二）在场地场所、设施设备方面

一般而言，无论是公文拟制、公文办理，还是公文管理，都离不开场地、场所

及设施设备的保障。从《条例》相关规定可知，设立党委（党组）的县级以上单位不仅应具备公文管理普适性的场地场所，而且应按照有关法律法规和标准规范建立机要保密室和机要阅文室，并根据工作需要按照有关保密规定在机要保密室和机要阅文室中配备必要的安全保密设施设备，既便利于公文管理的具体开展，又有利于公文管理的安全保密。

※**需要特别提醒的是：**

  《条例》重点从统一管理、部门人员、场地场所、设施设备等方面明确了基本保障管理的相关要求，为做好基本保障管理工作提供了制度遵循。相比于《条例》(1996版)及《办法》(2000版)，《条例》在承接以往规定的同时，紧密结合新情况新问题，对基本保障管理相关要求进行了调整和优化，具体如下。

  《条例》(1996版)规定了"党的机关公文应当发给组织，由秘书部门统一管理，一般不发给个人。秘书部门应当切实做好公文的管理工作，既发挥公文效用，又有利于公文保密"和"公文处理必须严格遵守《中华人民共和国保守国家秘密法》及有关保密法规，遵守党的保密纪律，确保党和国家秘密的安全"，但未就场所场地和设施设备等基本保障作出明确具体的规定。

  《办法》(2000版)规定了"公文由文秘部门或专职人员统一收发、审核、用印、归档和销毁"，但也未就场所场地和设施设备等基本保障作出明确具体的规定。

  《条例》则规定了"党政机关公文由文秘部门或者专人统一管理。设立党委（党组）的县级以上单位应当建立机要保密室和机要阅文室，并按照有关保密规定配备工作人员和必要的安全保密设施设备"。

  相比之下，《条例》对公文统一管理及责任部门或人员方面的表述更加清晰、内涵覆盖更加广泛、文字表达更加精练；同时，《条例》新增了关于场所场地和设施设备方面的规定，丰富了基本保障管理的内容，且其指导性和可操作性更强。

  在公文处理工作实践中，参与者应防止因思维定式或工作习惯而沿用《条例》(1996版)及《办法》(2000版)关于"基本保障管理"方面的相关规定，尽力避免各类基本保障管理不规范情况的出现，以确保公文基本保障管理合规高效。

第三节　公文定密管理

一、基本规定

《条例》第三十条规定：

公文确定密级前，应当按照拟定的密级先行采取保密措施。确定密级后，应当按照所定密级严格管理。绝密级公文应当由专人管理。

公文的密级需要变更或者解除的，由原确定密级的机关或者其上级机关决定。

二、常见问题

在公文定密管理实践中，部分公文处理工作参与者把握不准、不严格把握、甚至不把握上述基本规定，导致在公文定密管理方面产生诸多不规范情况。比如：未按照公文拟定的密级采取相应保密措施、将确定密级的公文混同于非涉密公文进行管理、未按照确定的密级对公文采取相应的保密管理措施、绝密级公文无专人管理、擅自变更或接触公文的密级等。

三、实践把握

作为公文管理的重要组成部分，公文定密管理是一项重要的前提性工作。公文是否涉密、涉密等级如何，往往影响、甚至决定着公文拟制、公文办理、公文存储、公文印发传达范围、公文销毁等诸多方面的相关管理要求。

在公文定密管理实践中，公文处理工作参与者应切实做好公文定密管理工作，坚持及时、准确、严格的标准要求，全面提升公文定密管理质量和水平。做好公文定密管理工作，除了应当从思想上高度重视外，公文处理工作参与者还应全面准确的理解和把握公文定密管理的相关规定。从公文定密管理实践看，为更好理解和把握公文定密管理的相关规定，公文处理工作参与者一般可以从密级确定主体、密级确定依据、定密公文管理、密级变更或解除等四个方面着力。

（一）在密级确定主体方面

密级确定主体正确与否，是关乎密级确定合规性的关键问题。一旦发生超权限确定公文密级情况，公文密级确定工作就会失去正当性，公文密级确定结果就会受到质疑、甚至失去意义。因此，尽管《条例》未就涉密公文确定主体作出明确具体规定，但依据有关法律法规对密级确定主体作出阐释还是十分必要的。定密一般包括原始定密和派生定密两种类型，不同定密类型一般对应着不同的密级确定主体。

1. 就原始定密而言

中央国家机关（该段中的"机关"为专有名词，不对其含义进行延展）、省级机关依法具有绝密级、机密级和秘密级定密权；设区的市、自治州一级的机关依法具有机密级、秘密级定密权；公安、国家安全机关的定密权按照有关规定执行。

此外，中央国家机关、省级机关、设区的市、自治州一级的机关可以根据工作需要主动作出定密授权，或者依据有关机关、单位的申请依法作出定密授权。具体的定密主体、授权范围由国家保密行政管理部门规定。

2. 就派生定密而言

机关、单位依法可以直接进行派生定密，无须申请定密授权。

（二）在密级确定依据方面

密级确定依据一般指保密事项范围，这是定密的直接依据。一旦出现保密事项范围执行不严格，就可能导致所定密级高于或者低于规定密级。因此，尽管《条例》未就密级确定依据作出明确具体的规定，但依据有关法律法规对密级确定依据作出阐释还是十分必要的。

1. 就公文密级而言

公文处理工作参与者应严格按照保密事项范围目录中的内容，对应确定涉密公文的涉密等级，切实防止出现随意提高涉密等级、降低涉密登记、甚至对不得确定为国家秘密的内容进行定密等情况。

此外，对是否属于国家秘密以及属于何种密级不明确或者有争议的，应由国家保密行政管理部门或者省、自治区、直辖市保密行政管理部门确定。

2. 就涉密公文保密期限而言

公文处理工作参与者应严格按照保密事项范围目录中的要求，在目录规定的最长保密期限内合理确定涉密公文的保密期限，切实防止出现超出最长保密期限等情况。

（三）在定密公文管理方面

定密公文管理质量如何，不仅会对公文管理质量产生影响，更重要的是直接关系公文的保密安全。依据《条例》有关规定，做好定密公文管理，公文处理工作参与者一般可以从待确定密级的公文、确定密级的公文和绝密级公文等三个方面着力。

1. 就待确定密级的公文而言

在公文确定密级前，公文处理工作参与者应当按照拟定的密级先行采取保密措施。

2. 就确定密级的公文而言

在公文确定密级后，公文处理工作参与者应当按照所定密级严格管理。

3. 就绝密级公文而言

绝密级公文所涉及的国家秘密是最重要的国家秘密。绝密级公文一旦泄露，就会使国家安全和利益遭受特别严重的损害。除了同秘密级和机密级公文一样需要严格管理外，绝密级公文还应当在符合国家保密标准的设施、设备中保存，并指定专人管理。

（四）在密级变更或者解除方面

在公文确定密级后，其密级并不是不可改变的，而是可以根据保密事项范围、公开后是否损害国家安全和利益等相关情况变化进行变更或解除的。需要注意的是，针对公文密级变更的情况，应及时书面通知知悉范围内的公文处理工作参与者。

对于公文密级变更或解除的，不论是延长保密期限，是缩短保密期限，还是解除保密期限（解密），一般可以由原定密机关决定，也可以由原定密机关的上级机关决定。

对于保密期限已满的，应自行解密，无须另行批准。

※需要特别提醒的是：

《条例》重点从定密公文管理和密级变更或解除两方面明确了公文定密管理的相关要求，为做好公文定密管理工作提供了制度遵循。相比于《条例》（1996版）及《办法》（2000版），《条例》在承接以往规定的同时，紧密结合新情况新问题，对公文定密管理相关要求进行了调整和优化，具体如下。

《条例》（1996版）规定了"发文机关在拟制公文时，应当根据公文的内容和工作需要，严格划分密与非密的界限；对于需要保密的公文，要准确标注其密级。公文密级的变更和解除由发文机关或其上级机关决定""绝密级公文应当由秘书部门指定专人管理，并采取严格的保密措施"，但未就拟定定密公文及定密后公文的管理提出明确具体的规定。

《办法》（2000版）未就公文定密管理作出明确具体的规定。

《条例》则规定了"公文确定密级前，应当按照拟定的密级先行采取保密措施。确定密级后，应当按照所定密级严格管理。绝密级公文应当由专人管理。公文的密级需要变更或者解除的，由原确定密级的机关或者其上级机关决定"。

相比之下，《条例》在借鉴《条例》（1996版）相关规定，更加结合实际，表述更加严谨，可操作性更强。

以公文密级的变更和解除为例，《条例》（1996版）规定"公文密级的变更和解除由发文机关或其上级机关决定"，但在公文定密管理实践中发文机关并以一定具备定密权限。《条例》针对上述情况，对"发文机关"的表述调整为"原确定密级的机关"，在紧密结合实际的同时，表述更加严谨。

再以绝密级公文管理为例，《条例》（1996版）规定"绝密级公文应当由秘书部门指定专人管理"，但在公文定密管理实践中部分机关并没有设立秘书部门。《条例》针对上述情况，对"专人管理"的限定语"秘书部门指定"进行了调减，同时与《条例》中关于"党政机关公文由文秘部门或者专人统一管理"的规定形成呼应。

在公文处理工作实践中，参与者应防止因思维定式或工作习惯而沿用《条例》（1996版）及《办法》（2000版）关于"公文定密管理"方面的相关规定，尽力避免各类公文定密管理不规范情况的出现，以确保公文定密管理合规高效。

第四节　印发传达范围管理

一、基本规定

《条例》第三十一条规定：

公文的印发传达范围应当按照发文机关的要求执行；需要变更的，应当经发文机关批准。

涉密公文公开发布前应当履行解密程序。公开发布的时间、形式和渠道，由发文机关确定。

经批准公开发布的公文，同发文机关正式印发的公文具有同等效力。

二、常见问题

在印发传达范围管理实践中，部分公文处理工作参与者把握不准、不严格把握、甚至不把握上述基本规定，导致在印发传达范围方面产生诸多不规范情况。比如：未按照发文机关要求的印发传达范围执行、未经发文机关批准自行变更印发传达范围、未履行解密程序就公开发布涉密公文、自行确定涉密公文公开发布的时间、不认可公开发布的公文效力等。

三、实践把握

作为公文管理的重要组成部分，印发传达范围管理是一项重要基础性工作。当其工作质量优时，印发传达范围确定就能精准，印发传达范围执行效果就好；当其工作质量差时，印发传达范围确定便会偏差，印发传达范围执行效果也相应变差。因此，做好印发传达范围管理工作十分重要，也十分必要。

做好印发传达范围管理工作，除了应从思想上高度重视外，公文处理工作参与者还应全面准确地理解和把握印发传达范围管理的相关规定。从印发传达范围管理实践看，为更好理解和把握印发传达范围管理的相关规定，公文处理工作参与者一般可以从印发传达范围变更、涉密公文公开发布、公开发布的公文效力等三个方面着力。

（一）在印发传达范围变更方面

印发传达范围主要包括一般印发传达范围（主送机关和抄送机关的范围）和特殊印发传达范围（附注标注的范围），是发文机关结合行文规则、工作需要、保密法规等因素综合考量、审慎确定的。印发传达范围既是发文办理分发环节的直接依据，也是收文办理初审、承办、传阅等环节的重要依据。

在印发传达范围管理实践中，各级各类机关及公文处理工作参与者一般应按照发文机关确定的印发传达范围执行；确需变更的，各级各类机关及公文处理工作参与者一定要慎之又慎，且应经发文机关批准，切实防止擅自变更印发传达范围的情况出现。

（二）在涉密公文公开发布方面

公开发布涉密公文，各级各类机关及公文处理工作参与者除了应履行公开发布非涉密工作的相关程序外，还应在发布前履行解密程序。涉密公文解密程序从前文中"公文定密管理"部分相关规定。

需要注意的是：履行解密程序后，公开发布时间、形式和内容等的确定主体应为发文机关，而不一定是公文的原定密机关（除公文原定密机关与发文机关一致的情况外）。

（三）在公开发布的公文效力方面

在公文处理工作实践中，因对公文处理工作法规制度学习不够，部分公文处理工作参与者对经批准公开发布的公文存在一种误解，认为其效力不及发文机关正式印发的公文，进而影响经批准公开发布的公文的贯彻执行效果。从《条例》相关规定可知，经批准公开发布的公文，同发文机关正式印发的公文具有同等效力。

此外，正式印发的公文离不开审批签发，公开发布的公文也需要经批准许可。未经批准，公文处理工作参与者不得公开发布公文。

※*需要特别提醒的是：*

《条例》重点从印发传达范围变更、涉密公文公开发布、公开发布的公文效力等方面明确了印发传达范围管理的相关要求，为做好印发传达范围管理工作提供了制度遵循。相比于《条例》（1996版）及《办法》（2000版），《条例》在承接以往规定的同时，紧密结合新情况新问题，对印发传达范围管理相关要求进行了调整和优化，具体如下。

《条例》（1996版）规定了"党的机关秘密公文的印发传达范围应当按照发文机关的要求执行，下级机关、不相隶属机关如需变更，须经发文机关批准""公开发布党的机关公文，须经发文机关批准。经批准公开发布的公文，同发文机关正式印发的公文具有同等效力"，但未就拟涉密公文公开发布的管理提出明确具体的规定。

《办法》（2000版）规定了"公开发布行政机关公文，必须经发文机关批准。经批准公开发布的公文，同发文机关正式印发的公文具有同等效力"，但未就印发传达范围变更、涉密公文公开发布的管理作出明确具体的规定。

《条例》则规定了"公文的印发传达范围应当按照发文机关的要求执

行；需要变更的，应当经发文机关批准。涉密公文公开发布前应当履行解密程序。公开发布的时间、形式和渠道，由发文机关确定。经批准公开发布的公文，同发文机关正式印发的公文具有同等效力"。

相比之下，《条例》在吸纳《条例》（1996版）及《办法》（2000版）相关规定基础上，一方面，不再限定印发传达范围变更需求主体，除了"下级机关、不相隶属机关"外，也为上级机关提出变更印发传达范围需求预留了空间，客观上扩大了印发传达范围变更需求主体的范围。另一方面，新增了关于涉密公文公开发布方面的管理规定，为涉密公文公开发布提供了制度支撑，使得涉密公文公开发布管理工作有章可循、有规可依。

在公文处理工作实践中，参与者应防止因思维定式或工作习惯而沿用《条例》（1996版）及《办法》（2000版）关于"印发传达范围管理"方面的相关规定，尽力避免各类印发传达范围管理不规范情况的出现，以确保印发传达范围管理合规高效。

第五节　复制汇编管理

一、基本规定

《条例》第三十二条规定：

复制、汇编机密级、秘密级公文，应当符合有关规定并经本机关负责人批准。绝密级公文一般不得复制、汇编，确有工作需要的，应当经发文机关或者其上级机关批准。复制、汇编的公文视同原件管理。

复制件应当加盖复制机关戳记。翻印件应当注明翻印的机关名称、日期。汇编本的密级按照编入公文的最高密级标注。

二、常见问题

在复制汇编管理实践中，部分公文处理工作参与者把握不准、不严格把握、甚至不把握上述基本规定，导致在复制汇编方面产生诸多不规范情况。比如：复制涉密公文不符合保密要求、复制机密级公文未经本机关负责人批准、汇编绝密级公文未经发文机关或其上级机关批准、复制件未按照原件管理、复制件未加盖复制机关戳记、翻印件未注明翻印信息、汇编本的密级未按照编入公文的最高密级标注等。

三、实践把握

作为公文管理的重要组成部分，复制汇编管理是一项重要的辅助性工作。复制汇编管理工作质量好，就会充分激发公文的放大、叠加，甚至倍增作用，成为便利工作的重要支撑资源。复制汇编管理工作质量差，不仅不利于公文自身作用的发挥，还会增加额外的工作成本，甚至给正常工作带来影响和干扰。以复制绝密级公文为例，如果管理不到位，未经有关机关批准便进行复制，不仅直接违反公文管理规定，而且还违反保密相关法律法规。一旦造成绝密级公文失泄密，就可能会国家安全和国家利益造成特别严重的损害。

因此，做好复制汇编管理工作十分重要，也十分必要。做好复制汇编管理工作，除了应从思想上高度重视外，公文处理工作参与者应全面准确的理解和把握复制汇编管理的相关规定。从复制汇编管理实践看，为更好理解和把握复制汇编管理的相关规定，公文处理工作参与者一般可以从复制汇编权限、复制汇编的公文的管理、复制汇编标识等三个方面着力。

（一）在复制汇编权限方面

复制汇编权限关乎复制汇编工作的合规性问题。一旦发生超权限复制汇编公文的情况，复制汇编工作就会失去正当性，复制汇编结果就会受到质疑、甚至失去意义。因此，在公文处理工作实践中，公文处理工作参与者应切实加强复制汇编权限管理工作。

1.就复制汇编机密级、秘密级公文而言

复制汇编机密级、秘密级公文应同时满足两个条件，一是应符合有关规定，二是应经本机关负责人批准。

（1）关于符合有关规定。

复制汇报权限有关规定一般主要包括公文管理有关规定和保密管理有关规定。

就公文管理有关规定而言，其主要包括《条例》关于"复制汇编管理"方面的相关规定，也包括《条例》关于其他方面的相关规定。比如《条例》规定了附注为

"公文印发传达范围等需要说明的事项",如果公文附注内容为"此文不得复制",那么收文机关应从其要求,不得对该公文进行复制。

就保密管理有关规定而言,其具体包括场所场地、设施设备、工作人员等方面的保密法律法规及各级机关保密管理制度办法等。如果不具备复制涉密公文的设施设备等保障条件,即使已经本机关负责人批准,公文处理工作参与者也不得对涉密公文进行复制,切实防止出现人为造成保密安全隐患、甚至发生失泄密的情况。

(2)关于经本机关负责人批准。

在符合有关规定基础上,复制汇编机密级、秘密级公文还应经本机关负责人批准,公文处理工作参与者应切实防止出现未经批准擅自复制、汇编涉密公文的情况。这里所述本机关负责人可以是本机关主要负责人,也可以是本机关承担相应职责的其他负责人。

2.就复制汇编绝密级公文而言

依据《条例》可知,公文处理工作参与者一般不得复制汇编绝密级公文;确有需要的,应经发文机关或者其上级机关(不一定是直接上级机关)批准。《条例》之所以规定"应经发文机关或者其上级机关批准",很重要的一个原因就是发文机关不一定是其所发绝密级公文的定密机关。如果发文机关不是定密机关,就应当由发文机关的上级机关(即定密机关)批准。

同时,尽管《条例》未作明确要求复制汇编绝密级公文应符合有关规定(同复制、汇编机密级、秘密级公文时应符合的有关规定),但在复制汇编管理实践中复制汇编绝密级公文也应符合有关规定,以确保复制汇编绝密级公文的保密安全。

(二)在复制汇编的公文的管理方面

依据《条例》可知,不论是复制的公文,还是汇编的公文,都应视同公文的原件进行管理。上述规定不仅适用于复制汇编的涉密公文,也适用于复制汇编的非涉密公文。对于复制汇编的公文而言,公文处理工作参与者切不可因公文是复制件、翻印件或者汇编本,就降低管理标准、放松管理要求。

(三)在复制汇编标识方面

不论是复制件,还是翻印件,尽管都视同公文原件进行管理;且随着复制、翻印技术手段的快速发展,复制件、翻印件的公文呈现效果同公文原件也几无差别,但从公文本质看,复制件、翻印件与公文原件还是存在显著差异的,同时从管理需要看复制件、翻印件与公文原件还是应具备一些区别标识的。为区分复制件、翻印件与公文原件，更好完成公文管理工作，客观上需要公文处理工作参与者对复制、汇编的公文作出相应技术处理。

依据《条例》可知，复制件应加盖复制机关戳记，翻印件应注明翻印的机关名称、日期。一方面，上述有关戳记和翻印机关信息不是可有可无的，而是必须加盖和标注的。另一方面，在加盖复制机关戳记时，应确保位置正、字迹清；在标注翻印的机关名称、日期时，应做到要素全、信息准。

此外，依据《条例》可知，汇编本密级应按照编入公文的最高密级进行标注，切不可随意标注密级，以致给工作带来不便或影响保密安全。因此，标注汇编本密级应把准确作为首要标准。在标注密级实践中，如果高于应标密级，就会增加汇编本管理成本；如果低于应标密级，就不符合相关规定、也不利于汇编本保密安全。

※需要特别提醒的是：

《条例》重点从复制汇编权限、复制汇编的公文的管理、复制汇编标识等三个方面明确了公文复制汇编管理的相关要求，为做好复制汇编管理工作提供了制度遵循。相比于《条例》(1996版)及《办法》(2000版)，《条例》在承接以往规定的同时，紧密结合新情况新问题，对复制汇编管理相关要求进行了调整和优化，具体如下。

《条例》(1996版)规定了"复制上级党的机关的秘密公文，须经发文机关批准或者授权。翻印件应当注明翻印机关名称、翻印日期和份数；复印件应当加盖复印机关戳记。复制的公文应当与正式印发的公文同样管理"和"汇编上级党的机关的秘密公文，须经发文机关批准或者授权。公文汇编本的密级按照编入公文的最高密级标注并进行管理"，但未就汇编的公文是否视同原件管理作出明确具体的规定。

《办法》(2000版)规定了"上级机关的公文，除绝密级和注明不准翻印的以外，下一级机关经负责人或者办公厅(室)主任批准，可以翻印。翻印时，应当注明翻印的机关、日期、份数和印发范围"和"公文复印件作为正式公文使用时，应当加盖复印机关证明章"，但未就汇编权限、汇编的公文管理、汇编本的密级标识等方面作出明确具体的规定。

《条例》则规定了"复制、汇编机密级、秘密级公文，应当符合有关规定并经本机关负责人批准。绝密级公文一般不得复制、汇编，确有工作需要的，应当经发文机关或者其上级机关批准。复制、汇编的公文视同原件管理。复制件应当加盖复制机关戳记。翻印件应当注明翻印的机关名称、日期。汇编本的密级按照编入公文的最高密级标注"。

相比之下，《条例》在吸纳《条例》(1996版)及《办法》(2000版)相关规定基础上，一是将复制（复印、翻印）和汇编两项工作作为整体，一并作出相关规定，在逻辑上更加清晰、在文字上更加精练；同时，调整了部分表述，不再提及"复印"的表述，将"复印件"的表述调整为"复制件"，将"复印机关"的表述调整为"复制机关"，表述更加贴合实际。二是调整了部分权限，不再将来文机关作为复制汇编对象的限定词，客观上扩大了复制汇编权限的适用范围。复制汇编的公文不论来自上级机关、还是下级机关、或是不相隶属机关，均应在复制汇编前经过批准。同时，以公文密级为分类依据，调整了行使复制汇编权限的主体，将行使机密级、秘密级公文复制汇编权限的主体调整为本机关负责人，将行使绝密级公文复制汇编权限的主体调整为发文机关或者其上级机关，结合实际更紧密，在可操作性上更强。三是在新增关于汇编的公文视同原件管理的规定同时，也调减了翻印件标识信息类别。调整后，公文处理工作参与者不再需要标识翻印的份数和印发范围。

在公文处理工作实践中，参与者应防止因思维定式或工作习惯而沿用《条例》(1996版)及《办法》(2000版)关于"复制汇编管理"方面的相关规定，尽力避免各类复制汇编不规范情况的出现，以确保公文复制汇编合规高效。

第六节　撤销废止管理

一、基本规定

《条例》第三十三条规定：
公文的撤销和废止，由发文机关、上级机关或者权力机关根据职权范围和有关法律法规决定。公文被撤销的，视为自始无效；公文被废止的，视为自废止之日起失效。

二、常见问题

在撤销废止管理实践中,部分公文处理工作参与者把握不准、不严格把握、甚至不把握上述基本规定,导致在撤销废止方面产生诸多不规范情况。比如:撤销废止决定主体错误、超职权范围撤销或废止公文、将公文被撤销时间作为公文无效时间的起点、认为被废止的公文当作自始无效等。

三、实践把握

作为公文管理的重要组成部分,撤销废止管理是一项重要的基础性工作,是决定公文效力的重要事项。落实撤销废止管理工作,对本身不正确或不再适用的公文及时作出撤销或废止处理,不仅可及时中止相关公文带来的不利影响,而且可为新公文的生效和执行奠定基础。

做好撤销废止管理工作,除了应当从思想上高度重视外,公文处理工作参与者还应全面准确地理解和把握撤销废止管理的相关规定。从撤销废止管理实践看,为更好理解和把握撤销废止管理的相关规定,公文处理工作参与者一般可以从撤销废止决定主体、撤销废止主要依据、撤销废止结果运用等三个方面着力。

(一)在撤销废止决定主体方面

从《条例》相关规定可知,可以作出公文撤销废止决定的主体,既可以是发文机关,也可以是发文机关的上级机关(不限于直接上级机关),还可以是权力机关(主要是指各级人民代表大会)。

在公文处理工作实践中,撤销废止公文应当由具备权限的主体作出决定,切实防止撤销废止决定主体错误等情况的发生,以确保撤销废止工作的合规性。

(二)在撤销废止主要依据方面

从《条例》相关规定可知,公文撤销废止依据一般主要是职权范围和有关法律法规,即"发文机关、上级机关或者权力机关应根据各自职权范围和有关法律法规,对发文机关印发的超其职权范围或违反有关法律法规的公文进行撤销或废止"。

在公文处理工作实践中,公文处理工作参与者应依据合理充分的事由实施公文撤销废止,切实防止撤销废止决定依据错误等情况的发生,以确保撤销废止工作的合规性。

（三）在撤销废止结果运用方面

从《条例》相关规定可知，当公文被撤销时，该公文自始无效，而不是自撤销之日起无效；当公文被废止时，该公文自废止之日起失效，而不是自始无效。

在公文处理工作实践中，公文处理工作参与者应强化撤销废止公文的结果运用，切实防止将公文被撤销时间作为公文无效时间的起点等情况的发生，以确保撤销废止结果运用及时准确。

※需要特别提醒的是：

《条例》重点从撤销废止决定主体、撤销废止主要依据、撤销废止结果运用等三个方面明确了撤销废止管理的相关要求，为做好撤销废止管理工作提供了制度遵循。相比于《条例》（1996版）及《办法》（2000版），《条例》在承接以往规定的同时，紧密结合新情况新问题，对撤销废止管理相关要求进行了调整和优化，具体如下。

《条例》（1996版）未就公文撤销废止管理作出明确具体的规定。

《办法》（2000版）规定了"公文被撤销，视作自始不产生效力；公文被废止，视作自废止之日起不产生效力"。

《条例》则规定了"公文的撤销和废止，由发文机关、上级机关或者权力机关根据职权范围和有关法律法规决定。公文被撤销的，视为自始无效；公文被废止的，视为自废止之日起失效"。

相比之下，《条例》在借鉴《办法》（2000版）相关规定基础上，调整优化了关于废止撤销结果运用的相关表述，比如将"视作自始不产生效力"的表述调整为"视为自始无效"等，使得文字更加精练。同时，新增了关于撤销废止决定主体和撤销废止主要依据两方面的规定，结合实际更紧密、可操作性更强，为确保撤销废止管理工作的合法合规性提工作制度支撑。

在公文处理工作实践中，参与者应防止因思维定式或工作习惯而沿用《条例》（1996版）及《办法》（2000版）关于"撤销废止管理"方面的相关规定，尽力避免各类撤销废止管理不规范情况的出现，以确保公文撤销废止合规高效。

第七节　清退销毁管理

一、基本规定

《条例》第三十四、三十五条规定：

涉密公文应当按照发文机关的要求和有关规定进行清退或者销毁。

不具备归档和保存价值的公文，经批准后可以销毁。销毁涉密公文必须严格按照有关规定履行审批登记手续，确保不丢失、不漏销。个人不得私自销毁、留存涉密公文。

二、常见问题

在清退销毁管理实践中，部分公文处理工作参与者把握不准、不严格把握、甚至不把握上述基本规定，导致在清退销毁方面产生诸多不规范情况。比如：将应清退发文机关的公文销毁、将有保存价值的公文销毁、个人私自销毁或留存涉密公文、未履行审批登记手续销毁公文等。

三、实践把握

作为公文管理的重要组成部分，清退销毁管理是一项重要的基础性工作。在公文处理工作实践中，部分公文处理工作参与者对已办结且不需归档的公文的后续处理工作重视不够，导致相关工作质量不高、效率低下、甚至出现一些违规行为。因此，做好清退销毁管理工作十分重要，也十分必要。

做好清退销毁管理工作，除了应从思想上高度重视外，公文处理工作参与者还应全面准确的理解和把握清退撤销管理的相关规定。从清退撤销管理实践看，为更好理解和把握清退销毁管理的相关规定，公文处理工作参与者一般可以从清退依据、销毁依据、销毁程序要求等三个方面着力。

（一）在清退依据方面

从《条例》相关规定可知，公文清退依据一般主要是发文机关的要求。

在公文处理工作实践中，如需清退公文时，发文机关一般会在公文附注部分就清退事宜作出明确要求，或者通过电话、传真、邮件等其他方式提出清退公文的明确要求。收文机关应按照发文机关要求，及时清退相关公文，切实防止出现该清退的不清退、不及时清退、清退不该清退的等情况，以确保清退公文工作的理据充分、及时有序。

（二）在销毁依据方面

从《条例》相关规定可知，公文销毁依据一般主要是发文机关的要求、有关规定以及归档和保存价值等。

1. 关于发文机关的要求

发文机关一般会在公文附注部分就销毁事宜作出明确要求，或者通过电话、传真、邮件等其他方式提出销毁公文的明确要求。

2. 关于有关规定

公文销毁依据的有关规定一般包括《条例》、机关公文管理规定、保密法律法规等。

3. 关于归档和保存价值

判定公文是否具有归档和保存价值，一般依据工作需要和档案管理相关法规制度实施。

在公文处理工作实践中，销毁公文是一个不可逆的过程。相对于清退等其公文管理工作，销毁公文应具备合理充分的处理依据，切实防止出现销毁依据错误的情况，导致出现不可挽回的后果。

（三）在销毁程序要求方面

从《条例》相关规定可知，不论是销毁非涉密公文，还是销毁涉密公文，都应经批准后方可实施。相对于销毁非涉密公文，销毁涉密公文的程序要求尤其严格，不仅必须严格按照有关规定履行审批登记手续，而且必须严格按照有关规定送至国家保密行政管理部门指定机构进行销毁。

在公文处理工作实践中，公文处理工作参与者应确保涉密公文销毁工作程序合规以及涉密公文销毁彻底且无法还原，严禁个人私自销毁、留存涉密公文，切实防止涉密公文丢失、漏销等情况的发生。

※**需要特别提醒的是：**

《条例》重点从清退依据、销毁依据、销毁程序要求等方面明确了清退销毁管理的相关要求，为做好清退销毁管理工作提供了制度遵循。相比于《条例》(1996版)及《办法》(2000版),《条例》在承接以往规定的同时,紧密结合新情况新问题,对清退销毁管理相关要求进行了调整和优化,具体如下。

《条例》(1996版)规定了"秘书部门应当按照规定对秘密公文进行清理、清退和销毁,并向主管机关报告公文管理情况。销毁秘密公文,必须严格履行登记手续,经主管领导人批准后,由二人监销,保证不丢失、不漏销。个人不得擅自销毁公文",但未就非涉密公文销毁工作作出明确具体的规定。

《办法》(2000版)规定了"不具备归档和存查价值的公文,经过鉴别并经办公厅(室)负责人批准,可以销毁"和"销毁秘密公文应当到指定场所由二人以上监销,保证不丢失、不漏销。其中,销毁绝密公文(含密码电报)应当进行登记",未就销毁秘密级、机密级公文是否需要登记作出明确具体的规定。

《条例》则规定了"涉密公文应当按照发文机关的要求和有关规定进行清退或者销毁"和"不具备归档和保存价值的公文,经批准后可以销毁。销毁涉密公文必须严格按照有关规定履行审批登记手续,确保不丢失、不漏销。个人不得私自销毁、留存涉密公文"。

相比之下,《条例》在吸纳《条例》(1996版)及《办法》(2000版)相关规定基础上,一是明确了将发文机关的要求作为销毁涉密工作的依据之一,丰富了销毁涉密工作的依据,与实际情况结合更加紧密。二是不再明确要求向主管机关报告公文管理情况,客观上为下级机关公文处理工作减轻了一定负担。三是不再明确规定销毁涉密公文具体实施阶段的相关要求,为各类各级机关结合本机关工作实际细化落实留出空间。四是不再明确销毁涉密公文审批主体,为各类各级机关结合本机关工作实际细化落实留出空间。

在公文处理工作实践中,参与者应防止因思维定式或工作习惯而沿用《条例》(1996版)及《办法》(2000版)关于"清退销毁管理"方面的相关规定,尽力避免各类清退销毁管理不规范情况的出现,以确保公文清退销毁合规高效。

第八节　合并移交管理

一、基本规定

《条例》第三十六条规定：

机关合并时，全部公文应当随之合并管理；机关撤销时，需要归档的公文经整理后按照有关规定移交档案管理部门。

工作人员离岗离职时，所在机关应当督促其将暂存、借用的公文按照有关规定移交、清退。

二、常见问题

在合并移交管理实践中，部分公文处理工作参与者把握不准、不严格把握、甚至不把握上述基本规定，导致在清退销毁方面产生诸多不规范情况。比如：机关合并时公文移交不全面不及时、机关撤销时需归档公文未归档、工作人员离岗离职时未按要求移交或清退公文、所在机关未督促离岗离职工作人员移交或清退公文等。

三、实践把握

作为公文管理的重要组成部分，合并移交管理是一项重要的基础性工作。落实合并移交管理工作，合规及时地将公文合并管理或移交档案管理部门进行管理，不仅是完成机关合并、机关撤销或工作人员离岗离职等工作的基本要求，而且为后续开展相关工作提供必要的公文支撑。

做好合并移交管理工作，除了应从思想上高度重视外，公文处理工作参与者还应全面准确地理解和把握合并移交管理的相关规定。从合并移交管理实践看，为更好理解和把握撤销废止管理的相关规定，公文处理工作参与者一般可以在合并管理、撤销管理、离岗离职移交清退管理等三个方面着力。

（一）在合并管理方面

从《条例》相关规定可知，当机关合并时，相关机关应将各自所拥有的全部公文随同机关合并总体工作安排一并进行合并管理。这里所述的全部公文,不仅包括已经归档的公文,也包括正在使用的、待清退的或者待销毁的公文;不仅包括涉密公文,也包括非涉密公文;不仅包括重要公文,也包括普通公文。

做好相关工作,很重要的一点就是要把握"全部公文"这个关键词。在合并管理实践中,公文处理工作参与者应切实防止因公文类别不同而"厚此薄彼",导致"选择性"合并公文等情况的发生。

(二)在撤销管理方面

从《条例》相关规定可知,当机关撤销时,被撤销机关应将需要归档的公文按照有关规定移交档案管理部门,并在移交前应将上述公文按照归档相关要求进行整理。同时,对不需要归档的公文也要进行相关处理。该清退的,按照相关要求和规定进行清退;该销毁的,按照相关规定并履行相关审批登记程序进行销毁。

在撤销管理实践中,在做好需要归档的公文移交工作同时,公文处理工作参与者也要做好不需要归档的公文处理工作,切实防止因"顾此失彼"导致不需要归档的公文失管失控等情况的发生。

(三)在离岗离职移交清退管理方面

从《条例》相关规定可知,当工作人员离岗或离职时,应将其暂存、借用的公文按照有关规定移交、清退。一方面,离岗或离职的工作人员应自觉遵守公文处理工作相关管理规定,及时主动将自己暂存、借用的公文按照有关规定进行移交、清退。另一方面,离岗或离职的工作人员所在机关应按照《条例》及本机关公文处理工作管理规定履行相关职责,督促离岗或离职的工作人员按照有关规定移交、清退相关公文。

在移交清退管理实践中,离岗或离职工作人员及其所在机关应各尽其责,共同完成好工作人员离岗或离职移交、清退公文的管理工作,切实防止因不重视或不履职导致应移交不移交、应清退不清退等情况的发生。

※需要特别提醒的是:

《条例》重点从合并管理、撤销管理、离岗离职移交清退管理等方面明确了合并移交管理的相关要求,为做好合并移交管理工作提供了制度遵循。相比于《条例》(1996版)及《办法》(2000版),《条例》在承接以往规定的同时,紧密结合新情况新问题,对合并移交管理相关要求进行了调整和优化,具体如下。

《条例》(1996版)规定了"机关合并时,全部公文应当随之合并管理。机关撤销时,需要归档的公文立卷后按照有关规定移交档案部门,其他公文按照有关规定登记销毁。工作人员调离工作岗位时,应当将本人保管、借用的公文按照有关规定移交、清退",但未就拟定定密公文及定密后公文的管理提出明确具体的规定。

《办法》(2000版)规定了"机关合并时,全部公文应当随之合并管理。机关撤销时,需要归档的公文整理(立卷)后按有关规定移交档案部门。工作人员调离工作岗位时,应当将本人暂存、借用的公文按照有关规定移交、清退"。

《条例》则规定了"机关合并时,全部公文应当随之合并管理;机关撤销时,需要归档的公文经整理后按照有关规定移交档案管理部门。工作人员离岗离职时,所在机关应当督促其将暂存、借用的公文按照有关规定移交、清退"。

相比之下,《条例》在吸纳《条例》(1996版)及《办法》(2000版)相关规定基础上,一是调整了相关表述,比如:将"立卷"和"整理(立卷)"调整为"整理";二是在离岗或离职移交、清退管理中新增了"督促"职责,并且将离岗或离职工作人员所在机关明确为履行"督促"职责的责任主体。

在公文处理工作实践中,参与者应防止因思维定式或工作习惯而沿用《条例》(1996版)及《办法》(2000版)关于"合并移交管理"方面的相关规定,尽力避免各类合并移交管理不规范情况的出现,以确保公文合并移交合规高效。

第九节　发文立户管理

一、基本规定

《条例》第三十七条规定:
新设立的机关应当向本级党委、政府的办公厅(室)提出发文立户申请。经审查符合条件的，列为发文单位，机关合并或者撤销时，相应进行调整。

二、常见问题

在发文立户管理实践中，部分公文处理工作参与者把握不准、不严格把握、甚至不把握上述基本规定，导致在发文立户方面产生诸多不规范情况。比如：新设立机关向上级机关提出发文立户申请、新设立机关未经发文立户审查自行发文、机关合并时未对相关机关原发文立户情况进行调整、机关撤销时未将被撤销机关从发文单位中剔除等。

三、实践把握

作为公文管理的重要组成部分，发文立户管理是一项重要的基础性工作，不仅关乎着机关发文的正当性和合规性问题，也影响着配置发文机关代字等具体的公文处理工作。

做好发文立户管理工作，除了应从思想上高度重视外，公文处理工作参与者还应全面准确地理解和把握发文立户管理的相关规定。从发文立户管理实践看，为更好理解和把握发文立户管理的相关规定，公文处理工作参与者一般可以在发文立户申请、发文立户审查、发文立户调整等三个方面着力。

（一）在发文立户申请方面

从《条例》相关规定可知，新设立机关应当向本机关办公厅（室）或者承担办公厅（室）职能的部门提出发文立户申请。

在发文立户管理实践中，公文处理工作参与者应切实防止新设立机关不提出或者不及时提出发文立户申请等情况的发生，同时也应切实防止新设立机关向上级机关提出发文立户申请等情况的发生。

（二）在发文立户审查方面

从《条例》相关规定可知，本机关办公厅（室）或者承担办公厅（室）职能的部门在接到发文立户申请后，应对新设立机关的资格条件进行审查。审查内容一般包括发文立户申请受理主体是否准确、是否确有发文立户必要、申请内容是否符合相关规定等。经审查合格后，方可将提出申请的新设立机关列为发文机关。

（三）在发文立户调整方面

从《条例》相关规定可知，当机关合并或撤销时，被合并或被撤销机关应主动及时就机关调整情况与发文立户管理部门进行沟通，提出发文立户管理相关需求；同时，发文立户管理部门也应主动关注本机关内设机构调整情况，及时就发文立户管理相关要求对被调整机关进行提醒。

在发文立户管理实践中，公文处理工作参与者应切实防止僵尸户名、立户户名同机关名称不一致等情况的发生。

※需要特别提醒的是：

《条例》重点从发文立户申请、发文立户审查、发文立户调整等方面明确了发文立户管理的相关要求，为做好发文立户管理工作提供了制度遵循。相比于《条例》（1996版）及《办法》（2000版），《条例》在承接以往规定的同时，紧密结合新情况新问题，对发文立户管理相关要求进行了调整和优化具体如下。

《条例》（1996版）未就开户销户管理作出明确具体的规定。

《办法》（2000版）未就开户销户管理作出明确具体的规定。

《条例》则规定了"新设立的机关应当向本级党委、政府的办公厅（室）提出发文立户申请。经审查符合条件的，列为发文单位，机关合并或者撤销时，相应进行调整"。

相比之下，《条例》结合发文立户管理实践，总结发文立户管理经验做法，明确了发文立户管理的相关规定，填补了发文立户管理制度空白，夯实了发文立户管理的制度基础。

在公文处理工作实践中，参与者应防止因思维定式或工作习惯而沿用《条例》（1996版）及《办法》（2000版）关于"发文立户管理"方面的相关规定，尽力避免各类发文立户管理不规范情况的出现，以确保公文发文立户合规高效。

第十节　制度适用管理

一、基本规定

《条例》第三十八至四十二条规定：

党政机关公文含电子公文。电子公文处理工作的具体办法另行制定。

法规、规章方面的公文，依照有关规定处理。外事方面的公文，依照外事主管部门的有关规定处理。

其他机关和单位的公文处理工作，可以参照本条例执行。

本条例由中共中央办公厅、国务院办公厅负责解释。

本条例自 2012 年 7 月 1 日起施行。1996 年 5 月 3 日中共中央办公厅发布的《中国共产党机关公文处理条例》和 2000 年 8 月 24 日国务院发布的《国家行政机关公文处理办法》停止执行。

二、常见问题

在制度适用管理实践中，部分公文处理工作参与者把握不准、不严格把握、甚至不把握上述基本规定，导致在制度适用方面产生诸多不规范情况。比如：认为电子公文效力不如纸质公文、法规规章未从法规规章相关管理规定进行处理、外事公文未从外事相关管理规定进行处理、《条例》实施后仍在执行《条例》（1996 版）及《办法》（2000 版）等。

三、实践把握

该部分所述制度适用管理，主要是指对《条例》附则部分相关规定的理解和把握。附则部分通常作为法规制度的最后编章出现，其内容一般涉及法规制度适用范围、特殊情况处理、法规制度解释权限、相关法规制度废止等方面，对于学习领会、理解把握、贯彻执行《条例》具有极其重要的作用。

做好制度适用管理工作，除了应从思想上高度重视外，公文处理工作参与者还应全面准确地理解和把握制度适用管理的相关规定。从制度适用管理实践看，为更好理解和把握制度适用管理的相关规定，公文处理工作参与者一般可以从电子公文处理、法规规章及外事方面公文处理、其他机关和单位公文处理、解释权限、实施与废止等方面着力。

（一）在电子公文处理方面

从《条例》相关规定可知，党政机关公文不仅包含纸质公文，也包含电子公文。因此，《条例》不仅适用于纸质公文，也适用于电子公文。在电子公文处理实践中，公文处理工作参与者应切实防止陷入《条例》不适用于电子公文、电子公文效力不及纸质公文、电子公文与纸质公文在公文格式方面的总体要求不一致等认识误区，提高对电子公文的重视程度，并按照《条例》抓好电子公文管理。

为推进电子公文处理工作科学化、制度化、规范化水平，依据《条例》及相关法律法规，中共中央办公厅和国务院办公厅制定印发了《党政机关电子公文处理工作办法》（厅字〔2019〕7号，以下简称《电子公文办法》），为做好电子公文处理工作提供了有力的制度抓手。

从《电子公文办法》相关规定可知，电子公文在公文种类、公文格式、行文规则、公文拟制、公文办理、公文管理等方面基本要求同纸质公文相关要求基本一致，且同纸质公文具有同等效力。与此同时，针对电子公文在整理归档、电子印章、涉密与非涉密电子公文等方面的独有特点，《电子公文办法》也作出了明确规定，公文处理工作参与者在电子公文处理工作实践中从其规定即可。

此外，在处理电子公文工作实践中，公文处理工作参与者还应遵循《电子文件存储与交换格式 板式文档》（GB/T33190—2016）、《党政机关电子公文格式规范》（GB/T33476—2016）、《党政机关电子公文标识规范》（GB/T33477—2016）、《党政机关电子公文元数据规范》（GB/T33480—2016）等国家标准，以确保电子公文呈现效果与纸质公文保持一致。

（二）在法规、规章及外事方面公文处理方面

从《条例》相关规定可知，"法规、规章方面的公文，依照有关规定处理。外事方面的公文，依照外事主管部门的有关规定处理"。为便于阐释，该部分下文中将上述"有关规定"和"外事主管部门的有关规定"统称为"特殊规定"。

在法规、规章及外事方面公文处理实践中，公文处理工作参与者可以从公文的一般性和特殊性两个方面理解和把握上述规定。一方面，不能将法规、规章及外事方面公文完全等同于其他方面公文，完全按照《条例》相关规定处理法规、规章及

外事方面公文，忽视了法规、规章及外事方面公文处理的特殊性；另一方面，不能将法规、规章及外事方面公文完全同其他方面公文割裂开来，完全按照"特殊规定"处理法规、规章及外事方面公文，忽视了法规、规章及外事方面公文处理的一般性（即公文基本属性）。

以党内法规方面的公文处理为例，在公文格式方面，对于其他方面公文而言，根据《条例》及《格式》相关规定，公文正文部分结构层次序数依次可以使用"一、""（一）""1.""（1）"；对于党内法规而言，正文部分结构层次序数与其他方面公文存在明显区别。党内法规结构层次序数应依照《中国共产党党内法规制定条例》等有关规定，使用条款形式进行表述，并可以将法规内容划分为编、章、节、条、款、项、目等层次，比如"第一编""第二章""第三节"等。

在公文拟制方面，对于其他方面公文而言，《条例》仅对起草内容作出了总体性要求，公文处理工作参与者可以根据工作需要自行确定公文内容的基本构成；对于党内法规而言，除了应遵循《条例》关于起草内容的总体性要求外，还应依照《中国共产党党内法规制定条例》等关于起草内容基本结构的相关要求，从名称、制定目的和依据、适用范围、具体规范、解释机关、实施日期等方面撰写具体内容。

在发文办理方面，对于其他方面公文而言，依照《条例》相关规定，发文办理的主要程序包括复核、登记、印制、核发，且核发流程一般为发文办理的最后一个流程。对于党内法规而言，除了应遵循《条例》关于发文办理的相关规定外，还应依照《中国共产党党内法规制定条例》等关于法规备案的相关要求，比如："中央纪律检查委员会、党中央工作机关和省、自治区、直辖市党委制定的党内法规应当自发布之日起30日内报党中央备案"等。

（三）在其他机关和单位公文处理方面

从《条例》相关规定可知，其他机关和单位的公文处理工作可以参照《条例》执行。其他机关和单位一般包括立法机关、政协机关、监察机关、审判机关、检察机关和军队机关，还包括事业单位、人民团体、经济组织、文化组织和其他社会组织等。

在公文处理工作实践中，其他机关和单位可以参照《条例》执行，也可以根据自身实际和工作需要自行制定公文处理工作管理规定，但建议其参照或者按照《条例》执行，并依据《条例》、结合自身实际制定本机关或本单位的公文处理工作管理规定

（相关原因已在前文收文办理的初审程序部分进行了论述，此处不再进行阐释）。

（四）在解释权限方面

从《条例》相关规定可知，作为公文处理工作领域效力位阶最高的专业性法规，《条例》由中共中央办公厅和国务院办公厅负责解释。

（五）在实施与废止方面

从《条例》相关规定可知，《条例》自2012年7月1日起实行。同时，1996年5月3日中共中央办公厅发布的《条例》（1996版）和2000年8月24日国务院发布的《办法》（2000版）停止执行。

在公文处理工作实践中，公文处理工作参与者不仅应关注公文处理工作相关法规的调整变化，还应关注与公文处理工作法规配套的相关国家标准的调整变化，切实防止因思维定式或工作习惯继续沿用《条例》（1996版）、《办法》（2000版）以及与其相配套的国家标准等，导致不符合《条例》及其相应国家标准等情况的发生。

※需要特别提醒的是：

《条例》重点从电子公文处理、法规规章及外事方面公文处理、其他机关和单位公文处理、解释权限、实施与废止等方面明确了制度适用管理的相关要求，为做好制度适用管理工作提供了制度遵循。相比于《条例》（1996版）及《办法》（2000版），《条例》在承接以往规定的同时，紧密结合新情况新问题，对制度适用管理相关要求进行了调整和优化，具体如下。

《条例》（1996版）规定了"本条例适用于中国共产党各级机关"和"本条例由中共中央办公厅负责解释""本条例自发布之日起施行（1996年5月3日）"，但未就电子公文处理、法规规章及外事方面公文处理、其他机关和单位公文处理等方面作出明确具体的规定。

《办法》（2000版）规定了"行政法规、规章方面的公文，依照有关规定处理。外事方面的公文，按照外交部的有关规定处理""公文处理中涉及电子文件的有关规定另行制定。统一规定发布之前，各级行政机关可以制定本机关或者本地区、本系统的试行规定""各级行政机关的办公厅(室)对上级机关和本机关下发公文的贯彻落实情况应当进行督促检查并建立督查制度。有关规定另行制定""本办法自2001年1月1日起施行。1993年11月21日国务院办公厅发布，1994年1月1日起施行的《国家行政机关公文处理办法》

同时废止"等，但未就其他机关和单位公文处理作出明确具体的规定。

《条例》则规定了"党政机关公文含电子公文。电子公文处理工作的具体办法另行制定。法规、规章方面的公文，依照有关规定处理。外事方面的公文，依照外事主管部门的有关规定处理。其他机关和单位的公文处理工作，可以参照本条例执行。本条例由中共中央办公厅、国务院办公厅负责解释。本条例自2012年7月1日起施行。1996年5月3日中共中央办公厅发布的《中国共产党机关公文处理条例》和2000年8月24日国务院发布的《国家行政机关公文处理办法》停止执行"。

相比之下，《条例》吸纳《条例》（1996版）及《办法》（2000版）相关规定基础上，结合公文处理工作实践发展，特别是党政机关统一公文处理工作管理法规、电子公文使用推广的情况，新增了关于其他机关和单位公文处理方面的规定，与结合实际更紧密，在针对性和可操作性上更强。

在公文处理工作实践中，参与者应防止因思维定式或工作习惯而沿用《条例》（1996版）及《办法》（2000版）关于"制度适用管理"方面的相关规定，尽力避免各类制度适用管理不规范情况的出现，以确保公文制度适用合规高效。